Joshua Fields Millburn
y Ryan Nicodemus
Los Minimalistas

Ama a las personas, utiliza las cosas

... porque al revés jamás funciona

Traducción del inglés de Fina Marfà

editorial Kairós

El primer día o un día más. Depende de ti.

Este libro es una obra de no ficción. Todas las personas y entidades que aparecen son reales y todo lo que se describe ocurrió en la realidad, pero a veces los dos autores han tenido que hacer retoques (diálogos concretos, fechas precisas, los diferentes colores del cielo). Hemos cambiado nombres y detalles identificativos para evitar que algunas personas se molesten. Y es casi seguro que a los autores del libro les falla la memoria al recordar ciertos incidentes, pero han hecho todo lo posible para exponerlos con precisión tal como ocurrieron.

Título original: LOVE PEOPLE, USE THINGS

© 2021 Joshua Fields Millburn y Ryan Nicodemus
All rights reserved

© de la edición en castellano:
2021 by Editorial Kairós, S.A.
www.editorialkairos.com

© de la traducción del inglés al castellano: Fina Marfà
Corrección de: Alicia Conde

Fotocomposición: Moelmo, S.C.P. 08009 Barcelona
Diseño cubierta: Katrien Van Steen
Impresión y encuadernación: Romanyà-Valls. 08786 Capellades

Primera edición: Octubre 2021
ISBN: 978-84-9988-912-2
Depósito legal: B 13.123-2021

Este libro ha sido impreso con papel certificado FSC, proviene de fuentes
respetuosas con la sociedad y el medio ambiente y cuenta con los
requisitos necesarios para ser considerado un «libro amigo de los bosques».

Para Rebecca y Mariah

«Recordad que tenéis que amar a las personas y utilizar las cosas, no amar las cosas y utilizar a las personas.»

Arzobispo Fulton J. Sheen, *c.* 1925

«Ojalá que aprendieseis a amar a las personas y utilizar las cosas, no al contrario.»

Drake, 2013

Sumario

Prefacio
Preparación para la pandemia

Hombres uniformados empuñando titánicos rifles de asalto han irrumpido en las calles. Con sus megáfonos nos ordenan cerrar las puertas y quedarnos en casa. En lo alto, desde los intercomunicadores de los helicópteros militares suena fuerte *Stayin' Alive* de los Bee Gees, la banda sonora del nuevo futuro distópico. Dos disparos seguidos. ¡Bang! ¡Bang! Me despierto de golpe y veo a mi esposa en la cama junto a mí y a nuestra hija en su habitación, ambas duermen. Entro en la sala de estar, subo una persiana. Miro las calles de mi barrio. Los Ángeles. Medianoche. Paseos vacíos. Llovizna bajo las farolas. No hay señales de la ley marcial. Solo se ve una camioneta parada al pie de la colina. Suelto un profundo suspiro. Solo era una pesadilla, por suerte. Pero el mundo en el que me he despertado, el llamado mundo real, es notoriamente diferente del que habité durante las primeras cuatro décadas de mi vida, no es que sea posapocalíptico, pero tampoco es normal.

Colas serpenteantes avanzan lentamente por los pasillos de las cajas de los supermercados. Las ventanas cegadas ocultan los escaparates vacíos de Rodeo Drive. Un silencio devastador cubre las salas de cine desiertas galvanizadas por el polvo y la oscuridad. La gente, que mantiene una distancia de dos metros entre sí, se agrupa frente a bancos de alimentos con estantes vacíos. Familias angustiadas se enfrentan a estar juntas en soledad y se «confinan en casa». Los hospitales revientan y muestran enfermeras y médicos agotados cuyas expresiones lívidas solo están ocultas por las máscaras que ellos mismos se han fabricado en casa. Cuando terminé de escribir el último capítulo de este libro, en la primavera de 2020, la pandemia de la COVID-19 se apoderaba del mundo.

Nuestra «nueva normalidad» es tremendamente anormal. Con los terrores hermanos de la incertidumbre económica y física, una corriente subterránea de angustia sigue latiendo a través de nuestros días. Pero acaso haya una manera de encontrar la calma, e incluso de progresar, en medio del caos.

No lo sabía al comenzar este proyecto, pero mientras guardaba cuarentena en casa durante la pandemia me di cuenta de que Ryan Nicodemus, la otra mitad de Los Minimalistas, y yo habíamos pasado los últimos dos años escribiendo no solo un libro sobre relaciones sino, en muchos sentidos, un manual de preparación para una pandemia. Si hubiéramos podido poner este libro en manos de las personas con dificultades –las que tienen deudas, las que tienen prioridades que no concuerdan con sus valores, las consumidas por el consumo– antes de que se propagara el virus, habríamos evitado mucha angustia, porque vivir intencionalmente es la mejor manera de prepararse.

Cuando nos distanciamos un poco, es fácil ver que los que se llaman preparacionistas –la vergüenza de los acaparadores que vemos en las pantallas del televisor– son los que están menos preparados para afrontar una crisis. No se puede intercambiar maíz enlatado y municiones por el apoyo y la confianza de una comunidad basada en el amor. Sin embargo, podemos sobrevivir si tenemos menos necesidades, y podemos progresar, incluso en medio de una crisis, si nuestras relaciones mejoran.

Las pandemias tienen una forma engañosa de poner las cosas en perspectiva. Fue necesaria una catástrofe para que muchas personas entendieran que una economía basada en un crecimiento exponencial no es una economía sana, es una economía vulnerable. Si una economía se hunde cuando la gente compra solo lo esencial, significa que nunca fue tan fuerte como pensábamos.

El movimiento minimalista descrito en este libro se hizo popular en internet por primera vez después de la crisis de 2008. La gente anhelaba una solución a su problema recién descubierto de la deuda y el consumo excesivo. Lástima, porque durante los últimos doce años nos hemos vuelto a acomodar demasiado otra vez. Pero ahora el enemigo no es solo el consumismo, es la decadencia y la distracción, tanto material como no material.

En medio del pánico causado por la pandemia, he visto a muchas personas enfrentarse a la pregunta que Ryan y yo hace más de diez años que intentamos responder: *¿Qué es* *esencial?* Por supuesto, la respuesta es muy personal. Demasiado a menudo confundimos las cosas esenciales con las cosas no esenciales y las cosas innecesarias.*

En una situación de emergencia, no solo debemos echar por la borda las cosas innecesarias, sino que muchos de nosotros nos vemos obligados a privarnos temporalmente de lo que no es esencial, todo eso que añade valor a nuestra vida en tiempos normales, pero que no es necesario en una emergencia. Si somos capaces de hacer esto, descubriremos lo que es verdaderamente esencial, y luego, finalmente, podremos reintroducir poco a poco lo que no es esencial, de manera que mejore y enriquezca nuestra vida, pero sin abarrotarla de chismes innecesarios.

Para complicar más las cosas, lo «esencial» cambia a medida que cambiamos nosotros. Lo que era esencial hace cinco años, o incluso hace cinco días, puede que ahora no lo sea, por lo que continuamente tenemos que cuestionar, ajustar, desprendernos de cosas. Esto es así sobre todo durante una crisis, donde una semana nos parece un mes; un mes, toda la vida.

Atrapada en sus hogares, la gente se ha enfrentado al hecho de que sus posesiones materiales son menos importantes de lo que pensaban en un principio. La verdad nos ha cercado por todas partes. Todo eso que acumula polvo –trofeos de béisbol

---

* A partir de la «Regla de nada innecesario», hemos establecido estas tres categorías: cosas esenciales, cosas no esenciales y cosas innecesarias (véase pág. 76).

de la escuela secundaria, libros de texto universitarios y batidoras de cocina estropeadas– resulta que no es tan importante como las personas. La pandemia ha magnificado esta realidad y nos ha dado una lección crucial: las cosas tienden a obstaculizar el camino de lo que es verdaderamente esencial: las relaciones. Las relaciones humanas desaparecen de nuestra vida y no se pueden comprar, solo se pueden cultivar. Para ello, tenemos que simplificar, empezando por los objetos y siguiendo por todos los ámbitos de nuestra vida. Este libro ha sido escrito para ayudar a las personas normales como usted y como yo a enfrentarse a la confusión externa antes de mirar hacia adentro y abordar la confusión mental, emocional, psicológica, espiritual, económica, creativa, tecnológica y relacional que nos abruma y que entorpece nuestra relación con los demás.

Si usted ha seguido a Los Minimalistas durante cierto tiempo, reconocerá fragmentos de nuestra historia en «Introducción a vivir con menos» (muerte, divorcio, una Fiesta del Embalaje). Pero estos aspectos no van dirigidos solamente a los lectores nuevos. En este libro profundizamos más en los conflictos, las inseguridades, el abuso de sustancias, la adicción, la infidelidad, el fanatismo, la angustia y el dolor, que fueron los catalizadores de un cambio definitivo en nuestra vida. Después de haber puesto esos detalles sobre la mesa, nos adentramos en nuevos territorios a medida que navegamos por las siete relaciones esenciales que nos hacen ser quienes somos.

No se escribió este libro para una situación de pandemia, es una guía para la vida diaria. La pandemia no ha hecho más que agravar nuestros problemas cotidianos y los ha vuelto aún más urgentes. Debido a la última crisis económica y a la búsqueda renovada de sentido, nuestra sociedad tendrá que enfrentarse a algunas realidades esenciales en un futuro no muy lejano. Se han impuesto muchas normas nuevas; otras seguirán imponiéndose a medida que pase el tiempo. Algunos de nosotros intentaremos aferrarnos al pasado, para «volver a la normalidad», pero eso es como tratar de sostener un trozo de hielo en las manos: al derretirse, desaparece. Me han preguntado: «¿Cuándo veremos dar un giro a esta situación?». Pero «dar un giro» presupone que deberíamos volver al pasado, a lo que era «normal», pero que no funcionaba para la mayoría de las personas, al menos no de una manera significativa. Aunque ignoro lo que nos depara el futuro, espero que salgamos de esta incertidumbre y que lo normal sea algo *nuevo*, que lo normal se base en la intencionalidad y la comunidad, y no en la «confianza del consumidor».

Para lograrlo, tenemos que volver a simplificar.
Debemos despejar el camino si queremos avanzar.
Tenemos que encontrar la esperanza más allá del horizonte.

En plena crisis del coronavirus, tuve una conversación con uno de mis mentores personales, un empresario llamado Karl Weidner, que me enseñó los caracteres que forman la palabra china para «crisis», *weiji*, que significa «peligro» (*wei*) y «oportunidad» (*ji*), respectivamente. Si bien los lingüistas debaten sobre si el carácter de *ji* realmente significa «oportunidad», la analogía sigue siendo apropiada: existe una crisis allí donde se cruzan el peligro y la oportunidad.

Con el tiempo, indudablemente habrá más crisis. Incluso ahora, mientras escribo esto, persiste en la atmósfera una mayor sensación de peligro. Pero la oportunidad también está en el aire. Rodeados de peligro, tenemos la oportunidad, como dice mi amigo Joshua Becker, de «aprovechar estos días para reevaluarlo todo».

Quizás esta haya sido nuestra señal de alarma. No desperdiciemos esta oportunidad de reevaluarlo todo, de desasirnos de las cosas, de empezar de nuevo. El mejor momento para simplificar fue hace diez años; el segundo mejor momento es ahora.

Joshua Fields Millburn

Introducción a vivir con menos

Nuestras posesiones materiales son una manifestación física de nuestra vida interior. Eche un vistazo a su alrededor: angustia, dolor, inquietud, bien visibles en nuestro propio hogar. Las casas estadounidenses contienen un media de más de 300.000 cosas.[1] Con todas esas cosas, cabría pensar que estamos rebosantes de felicidad.[2] Sin embargo, un estudio tras otro demuestran lo contrario: estamos ansiosos, abrumados y abatidos. Más infelices que nunca, nos apaciguamos acumulando todavía más, ignorando el coste real de nuestro consumo.

La etiqueta del precio que cuelga de cada nuevo artilugio nos cuenta solo una fracción de la historia. El verdadero coste va mucho más allá de su precio. Está el coste de almacenar la cosa, mantener la cosa, limpiar la cosa, regar la cosa, cargar la cosa, complementar la cosa, repostar la cosa, cambiar el aceite a la cosa, reemplazar las pilas a la cosa, arreglar la cosa, repintar la cosa, cuidar la cosa, proteger la cosa. Y, por supuesto, una vez terminado todo esto, reemplazar la cosa. (Por no hablar del coste emocional y psicológico que implican nuestras cosas, que son aún más difíciles de cuantificar.) Si lo sumamos todo, el coste real de poseer algo es inconmensurable. Así que es mejor escoger cuidadosamente qué cosas introducimos en nuestra vida, porque no nos podemos permitir *todas las cosas*.

En serio, no podemos permitírnoslo, literal y figurativamente. Pero en lugar de aplazar la satisfacción y resistir temporalmente la tentación de poseer de la cosa, nos endeudamos. El americano medio lleva aproximadamente tres tarjetas de crédito en la cartera.[3] Uno de cada diez tiene más de diez tarjetas de crédito activas. Y la media de la deuda de las tarjetas de crédito es de más de 16.000 dólares.[4]

Peor todavía. Incluso antes de la pandemia de 2020, más del 80% de los estadounidenses estábamos endeudados,[5] y la deuda total de los consumidores en Estados Unidos superaba los 14 billones de dólares.[6] Bien, al menos tenemos algunas explicaciones plausibles, aunque lamentables: gastamos más en zapatos, joyas y relojes que en educación superior.[7] Nuestras casas, en constante ampliación –han más que duplicado su tamaño en los últimos cincuenta años–,[8] contienen más televisores que personas.[9] Cada estadounidense, de promedio, tira 36 kilos de ropa todos los años, aunque el 95% de esta podría reutilizarse o reciclarse.[10] Y nuestras comunidades disponen de más centros comerciales que institutos de secundaria.[11]

Hablando de escuelas secundarias, ¿sabía usted que el 93% de los adolescentes considera las compras como su pasatiempo favorito?[12] *¿Ir de compras* es un pasatiempo? Eso parece, ya que gastamos 1,2 billones de dólares cada año en bienes no esenciales.[13] Para que quede claro, eso significa que gastamos más de un billón de dólares al año en cosas que no necesitamos.

¿Sabe cuánto tiempo se tarda en gastar *un billón* de dólares? Si usted saliera y gastara un dólar cada segundo –un dólar, dos dólares, tres dólares– necesitaría más de 95.000 años en gastar un billón de dólares. De hecho, si hubiera gastado un millón de dólares todos los días desde el nacimiento de Buda, todavía no habría gastado un billón de dólares a día de hoy.

Con todo este gasto, ¿nos extraña que aproximadamente en la mitad de los hogares de Estados Unidos no se ahorre ni un céntimo? Resulta que más del 50% de la población no tiene suficiente dinero disponible para cubrir ni siquiera un mes de pérdidas en ingresos;[14] el 62% no tiene 1.000 dólares ahorrados;[15] y casi la mitad no podría reunir 400 dólares para una emergencia.[16] Este no es simplemente un problema de ingresos, es un problema de gastos que afecta no solo a las personas con ingresos bajos, sino también a las personas con sueldos de seis cifras: casi el 25% de los hogares que ingresan entre 100.000 y 150.000 dólares al año dicen que les resultaría difícil reunir 2.000 dólares extras en un mes.[17] Toda esta deuda es especialmente aterradora cuando sabemos que el 60% de los hogares experimentará un «*shock* económico» en los próximos doce meses.[18] Todo lo anterior era cierto incluso antes de la recesión económica de 2020; esa crisis no ha hecho más que poner de relieve el poco margen que tenemos.

Sin embargo, seguimos gastando, consumiendo, creciendo. El tamaño de una casa nueva se acerca de media rápidamente a los 280 metros cuadrados.[19] Sin embargo, con todo ese espacio disponible, todavía hay más de 52.000 trasteros de almacenamiento en todo el país,[20] ¡cuadruplica con creces la cantidad de Starbucks!

Ni siquiera con casas más grandes y trasteros atiborrados de cosas tenemos suficiente espacio para aparcar el coche en el garaje,[21] porque resulta que el garaje también está a tope de cosas: artículos deportivos que no usamos, equipos de ejercicio físico, material de camping, revistas, DVD, discos compactos, ropa vieja, aparatos electrónicos y muebles, cajas y cubos se amontonan desde el suelo hasta el techo, llenos de cosas que no utilizamos.

Ah, que no se nos olviden los juguetes de los niños. A pesar de que solo representan algo más del 3% de la población infantil mundial, los niños estadounidenses consumen el 40% de los juguetes del mundo.[22] ¿Sabía que cada niño posee una media de más de 200 juguetes,[23] pero juega solo con 12 de esos juguetes cada día? No obstante, un estudio reciente ha demostrado lo que los padres ya saben: los niños que tienen demasiados juguetes se distraen con más facilidad[24] y no disfrutan de un tiempo de juego de calidad.

Como adultos, nosotros tenemos nuestros propios juguetes para distraernos, ¿no? Sin ninguna duda. Si todo el mundo consumiera como los estadounidenses, necesitaríamos casi cinco Tierras para mantener nuestro consumo desenfrenado.[25]

El dicho popular «las cosas que poseemos terminan poseyéndonos» hoy parece más cierto que nunca.

Pero no tiene por qué ser así.

Confusión existencial

Son muchas las cosas que una vez nos alegraron la vida, pero que en el mundo actual ya no sirven para nada: teléfonos de disco, disquetes, cámaras desechables, casetes, fax, reproductores de LaserDisc, buscapersonas, Palm Pilots, Chia Pets, muñecos Furby. La mayoría de nosotros nos aferramos a nuestros artilugios hasta bien entrada su obsolescencia, a menudo por un piadoso sentimiento de la nostalgia. Las señas de identidad del pasado tienen una extraña manera de dejar huellas de sus garras en el presente.

Así pues, resulta que nos agarramos en un abrazo mortal a la colección de VHS, al teléfono plegable que ya no usamos, a los enormes tejanos Bugle Boy, sin arreglarlos ni reciclarlos, sino almacenándolos junto al resto de tesoros intactos. A medida que nuestras colecciones crecen, los sótanos, los armarios y los trasteros se convierten en purgatorios saturados de un variopinto revoltijo de cosas que no utilizamos.

Muchas de nuestras cosas han caído en desuso, y tal vez esta falta de uso sea la señal definitiva de que debemos desprendernos de ellas. Vemos que, a medida que cambian nuestras necesidades, deseos y tecnologías, también cambia el mundo que nos rodea. Los objetos que hoy aportan algún valor a nuestra vida puede que no aporten ninguno mañana, lo cual significa que hemos de estar dispuestos a desprendernos de todo, incluso de esas herramientas que hoy nos sirven para algo. Porque si nos deshacemos de ello, encontraremos un nuevo hogar temporal para nuestras pertenencias descuidadas y les daremos una nueva utilidad en la vida de otra persona, en lugar de dejarlas acumulando polvo en el mausoleo que nosotros mismos hemos creado.

En una línea de tiempo lo bastante larga, todo se vuelve obsoleto. Dentro de cien años, el mundo estará lleno de seres humanos nuevos y hará mucho tiempo que habrán abandonado los cables USB, los iPhones y los televisores de pantalla plana, dejando atrás el pasado para dejar espacio para el futuro. Esto significa que debemos tener cuidado con las posesiones materiales nuevas que introducimos en nuestra vida hoy. Y también tenemos que estar atentos a cuándo esas cosas se vuelven obsoletas, porque estar dispuestos a desprendernos de ellas es una de las virtudes más maduras de la vida.

Exploremos cómo hemos llegado aquí, y cómo podemos desprendernos de las cosas.

Demasiado

¿Cómo puede mejorar nuestra vida con menos? La vida simple comienza con esta pregunta. Lamentablemente, yo, Joshua Fields Millburn, tardé treinta años en hacerme esta pregunta.

Nací en Dayton, Ohio, cuna de la aviación, de la música *funk* y de las llantas doradas de cien radios. Y es posible que esté al corriente de que, de forma más reciente, Dayton es la capital de las sobredosis de Estados Unidos.[26] Visto con la perspectiva del tiempo resulta extraño, pero durante mi infancia no me di cuenta de que éramos pobres. La pobreza era como el oxígeno: me envolvía, pero no la veía. Simplemente, estaba... allí.

En 1981, cuando llegué al mundo en la Base de la Fuerza Aérea Wright-Patterson, mi padre, un hombre alto y robusto de cuarenta y dos años, de cabello plateado y cara de crío, era médico de las Fuerzas Aéreas. Mi madre, que en aquella época trabajaba como secretaria, tenía siete años menos que él, y era una mujer rubia, menuda, con esa voz ronca de quienes fuman, nacida al final de la generación silenciosa, unos meses antes de Nagasaki e Hiroshima.

Con esa foto, todo hacía pensar que tendría la infancia idílica y acomodada propia del Medio Oeste, ¿no le parece? Eso era a principios de los años ochenta y Dayton todavía estaba en el tramo final de su apogeo, antes de que el Medio Oeste industrial se convirtiera en el llamado cinturón de óxido, antes de que la fuga blanca paralizara la ciudad, antes de que la epidemia opiácea del condado de Montgomery se propagara a ambos lados del Gran Río Miami. En aquel entonces, la gente llamaba a Dayton «Little Detroit» y lo decían como un cumplido. La fabricación estaba en auge, la mayoría de las familias tenían lo que necesitaban y la mayor parte de la gente encontraba sentido a su vida diaria.

Pero poco después de que yo naciera, mi padre se puso enfermo y todo empezó a desmoronarse. Papá tenía serios problemas de salud mental, esquizofrenia y trastorno bipolar, que se veían agravados por un consumo excesivo de alcohol. Antes de que yo empezara a andar, mi padre comenzó a mantener elaboradas conversaciones, e incluso relaciones completas, con personas que no existían en el mundo real. A medida que su mente giraba en espiral, se volvía más violento e impredecible. Mi primer recuerdo es el de mi padre apagando un cigarrillo en el pecho desnudo de mi madre en nuestra casa de Dayton, en Oregón. Yo tenía tres años.

Mamá y yo nos fuimos un año después de que comenzaran los abusos; ella empezó a beber casi al mismo tiempo. Nos fuimos

a vivir veinte millas al sur, a las afueras de Dayton, no suena mal, ¿verdad? Un barrio a las afueras. Pero era todo lo contrario a lo ideal. Alquilamos un dúplex por 200 dólares al mes que literalmente se venía abajo. (Hoy, esa misma casa está tapiada, a punto de ser demolida.) Gatos y perros callejeros, licorerías e iglesias, drogas y alcohol y edificios en mal estado; no era un vecindario violento o peligroso, era simplemente pobre.

A medida que las cosas se fueron deteriorando aún más, el tema de la bebida de mamá empeoró. Durante gran parte de mi infancia, pensé que había billetes de dos colores: verdes y blancos. A veces mi madre vendía nuestros billetes blancos (en aquel momento yo no sabía que eran cupones de alimentos) por cincuenta centavos de dólar ya que solo podía comprar alcohol con los billetes verdes. Mamá ganaba el salario mínimo cuando conseguía un trabajo de jornada completa, pero era incapaz de mantener el trabajo durante un período de tiempo sustancial; cuando se ponía a beber y pillaba una borrachera, se pasaba días seguidos sin salir de nuestro húmedo apartamento de una sola habitación, no comía, solo bebía mucho y fumaba sin parar echada en el sofá gris pardo lleno de manchas. Nuestra casa siempre despedía cierto olor de orina, de latas de cerveza vacías y de humo de cigarrillo rancio; todavía puedo olerlo.

Las cucarachas salían corriendo cada vez que encendía la luz de la cocina. Parecía que vinieran del apartamento del vecino. Era un hombre amable y solitario, un veterano de la Segunda Guerra Mundial de unos setenta años, que al parecer era propietario de tres o cuatro apartamentos y a quien no le importaban los insectos, quizás porque había visto cosas mucho peores o quizás porque le hacían compañía. Cada vez que mamá mataba una cucaracha con su zapatilla pronunciaba en voz baja el versículo 22 de san Mateo: «Ama a tu prójimo». Pero cuando bebía, muchas veces se convertía en «a la mierda el prójimo». Durante la mayor parte de mi infancia, pensé que eran dos pasajes bíblicos diferentes, una especie de contradicción entre el Antiguo y el Nuevo Testamento.

Mamá era una católica devota. De hecho, fue monja a los veintitantos años, antes de pasar a ser azafata, luego secretaria y, finalmente, madre a los treinta y pocos. Rezaba todos los días, varias veces, con el rosario colgando, hasta que en el pulgar derecho y en el índice manchado de nicotina se le formaban callos de tanto pasar las cuentas, pronunciando siempre los mismos padrenuestros y avemarías y la oración de la serenidad de Alcohólicos Anónimos, pidiendo a Dios que por favor le quitara eso, que por favor la curara de su enfermedad, su ENFERMEDAD, por favor, Dios, por favor. Pero pese a todos los ruegos, la serenidad no se presentó.

Tendría que quitarme los zapatos para poder contar cuántas veces nos quedamos sin electricidad, lo que sucedía con mucha más frecuencia en nuestro piso que en el de nuestro vecino. Pero ningún problema, solo teníamos que tender un cable largo desde la puerta del vecino para tener la televisión encendida. Cuando se apagaban las luces en invierno y hacía demasiado frío para quedarnos en casa, mamá y yo celebrábamos «fiestas de pijamas» especiales en los domicilios de diferentes hombres. En casa, mamá dormía por las tardes mientras yo jugaba con G.I. Joes.* Recuerdo guardar cuidadosamente cada muñeco en su caja de plástico muy organizada y metódicamente cada vez que terminaba de jugar, controlando lo único que podía controlar en mi desordenado mundo. Separaba a los buenos en una caja, a los malos en otra caja y las armas en una tercera. Y de vez en cuando algunos hombres cambiaban de grupo y pasaban de la caja de los malos a la de los buenos.

Las bolsas de la compra aparecían junto a la puerta de casa, muy cerca de donde faltaban tres tablas de madera en el suelo del desvencijado porche delantero. Mamá me decía que había rezado a san Antonio y que el santo había encontrado co-

---

* Muñecos de acción. *(N. de la T.)*

mida para nosotros. Había períodos prolongados en los que subsistíamos gracias a los productos que nos proveía el santo: mantequilla de cacahuete, pan Wonder y productos envasados y azucarados como Pop-Tarts y Fruit Roll-Ups. Cuando tenía siete años, me caí en ese mismo porche medio podrido. Una de las tablas de madera cedió bajo el peso de mi regordete cuerpo preadolescente, y caí de bruces contra el cemento más de un metro más abajo. Hubo sangre y lágrimas y una especie de doble y extraño pánico: pánico por la sangre que brotaba de mi barbilla y pánico por mamá, que permanecía inmóvil en el sofá cuando entré corriendo en casa gritando, agitando los brazos, sin saber qué hacer. Tuve que caminar solo más de tres kilómetros para llegar al servicio de urgencias. Todavía hoy son visibles las cicatrices de esa caída.

Mi profesora de primer grado se refirió a mí en más de una ocasión como el «niño con llaves». Pero entonces yo no sabía qué significaba eso. La mayoría de los días después de la escuela volvía a casa caminando, abría la puerta y encontraba a mamá desmayada en el sofá, con un cigarrillo todavía encendido en el cenicero, cuya mitad era ceniza intacta hasta el filtro. Era como si ella nunca hubiera entendido el término «ama de casa».

Que no se me malinterprete. Mi madre era una mujer buena, cariñosa y con un gran corazón. Se preocupaba por los demás; me quería con locura. Y yo a ella. Todavía la quiero. La extraño más que a nada en el mundo, tanto que aparece regularmente en mis sueños. No era una mala persona; simplemente había perdido el sentido de su vida, y esa pérdida provocaba un descontento permanente.

Naturalmente, de niño, yo atribuía nuestra falta de felicidad a la falta de dinero. Si pudiera ganar dinero, mucho dinero, entonces sería feliz. No acabaría como mamá. Podría poseer todas las cosas que aportarían alegría eterna a mi vida. Así pues, cuando cumplí dieciocho años, me salté la universidad y opté por un puesto de trabajo básico en una empresa, y luego me pasé los siguientes diez años subiendo por la escalera empresarial. Reuniones a primera hora de la mañana y llamadas de ventas a última hora de la noche, y semanas laborales de ochenta horas, lo que hiciera falta para «tener éxito».

Cuando cumplí los veintiocho, había conseguido todo lo que mi yo de infancia soñaba: un sueldo de seis cifras, coches de lujo, armarios llenos de ropa de diseño, una casa grande en un barrio residencial con más baños que personas. Fui el director más joven en los 140 años de la historia de mi empresa, responsable de 150 tiendas minoristas en Ohio, Kentucky e Indiana. Y tenía todo lo necesario para llenar cada rincón de mi vida de consumidor. Visto desde la distancia, es fácil pensar que vivía el sueño americano.

Pero entonces, surgidos de la nada, dos acontecimientos me obligaron a preguntarme cuál era el objetivo de mi vida: en octubre de 2009 mi madre murió y se acabó mi matrimonio, ambos en el mismo mes.

Mientras me lo cuestionaba todo, me di cuenta de que estaba demasiado concentrado en lo que llamamos éxitos y logros y, sobre todo, en acumular cosas. Puede que hubiera vivido el sueño americano, pero no era mi sueño. Tampoco había sido una pesadilla. Simplemente era una vida anodina. Por extraño que parezca, tuve que conseguir todo lo que creía que quería para darme cuenta de que tal vez todo lo que siempre quise en realidad no era lo que quería de verdad.

Ahogado bajo una montaña de cosas

Cuando yo tenía veintisiete años, mamá se mudó de Ohio a Florida para jubilarse acogiéndose al Seguro Social. A los pocos meses, descubrió que padecía un cáncer de pulmón en fase 4. Ese año pasé mucho tiempo con ella en Florida acompañándola en su lucha con los tratamientos de quimioterapia y radiación, viendo cómo se adelgazaba a medida que el cáncer se extendía y su memoria desaparecía, hasta que, más tarde ese mismo año, se fue.

Cuando mamá falleció, tuve que hacer una última visita a su casa, esta vez para ocuparme de sus cosas. Así que volé de Dayton a San Petersburgo, y, cuando llegué, me encontré con el diminuto apartamento de mamá, de un solo dormitorio, abarrotado con las posesiones de tres casas juntas.

No es que mi madre fuera una acaparadora compulsiva. En todo caso, con su buen ojo para la estética, podría haber sido una diseñadora de interiores maximalista. Pero tenía una gran cantidad de cosas: sesenta y cinco años acumulando. Menos del 5% de los estadounidenses están diagnosticados como acumuladores compulsivos,[27] pero eso no significa que el otro 95% no consuma muchas cosas. Lo hacemos. Y nos aferramos a toda una vida de recuerdos almacenados. Sé con toda seguridad que mi madre era así, y por mi parte no tenía ni idea de qué hacer con nada de todo aquello.

Así que hice lo que haría cualquier buen hijo: llamé a U-Haul. Por teléfono encargué el camión más grande que tuvieran. Necesitaba uno tan grande que tuve que esperar un día más hasta que el camión de ocho metros estuvo disponible. Mientras esperaba el camión de U-Haul, invité a un puñado de amistades de mamá para que me ayudaran a poner orden en todas sus cosas. Era demasiado para hacerlo solo.

La sala de estar estaba *abarrotada* de muebles enormes y cuadros antiguos y más tapetes de los que podía contar. La cocina estaba *abarrotada* de cientos de platos, tazas, cuencos y utensilios variopintos. El baño estaba *abarrotado* de tantos productos de higiene como para abrir un pequeño negocio de artículos de belleza. Y parecía que alguien dirigiera un hotel desde el armario de la ropa blanca, que estaba *abarrotado* de pilas de toallas de baño, trapos de cocina y toallas de playa, sábanas, mantas y edredones de diferentes colecciones. Ah, y espere que empiece con su dormitorio. ¿Por qué mamá tenía catorce abrigos de invierno embutidos en el armario? ¡Catorce! ¡Vivía a 700 metros de la playa! Basta decir que mamá tenía muchas cosas. Y yo seguía sin tener ni idea de qué hacer con nada de todo aquello.

Así que hice lo que haría cualquier buen hijo: alquilé un trastero.

No quería mezclar los bártulos de mamá con los míos. Yo ya tenía una casa y un sótano grandes a tope de trastos. Pero un trastero de alquiler quizás me ayudaría a guardarlo todo por si acaso algún día lo necesitaba en un futuro hipotético e inexistente.

Allí me tiene, empaquetando lo que parecía ser todo lo que mi madre había poseído en su vida. Cuando retiré los faldones que cubrían el somier y miré debajo de la cama Queen Anne, encontré cuatro cajas de papel de impresora, algo pesadas, de hacía décadas, cerradas con una cantidad exagerada de cinta adhesiva. Al sacarlas de una en una, vi que cada caja tenía una etiqueta pegada con un número escrito a un lado con rotulador negro grueso: 1, 2, 3, 4. Me quedé allí, mirando las cajas, preguntándome qué debían de contener. Me agaché, cerré los ojos y respiré hondo. Los volví a abrir. Solté un suspiro.

Al abrir las cajas, ya no pude contener más mi curiosidad al descubrir dibujos, deberes e informes de calificaciones de mis días de escuela primaria, del primer al cuarto grado. Primero pensé: «¿Por qué mamá guardaba tanto papelorio absurdo?». Pero entonces llegaron en tropel todos los recuerdos y la razón de que lo hiciera me pareció obvia: mamá había guardado una parte de *mí*. Había retenido todos los recuerdos dentro de esas cajas.

«¡Pero espera un minuto!», me dije en voz alta en ese dormitorio vacío cuando me di cuenta de que mamá no abrió esas cajas durante más de veinte años. Estaba claro que no había accedido a ninguno de esos «recuerdos», lo que me ayudó a entender por primera vez algo importante: nuestros recuerdos no están en nuestras cosas; nuestros recuerdos están dentro de nosotros.

Quizás fuera esto lo que quiso decir David Hume, el filósofo escocés del siglo XVIII, cuando escribió: «La mente tiene una gran tendencia a conferir a los objetos externos nuestras impresiones internas».[28] Mamá no necesitaba retener esas cajas para retener una parte de mí; yo nunca estuve dentro de esas cajas. Sin embargo, luego observé el apartamento, miré todas sus cosas y me di cuenta de que yo me estaba preparando para hacer lo mismo. Excepto que, en lugar de guardar los recuerdos de mamá en una caja debajo de mi cama, iba a meterlo todo en una caja grande con un candado. Por si acaso.

Así que hice lo que haría cualquier buen hijo: llamé a U-Haul y anulé el servicio de camión. Luego anulé el trastero de alquiler y dediqué los siguientes doce días a venderlo o darlo casi todo. Sería poco decir que aprendí unas cuantas lecciones importantes en el proceso.

No solo aprendí que nuestros recuerdos no están en nuestras cosas, sino que aprendí sobre el valor que tienen. El valor real. Si soy sincero conmigo mismo, quería aferrarme egoístamente a la mayoría de los trastos de mamá. Pero no obtendría ningún valor real de estos, ya que estarían encerrados a perpetuidad. Sin embargo, si me desprendía de todo aquello, aportaría valor a la vida de otras personas. Así que di la mayoría de las cosas de mamá a sus amigos y a organizaciones benéficas locales, y encontré un nuevo hogar para todas aquellas cosas, porque los cachivaches de una persona pueden ser exactamente los que otra persona necesita de forma urgente. El dinero de los pocos artículos que vendí lo doné a las dos organizaciones benéficas que ayudaron a mamá con la quimioterapia y la radioterapia. Con el paso del tiempo, me di cuenta de que podía beneficiar a otras personas si estaba dispuesto a desprenderme de cosas.

Cuando finalmente volví a Ohio, regresé con algunos objetos sentimentales: un cuadro antiguo, unas fotografías, creo que incluso un tapete o dos. Eso me ayudó a entender que el tener menos objetos sentimentales en realidad nos permite disfrutarlos. Obtengo mucho más de esos pocos objetos que guardé que si los diluyera entre docenas, o incluso cientos, de trastos.

La última lección que aprendí fue práctica. Aunque es cierto que nuestros recuerdos no están en nuestras cosas, también lo es que a veces nuestras cosas pueden desencadenar recuerdos dentro de nosotros. Por eso, antes de irme de Florida, hice fotos de muchas de las cosas de mamá y regresé a Ohio con unas pocas cajas de sus fotografías, que escaneé y guardé digitalmente.

Esas fotografías me hicieron más fácil el desprendimiento porque sabía que no me desprendía de ninguno de mis recuerdos.

A la larga, tuve que desasirme de lo que me agobiaba antes de poder seguir adelante.

Un acaparador bien organizado

De vuelta a casa, era hora de hacer inventario de mi propia vida. Resulta que yo tenía una vida «organizada». Pero en realidad no era más que un acaparador bien organizado. El acaparamiento, en el sentido clínico de la palabra, se sitúa en el extremo más alejado del espectro obsesivo-compulsivo. Y como persona diagnosticada de TOC, yo acumulaba. Pero a diferencia de las personas que vemos en la televisión con su sobreabundancia esparcida por el suelo, en las vitrinas y en cualquier otra superficie plana, yo escondía mis trastos ordenadamente.

El sótano de mi casa era un anuncio de Container Store:* filas de cajas de plástico opaco, apiladas y etiquetadas, repletas de números atrasados de *GQ* y *Esquire*, pantalones con plisado delantero y polos, raquetas de tenis y guantes de béisbol, tiendas de campaña por estrenar y varios «artículos imprescindibles para acampar», y quién sabe qué más. Mi sala de ocio era una Circuit City a pequeña escala: películas y álbumes ordenados alfabéticamente en estanterías montadas profesionalmente en la pared junto a una pantalla de proyección de gran tamaño y un sistema estéreo de sonido envolvente que infringiría la ordenanza de ruidos municipal solo con subirla a la mitad de su potencia. Mi oficina en casa requería el sistema de clasificación Dewey: los estantes cubrían las paredes

---

*   Empresa que ofrece productos de almacenaje, organización y armarios personalizados. (*N. de la T.*)

desde el suelo hasta el techo y albergaban casi 2.000 libros, la mayoría de los cuales no había leído. Y mis armarios vestidores eran una escena de *American Psycho*: setenta camisas de vestir de Brooks Brothers, una docena de trajes a medida, al menos cincuenta corbatas de diseño, diez pares de zapatos de vestir con suela de cuero, un centenar de camisetas diferentes, veinte pares de los mismos tejanos azules, y calcetines, ropa interior y accesorios para un mes entero, todo cuidadosamente doblado en cajones o colgado en perchas de madera separadas a distancias exactamente iguales. Yo seguía aumentando mi tesoro, pero nunca era suficiente. Y por mucho que lo arreglara, ordenara y limpiara, el caos siempre se filtraba bajo la superficie.

Sí, tenía un *aspecto* genial, pero era una fachada. Mi vida era un caos organizado. Ahogado bajo el peso de todo lo que acumulaba, sabía que era imprescindible hacer algunos cambios. Quería simplificar. Y ahí es donde entró en escena eso llamado *minimalismo*.

Para mí, la simplificación comenzó con esta pregunta: *¿Cómo podría mejorar mi vida con menos?*

Me hice esta pregunta porque tenía que identificar qué finalidad tenía simplificar. No solo saber *cómo hacerlo*, sino lo más importante, *por qué*. Si simplificaba mi vida, tendría más tiempo para mi salud, mis relaciones, mi economía y mi creatividad, y podría beneficiar a más personas aparte de a mí mismo de manera significativa. Como puede verse, entendí los beneficios de simplificar mucho antes de vaciar mis armarios.

Así, cuando llegó de verdad el momento de poner orden, comencé poco a poco. Me hice otra pregunta: *¿Qué pasaría si eliminara una sola posesión material de mi vida cada día durante un mes, solo una? ¿Qué pasaría?*

Bueno, déjeme que se lo diga: fueron bastante más de treinta cosas durante los primeros treinta días. Mucho más. Descubrir de qué podía deshacerme se convirtió en un reto personal. Así que revisé mis habitaciones y armarios, roperos y pasillos, el coche y la oficina, en busca de objetos de los que desasirme, y así quedarme solo con las cosas que aportaban valor a mi vida. Reflexionando sobre cada uno de los objetos que encontraba en casa –un bate de béisbol de cuando era niño, antiguos rompecabezas incompletos, una máquina para hacer gofres de regalo de bodas–, me preguntaba: «¿Esto aporta valor a mi vida?». Cuanto más me hacía esta pregunta, más me animaba, y cada día me era más fácil asumir la simplificación. Cuanto más lo hacía, más libre, feliz y ligero me sentía, y más objetos quería tirar por la borda. Unas cuantas camisas acabaron siendo medio armario. Unos pocos DVD me llevaron a examinar en profundidad una biblioteca entera de discos. Unos pocos objetos decorativos se convirtieron en varios cajones de baratijas que se quedaron vacíos. Fue un ciclo hermoso. Cuanto más entraba en acción, más en acción quería entrar.

Durante los ocho meses que siguieron a la muerte de mi madre, y con innumerables viajes al centro de donativos local, me desprendí voluntariamente de más del 90% de mis posesiones. El caos se transformó en calma. No fue mucho comparativamente, pero si usted visitara mi casa hoy, más de diez años después de la minimización, no daría un salto y proclamaría: «¡Este tipo es minimalista!». No, probablemente diría: «¡Es ordenado!», y me preguntaría cómo es que mi familia y yo mantenemos las cosas tan organizadas. Bueno, hoy en día mi esposa, mi hija y yo no tenemos muchas cosas, pero todo lo que tenemos aporta un valor real a nuestra vida. Cada una de nuestras pertenencias –utensilios de cocina, ropa, coche, muebles– tiene una función. Cada cosa que yo, como minimalista, poseo tiene una finalidad o me aporta alegría. Todo lo demás lo quitamos de en medio.

Una vez despejado el camino, por fin me sentí obligado a hacerme preguntas más profundas: *¿Cuándo le di tanto significado a mis posesiones materiales? ¿Qué es realmente esencial en mi vida? ¿Por qué me he sentido tan insatisfecho? ¿Cómo es la persona en la que quiero convertirme? ¿Cómo definiré mi propio éxito?*

Son preguntas difíciles con respuestas complejas, pero han demostrado ser mucho más importantes que simplemente deshacerme de todo el exceso. Si no respondemos a estas preguntas de forma atenta y rigurosa, los armarios que ordenemos se volverán a llenar de nuevas compras en un futuro no muy lejano.

A medida que iba desprendiéndome de cosas y comenzaba a enfrentarme a las preguntas más difíciles de la vida, mi vida se volvía más simple. Pronto mis compañeros de trabajo también notaron que algo estaba cambiando.

–Pareces menos estresado.

–Se te ve mucho más tranquilo.

–¿Qué te pasa? ¡Estás mucho más simpático!

Entonces mi mejor amigo, un chico llamado Ryan Nicodemus, a quien conozco desde que éramos dos pequeños gordinflones de quinto grado, me abordó con una pregunta: «¿Por qué estás tan contento?».

Me reí y le hablé de eso que se llama minimalismo.

–¿Qué narices es minimalismo? –preguntó.

–El minimalismo es lo que nos lleva más allá de las cosas –le dije–. Y, ¿sabes qué, Ryan? Creo que esto del minimalismo también te funcionaría a ti, porque, bueno..., porque tienes muchos trastos innecesarios.

La cuna de un sueño

Ryan Nicodemus nació en un hogar disfuncional (antes de que se pusiera de moda el término «disfuncional»). Su historia comenzó como comienzan muchas historias: con una infancia desagradable. Cuando tenía siete años, el matrimonio de sus padres terminó amargamente. Después de la separación, Ryan se fue a vivir con su madre, y más adelante con su padrastro, en un remolque de doble ancho, y fue testigo de buenas dosis de drogas, alcohol y abusos físicos. Y, por supuesto, de problemas económicos.

Aunque la madre de Ryan vivía del paro, sus problemas económicos parecían ser su mayor fuente de descontento. El dinero también era un problema para el padre de Ryan, un celoso testigo de Jehová dueño de un pequeño negocio de pinturas. A pesar de ser propietario de un negocio, le costaba llegar a fin de mes, y vivía al día sin ahorros ni planes para el futuro.

Durante su adolescencia, Ryan pasó la mayor parte de los veranos trabajando para su padre, pintando y empapelando casas increíblemente lujosas: garajes de mil metros cuadrados, piscinas cubiertas, boleras privadas. No es que Ryan aspirara a poseer ninguna de esas majestuosas residencias, pero le dejaron una marca indeleble.

Era un sofocante día de verano y Ryan y su padre comenzaron un trabajo que consistía en empapelar una bonita residencia en las afueras de Cincinnati. No era una casa de millones de dólares, pero era mejor que ninguna de las que sus padres hubieran tenido. Cuando Ryan conoció a los propietarios, notó lo feliz que parecía la pareja. Las paredes de la casa estaban decoradas con las caras sonrientes de familiares y amigos que parecían confirmar la felicidad en su vida. Las cosas en aquel hogar –los televisores, la chimenea, los muebles, la decoración– llenaban cada esquina y recoveco. Mientras trabajaba en la casa, Ryan se vio a sí mismo viviendo allí; se imaginó lo feliz que sería si fuera el dueño de esa casa llena de todas esas cosas. Antes de terminar el trabajo, le preguntó a su padre:

–¿Cuánto dinero tengo que ganar para vivir en una casa como esta?

–Hijo –respondió su padre–, si ganaras cincuenta mil dólares al año, probablemente podrías permitirte una casa como
esta.

(Téngase en cuenta que estábamos en la década de 1990. Aun
así, en aquel momento, 50.000 dólares era más dinero de lo que
los padres de Ryan jamás habían ganado en un año.) Así que esa
cifra se convirtió en la referencia de Ryan: 50.000 dólares.

Unas reglas de juego siempre cambiantes

Un día, durante nuestro último año de secundaria, Ryan y yo
nos sentábamos en la solitaria mesa del almuerzo, solo nosotros dos, discutiendo nuestros planes de posgrado.

–No sé qué voy a hacer, Millie –dijo Ryan, llamándome por mi apodo–. Pero si puedo encontrar la manera de ganar cincuenta mil dólares al año, sé que seré feliz.

Yo carecía de una buena razón para no estar de acuerdo, así que ambos nos fuimos en busca de eso. Un mes después de graduarnos, en 1999, me puse a trabajar como representante de ventas para una empresa de telecomunicaciones local. Al cabo de unos años, tras mi primer ascenso a gerente de tienda, le pedí a Ryan, que había estado trabajando en el negocio de su padre y en una guardería, que se uniera a mi equipo. Solo tuve que mostrarle algunos cheques de comisiones para que se subiera a bordo inmediatamente.

En unos pocos meses, Ryan se convirtió en el mejor vendedor de mi equipo y enseguida comenzó a ganar sus mágicos 50.000 dólares. Pero algo andaba mal, no era feliz. Volvió a la primera casilla y rápidamente localizó el problema: se había olvidado de la inflación. Quizás la felicidad fueran 65.000 dólares al año. Quizás 90.000. Quizás seis cifras. O tal vez poseer un montón de cosas, tal vez eso fuera felicidad. Fuera lo que fuera, Ryan sabía que, una vez que llegara allí, por fin se sentiría libre. Así que cuanto mas dinero ganaba, más dinero gastaba, todo en busca de la felicidad. Pero cuando con cada nueva compra más se aproximaba del sueño americano, más se alejaba de la libertad.

En 2008, menos de diez años después de terminar la secundaria, Ryan tenía todo lo que «se suponía» que debía tener. Un puesto de trabajo impresionante en una empresa respetable, una exitosa carrera con un sueldo de seis cifras y cientos de empleados a su cargo. Un coche nuevo y reluciente cada dos años. Era propietario de una casa con tres dormitorios y tres baños y dos salas de estar (una para él y otra para su gato). Todo el mundo decía que Ryan Nicodemus era un triunfador.

Cierto, tenía los ornamentos del éxito, pero también tenía varias cosas que eran difíciles de ver desde fuera. A pesar de que ganaba mucho dinero, tenía un montón de deudas. Y perseguir la felicidad le costaba a Ryan mucho más que dinero. Su vida era un continuo estrés, miedo e insatisfacción. Sin duda, su apariencia era la de un triunfador, pero se sentía miserable y ya no sabía lo que era importante.

Pero algo sí estaba claro: en su vida había un enorme vacío. Así que intentó llenar ese vacío de la misma manera que lo hacen muchas personas: con cosas. Un montón de cosas. Compraba coches nuevos, aparatos electrónicos, ropa, muebles y decoración para el hogar. Y cuando no tenía suficiente dinero en el banco, pagaba comidas caras, rondas de bebidas y vacaciones con tarjetas de crédito, y así financiaba un estilo de vida que no podía permitirse, utilizando dinero que no tenía para comprar cosas que no necesitaba.

Él pensaba que al final encontraría la felicidad, tenía que estar en algún lugar a la vuelta de la esquina, ¿no? Pero las cosas no llenaron el vacío, lo agrandaron. Y como Ryan no sabía lo que era importante, continuó llenando el vacío con cosas, endeudándose aún más, trabajando arduamente para comprar cosas que no aumentaban su felicidad, ni su alegría si su libertad. Esto se prolongó durante años, un círculo vicioso. Enjabonar, enjuagar y vuelta a repetir.

La espiral descendente

En el ocaso de su década veinteañera, la vida de Ryan por fuera era perfecta. Pero por dentro, después de construir una existencia de la que estaba de todo menos orgulloso, era un desastre. Con el tiempo, el alcohol comenzó a ejercer un papel importante en su vida. Antes del final de cada jornada laboral, pensaba con quién se encontraría en el bar. No tardó en beber todas las noches: media caja de cerveza, media docena de tragos. A veces más.

En muchas ocasiones, al salir de bares y actos corporativos, Ryan volvía a su casa conduciendo completamente borracho. (Era una buena noche si encontraba la cartera y el móvil a la mañana siguiente.) De hecho, lo hacía tan a menudo que con su nueva camioneta chocó al menos tres veces en el trayecto de vuelta a casa estando ebrio. Puede que incluso hubiera una cuarta vez, pero todo es borroso. En realidad, todos los coches nuevos que se compraba quedaban hechos papilla poco meses después de comprarlos. No obstante, nunca lo sancionaron por conducir borracho y, por suerte, no hizo daño a nadie, excepto a sí mismo.

En una de sus noches más bajas, recuerda que vomitó por todas partes, más de una vez, y que echó a perder la alfombra de la sala de estar de un compañero de trabajo, el pastel de cumpleaños de un amigo, su chaqueta de piel de mil dólares y su reputación. Todo en una noche. Era como una escena de una mala serie de televisión. Excepto que ahora era la vida real, *su* vida, precipitándose de copa en copa por una espiral descendente.

Pero no era solo la bebida, las drogas aceleraron su deterioro. Tras otra noche de borrachera, unas semanas después de chocar de nuevo con su coche, Ryan se despertó con un pulgar roto. Ningún problema, pensó; podía haber sido peor. El médico de urgencias le recetó Percocet para aliviar el dolor. En un par de meses más tarde, Ryan estaba enganchado. Cuando no conseguía otra receta de un médico, compraba pastillas ilegalmente. Percocet, Vicodin, Oxycontin, cualquier opioide que pudiera conseguir. Un pulgar roto, combinado con una intensa sensación de desesperación, se convirtió rápidamente en un hábito de veinte, a veces hasta cuarenta, analgésicos al día. Con todo el alcohol y las drogas, gastaba más de 5.000 dólares al mes para adormecer el dolor, lo mínimo para hacer soportable la vida que había creado.

Luego llegó la sobredosis. Abrumado por la desesperanza *–mis relaciones son un desastre, mi trabajo es un desastre, mi casa es un desastre, mi coche es un desastre, mi deuda es un desastre, mis cosas son un desastre, mi vida entera es un desastre–*, Ryan engulló un bote entero de pastillas. No quería suicidarse; solo quería parar. Aunque sobrevivió al incidente, terminó ingresado en una institución mental durante una semana, donde recuperó la sobriedad bajo el resplandor opresivo de los fluorescentes del hospital. El ingreso hospitalario comportó una nueva deuda médica que no podía pagar, por lo que enseguida volvió al alcohol y a las pastillas, tratando de esconderse de la vida.

Y, por supuesto, sus relaciones se deterioraron debido a su comportamiento. En aquel momento no se daba cuenta, pero era el típico martirizador. Después de su divorcio, engañó a casi todas sus novias. Mentía habitualmente, a todo el mundo, sobre cualquier cosa. Al querer ocultar sus secretos, acabó con sus relaciones más cercanas porque se avergonzaba de la persona en la que se había convertido. En lugar de pasar tiempo con familiares y amigos, lo pasaba con gente a la que le gustaban las mismas drogas.

Su madre vivía cerca, pero él apenas la veía con la excusa de estar ocupado con el trabajo, lo cual era verdad en parte, por lo que la madre parecía entenderlo, pero en realidad su ocupación fundamental eran las drogas, el alcohol y la vida de mentiras que se había construido.

La fachada era bonita, pero la estructura que había detrás se derrumbaba. Ryan no encontraba sentido en nada, ni en la casa grande, ni en los coches nuevos ni en las cosas materiales «que tocaban»; su vida carecía de finalidad y pasión, de valores y sentido, de alegría y amor. En su caída, lenta al principio y veloz después, ya no se reconocía a sí mismo. El adolescente que imaginó una vida feliz de 50.000 dólares no era el hombre que lo miraba fijamente en el espejo del baño todas las mañanas.

Ryan continuó trabajando sesenta o setenta, a veces ochenta, horas a la semana, abandonando los principales aspectos de la vida. Apenas pensaba en su salud, en sus relaciones o en su creatividad. Lo peor de todo es que se sentía estancado: no crecía y no aportaba nada a nadie.

Un lunes como otro en la oficina, Ryan y yo nos quedamos en un pasillo sin ventanas después de otra insustancial reunión de marketing, y le pregunté qué le apasionaba. Debido a la resaca de la noche anterior, me miró como un ciervo plantado ante los faros del coche. «No tengo ni idea.» No solo vivía gastándose el sueldo de cada mes, vivía *para* el sueldo de cada mes. Vivía para cosas. Vivía para una carrera de la que no disfrutaba. Vivía para las drogas, el alcohol y los malos hábitos.

Pero en realidad no vivía en absoluto. Entonces él no lo sabía, pero tenía depresión. Ryan no era más que el caparazón de su yo potencial.

Otro tipo de fiesta

En muchos sentidos, la vida de Ryan no era diferente a la de un centro comercial abandonado. Años de consumir excesivamente, años de perseguir placeres efímeros y dejar a la gente en un segundo plano, años de aferrarse a más, más y más, lo dejaron sintiéndose vacío por dentro. Todos se fueron. Todo lo significativo desapareció. Un caparazón vacío.

Luego, al acercarse a los treinta, notó algo diferente en el hombre que había sido su mejor amigo durante veinte años: yo. Me dijo que me veía feliz por primera vez en años. Pero que no entendía por qué. Habíamos trabajado codo con codo en la misma empresa durante diez años, ambos escalando categorías, y yo *había sido* tan miserable como él. Para empezar, había pasado por dos de las experiencias más difíciles de mi vida, la muerte de mi madre y el fin de mi matrimonio, así que se suponía que no tenía por qué sentirme feliz. Y, pensándolo bien, ¡no había ningún motivo para que yo fuera más feliz que él!

Entonces Ryan me compró comida en un restaurante de alta categoría (Subway) y mientras comíamos nuestros sándwiches, me hizo esa pregunta: «¿Por qué narices eres tan feliz?».

Dediqué los siguientes veinte minutos a hablarle de mi viaje hacia el minimalismo. Le expliqué cómo había pasado los últimos meses simplificando mi vida, deshaciéndome del desorden para poder hacer espacio para lo que era realmente importante.

Ryan, que es un solucionador de problemas por sobrecompensación, decidió convertirse en minimalista allí mismo. Me miró por encima de nuestros sándwiches a medio comer y anunció con entusiasmo: «¡Perfecto, yo también!». Se detuvo un momento cuando vio una mueca de extrañeza en mi rostro, una mirada que decía «¿Cómo?».

–¡Voy a ser minimalista! –exclamó.

–Ejem. De acuerdo –dije.

–¿Ahora que? –preguntó.

No sabía qué decirle. No trataba de convertirlo, ni a él ni a nadie, al minimalismo, así que no sabía qué hacer. Le hablé de mis ocho meses de reducción, pero eso era demasiado lento para Ryan. Quería resultados más rápidos.

Al cabo de un momento, tuve una idea loca:

–¿Cuándo es la única vez que te ves obligado a enfrentarte a todo lo que posees?

–¿Cuándo? –preguntó.

–Cuando te mudas de casa –dije, ya que me había mudado hacía menos de un año–. ¿Qué te parece si simulamos que te mudas?

Eso fue lo que hicimos. Allí mismo, en el Subway, decidimos embalar todas las pertenencias de Ryan como si se estuviera mudando de casa, y luego él desempaquetaría solo lo que necesitase durante las próximas tres semanas. Lo llamamos la Fiesta del Embalaje (porque si se añade «fiesta» a algo, Ryan es el primero en apuntarse).

Aquel domingo, fui a casa de Ryan y lo ayudé a embalarlo todo: ropa, utensilios de cocina, toallas, aparatos electrónicos, televisores, fotografías enmarcadas, obras de arte, artículos de aseo. Todo. Incluso cubrimos los muebles con sábanas para no poderlos utilizar. Después de nueve horas, y de un par de pizzas a domicilio, todo estaba embalado y la casa entera olía a cartón. Y allí estábamos, sentados en su segunda sala de estar, agotados, mirando las cajas apiladas cubriendo la pared de tres metros y medio hasta la mitad.

Todo lo que Ryan poseía, cada una de las cosas por las que había trabajado en los últimos diez años, estaba en esa habitación. Cajas apiladas sobre cajas apiladas sobre más cajas. Cada una llevaba una etiqueta para que supiera a cuál acudir cuando necesitara algo en particular: «cosas innecesarias 1», «sala de estar 1», «utensilios de cocina», «armario del dormitorio», «cosas innecesarias 7», etc.

Los siguientes veintiún días los pasó desembalando solo lo que necesitaba: un cepillo de dientes, sábanas, ropa para ir a trabajar, los muebles que realmente usaba, ollas y sartenes, un juego de herramientas. Solo lo que aportaba un valor a su vida. Tres semanas después, el 80% de sus cosas todavía estaba en las cajas. A la espera. Intactas. Cuando Ryan miraba las cajas, ni siquiera era capaz de recordar qué había en la mayoría de ellas. Todos esos objetos que se suponía que lo tenían que hacer feliz no cumplían su cometido. Entonces fue cuando decidió desprenderse de ellos: vender o dar todo lo almacenado en esa jungla de cartón.

Al final de su «fiesta» de varias semanas de duración, Ryan comentó que se sintió libre por primera vez en su vida adulta: se sintió libre cuando logró deshacerse de todo lo que le impedía dejar espacio para todo lo que quedaba. Deshacerse del exceso no cambió su vida; creó el espacio para que cupieran los cambios que ocurrirían en las semanas y meses siguientes.

A medida que Ryan cambiaba su vida –limpiando residuos y priorizando hábitos nuevos y empoderadores, que veremos en detalle a lo largo de este libro–, era como si recuperara ese centro comercial metafóricamente abandonado para convertirlo en un espacio comunitario, restituyendo a su vida su intención original. En los meses posteriores a la simplificación, la vida fue difícil, pero tenía más sentido. Por primera vez en mucho tiempo –quizá en toda su vida–, miraba más allá de sí mismo. Comenzó a centrarse en la comunidad, no en el consumismo; en dar, no en recibir; en las personas, no en las cosas. Esto es lo que suele suceder cuando la glotonería se desvanece; el solipsismo también se disipa para dejar espacio a los demás. Aunque no era el resultado que perseguía, Ryan comenzaba a comprender que no era el centro del universo.

Los Minimalistas

Un mes después de haberse desprendido de sus cosas, en medio de los cambios de hábitos que Ryan estaba incorporando a su vida, toda su perspectiva cambió y se dio cuenta de que quizás algunas personas valorarían su recién descubierta satisfacción, suponiendo que encontrara una manera efectiva de compartir su historia. Ryan sabía que hacía un tiempo que a mí me apasionaba escribir, así que él y yo hicimos lo que harían dos individuos de treinta años en 2010: empezar un blog. Lo llamamos TheMinimalists.com.

Después de la primera publicación, el 14 de diciembre, sucedió algo extraordinario: ¡52 personas visitaron nuestro web en el primer mes! Entiendo perfectamente que parezca irrisorio, pero Ryan y yo estábamos emocionados porque significaba que por lo menos unas pocas docenas de personas valoraban nuestro mensaje de vivir con menos.

No tardaron en ocurrir otras cosas destacables: 52 lectores se convirtieron en 500, 500 se convirtieron en 5.000, y ahora tenemos el privilegio de compartir el minimalismo con millones de personas todos los años. Resulta que cuando uno aporta valor a la vida de las personas, a estas les entran muchas ganas de compartir su historia con amigos y familiares, de aportar valor a la vida de estos. Aportar valor es un instinto humano básico.

Ahora, tras diez años de simplificar nuestra vida, Ryan y yo, conocidos públicamente como Los Minimalistas, ayudamos a más de 20 millones de personas a vivir una vida con

sentido y con menos cosas, y todo porque las personas valoran un mensaje sencillo: es importante el desasimiento para dejar espacio a lo que es importante.

¿Qué es el minimalismo?

El minimalismo comienza con las cosas, pero eso es solo el comienzo. Sin duda, a primera vista es fácil pensar que el objetivo del minimalismo es únicamente deshacerse de las posesiones materiales. Ordenar. Simplificar. Eliminar. Desechar. Desprenderse. Reducir. Soltar.

Si fuera así, entonces todo el mundo alquilaría un contenedor de basura y lo tiraría todo dentro, e inmediatamente experimentaría felicidad perpetua. Pero está más que claro que uno puede tirarlo todo y seguir sintiéndose miserable. Es posible volver a casa, encontrarnos con un nido vacío y sentirnos aún peor porque nos hemos quedado sin chupete.

Eliminar el exceso es una parte fundamental de la receta, pero es solo uno de los ingredientes. Y si solo nos preocupamos por las cosas, nos equivocamos de medio a medio. Liberarnos del desorden y el caos no es el resultado final, es simplemente el primer paso. Sí, nos habremos quitado un peso de encima, pero no experimentaremos una satisfacción duradera tirando todas nuestras posesiones.

La razón es que consumir no es el problema, lo es consumir sin reflexionar. Y eso podemos cambiarlo pensando más sobre las decisiones que tomamos un día sí y otro también. Es verdad que todos necesitamos algunas cosas; la clave es tener esas cosas en la cantidad adecuada, las necesarias, y desprendernos del resto. Ahí es donde el minimalismo entra en escena.

Los minimalistas no se centran en tener menos, menos, menos; se centran en dejar espacio para tener más: más tiempo, más pasión, más creatividad, más experiencias, más ayudar a los demás, más satisfacción, más libertad. Poner orden en el desorden crea espacio para los intangibles que hacen que la vida sea gratificante.

A veces la gente huye del minimalismo porque la palabra en sí les suena extrema, radical, subversiva. Temerosas de cruzar las fronteras culturales, estas personas evitan simplificar su vida porque rechazan la etiqueta «minimalista».

Pero si el minimalismo parece demasiado austero, que cada cual escoja su salsa preferida para acompañar la simplificación, se trata simplemente de elegir el -ismo que más nos guste: intencionalismo, suficientismo, selectivismo, esencialismo, curacionismo, practicismo, vivir-dentro-de-nuestras-posibilidadesismo. No importa cómo lo llamemos, el minimalismo es lo que nos lleva más allá de las cosas para dar espacio a las cosas importantes de la vida..., que no son cosas en absoluto.

Entonces, ¿cuáles son estas cosas que llamamos importantes? Es lo que esperamos desvelar.

Este libro no es solamente una guía para que ponga orden en su casa. Para eso hay libros a montones. Aunque incluimos algunos consejos prácticos para que se desprenda de cosas innecesarias, lo que realmente nos importa es que supere la parte fácil y llegue más allá de ese primer paso que consiste en ordenar. Considere este libro como su guía para navegar por el mundo de posibilidades que se nos abre al poner orden y que nos lleva a la siguiente etapa, más difícil, de aprender a vivir intencionalmente. El proceso comienza con las cosas, y luego, una vez que tenemos menos, queremos enseñarle cómo hacer espacio para tener *más* de lo que realmente importa.

Ame a las personas, utilice las cosas

El título de este libro está inspirado en dos musas insólitas. Fue el reverendo Fulton J. Sheen, alrededor de 1925, quien dijo por primera vez: «Recordad que tenéis que amar a las personas y utilizar las cosas, no amar las cosas y utilizar a las personas». Cuando era niño, leía este epigrama casi a diario, cada vez que lo veía al pasar por el dormitorio de mi madre, que era católica, artísticamente enmarcado y montado, colgado en la pared sobre su cama. Casi un siglo después, Drake, la superestrella del pop-rap, se hizo eco de la frase de Sheen al cantar: «Ojalá que aprendieseis a amar a las personas y utilizar las cosas, no al contrario». Los Minimalistas reelaboramos este sentimiento y creamos el eslogan que ha acabado definiendo nuestro mensaje: «Ame a las personas, utilice las cosas, porque lo contrario nunca funciona», que pone fin a cada episodio de nuestro pódcast. Cuando Ryan y yo acabamos nuestros actos en directo con esta frase, la gente suele repetirla al unísono. Algunas almas valientes hasta se la han tatuado en su cuerpo como un recordatorio diario permanente.

El minimalismo en sí no es una idea nueva: el concepto se remonta a los estoicos, a todas las religiones importantes y, más recientemente, a Emerson, Thoreau y Tyler Durden. Lo nuevo es el problema: nunca hasta ahora la gente se había sentido más seducida por el materialismo, y nunca hasta ahora la gente había estado tan dispuesta a abandonar a sus seres queridos para adquirir montones de cosas absurdas.

Con este libro, queremos iluminar con una luz nueva la sabiduría del minimalismo que ha superado la prueba del tiempo, una lección después de otra. El objetivo del libro no es alejarnos del mundo moderno, sino mostrar cómo vivir mejor en él.

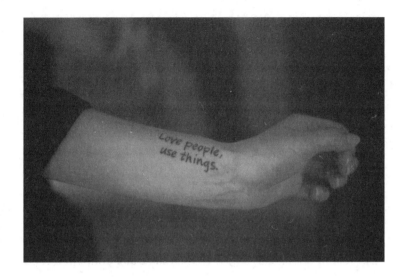

¿Cómo aprender a vivir con confianza prescindiendo de las cosas materiales que estamos convencidos de que necesitamos? ¿Cómo vivir una vida más intencional y satisfactoria? ¿Cómo aprender a restablecer nuestras prioridades? ¿Cómo transformar la manera en que nos vemos a nosotros mismos? ¿Cómo obtener lo que queremos de la vida?

Ryan y yo analizamos estas preguntas examinando las siete relaciones esenciales que nos hacen ser quienes somos: las cosas, la verdad, yo, los valores, el dinero, la creatividad y las personas. Estas relaciones se entrecruzan en nuestra vida de maneras inesperadas, ofreciéndonos modelos destructivos que con frecuencia se repiten, y que demasiado a menudo pasamos por alto porque los hemos enterrado bajo una confusión materialista. Este libro ofrece herramientas que nos ayudan a luchar contra el consumismo, a liberar espacio para dar cabida a una vida con sentido.

Ryan y yo creemos que haciendo hincapié en nuestros errores y resolviendo nuestros problemas públicamente, podemos ayudar a la gente a enfrentarse a sus propios problemas así como a la vergüenza que envuelve las decisiones del pasado. Precisamente este libro es el mejor medio para que desvelemos nuestras desventuras en sus páginas. A lo largo de él, también utilizaremos conocimientos de expertos y estudios de casos para eliminar esa capa en la fachada que cubre las verdades ocultas de gente común que ha escondido su vergüenza, como hicimos nosotros, bajo una montaña de objetos inútiles.

Cómo utilizar este libro

En el fondo, todo buen libro busca dos cosas: comunicar y expresar. Un libro pretende *comunicar* algo valioso al lector y *expresar* algo profundo sobre el mundo. Muchas veces los libros de no ficción solo hacen lo primero. Ryan y yo queremos comunicar lo que hemos aprendido a lo largo de los años, pero además queremos cimentarlo con historias cuyo contenido convierta nuestras lecciones en algo práctico y que a la vez se recuerde.

El autor Derek Sivers dice: «Un buen libro te hace cambiar de opinión; un gran libro te hace cambiar tus acciones». Creo que hemos escrito un buen libro, un libro que puede hacerle cambiar de opinión, pero depende de usted que sea un gran libro. Así pues, a medida que vaya leyendo sus capítulos, marque y subraye los pasajes que le parezcan útiles. Escriba notas en sus márgenes. Compre un cuaderno nuevo (o mejor utilice uno de los muchos que debe tener por casa) y haga los ejercicios al final de cada capítulo. Y lo más importante, una vez que haya comprendido los beneficios de vivir con menos, actúe.

Según la pirámide de aprendizaje del educador estadounidense Edgar Dale:[29]

Recordamos

un 10% de lo que leemos,

un 20% de lo que escuchamos,

un 30% de lo que vemos,

un 50% de lo que vemos y oímos,

un 70% de lo que hablamos con los demás,

un 80% de lo que experimentamos personalmente,

un 95% de lo que enseñamos a otros.

Si usted lee este libro, pero no hace nada con lo que ha aprendido, se habrá perdido lo fundamental. Está bien absorber la información para comenzar, pero solo la acción cambiará su vida. Y si de verdad desea que la información de este libro no se pierda, póngala a debate con otras personas e incluso considere la posibilidad de enseñar a otros lo que ha aprendido.

Como ayuda para retener cuantas lecciones mejor, Ryan –la mitad mentora de Los Minimalistas– completará cada capítulo con una conclusión que plantea cinco preguntas para

responder una vez que haya terminado de leerlo. Esas preguntas van acompañadas de una lista de cinco cosas que se deben
hacer y cinco que no se deben hacer en relación con el tema
del capítulo: acciones concretas que puede incorporar inmediatamente a su vida diaria. Tómese su tiempo para responder
estas preguntas y luego adopte medidas sobre lo que debe hacer y lo que no debe hacer antes de continuar; le ayudarán a que
cristalice lo que ha leído.

A medida que vaya avanzando en la lectura, verá claramen-
te que *Ame a las personas, utilice las cosas* no es solo un libro
sobre *cómo*, también es un libro sobre *por qué*. Queremos que
de cada capítulo obtenga consejos prácticos sobre cómo cambiar su vida, y en este sentido las historias convincentes que
leerá le darán el impulso necesario para recordar *por qué* el
cambio es imprescindible. Cuando combine el *cómo* y el *por
qué*, tendrá la receta para una transformación duradera.

Relación 1. Las cosas

Conocí a Jason y Jennifer Kirkendoll al finalizar uno de los actos en directo de Los Minimalistas, en la cola para saludarnos. Me contaron que cuando se casaron, a los veinticuatro años, los dos estaban llenos de esperanza en el futuro. Antes de que se dieran cuenta, ya vivían el sueño americano: cuatro hijos, dos perros, un gato y una casa en las afueras de Mineápolis. Jason trabajaba para una gran compañía de seguros; Jennifer era ama de casa.

Pero, con el paso del tiempo, su sueño se convirtió poco a poco en una pesadilla.

La casa que en un tiempo fue la casa de sus sueños ya no era apropiada para su estilo de vida en constante ampliación. Entonces buscaron una casa más grande en un barrio alejado, y asumieron la carga de una mayor hipoteca a treinta años y desplazamientos más largos.

La ampliación no se detuvo en el hogar. Para mantener las apariencias, compraban un coche nuevo cada pocos años y llenaban sus armarios roperos con prendas de diseño. Para apaciguar su ansiedad, los fines de semana iban de compras al

Mall of America. Comían demasiada comida basura, veían demasiada televisión basura y se distraían con demasiada basura en internet, e intercambiaban así una vida con sentido por cosas efímeras.

Y, sin embargo, demasiado no fue suficiente.

Antes de los treinta y cinco años, los problemas asediaban la vida de Jason y Jennifer. Los más graves eran los económicos. Las semanas laborales de cincuenta horas de Jason, ni siquiera cobrando horas extras, ya no los mantenían a flote, por lo que Jennifer buscó un trabajo de media jornada para ayudar a mantener lejos a los cobradores: tarjetas de crédito, plazos del coche, préstamos universitarios, matrículas de escuelas privadas, gastos de la casa.

Pero los problemas económicos eran solo la capa superior que cubría un laberinto de problemas más profundos.

Su vida sexual era inexistente.

Sus carreras profesionales eran insatisfactorias.

Se ocultaban las compras mutuamente.

Se mentían sobre lo que gastaban.

Ignoraban sus deseos creativos.

Se subestimaban el uno al otro.

Se volvieron mezquinos y resentidos.

Se avergonzaban de ser quienes eran ahora.

Diez años después de su boda, estaban nerviosos, abrumados y estresados porque habían perdido de vista su visión ideal.

Habían malgastado sus recursos más preciados (tiempo, energía y atención) en futilidades estériles. Aquellos dos jóvenes de veinticuatro años que se habían casado entusiasmados y llenos de esperanza les quedaban tan lejos que los habían perdido de vista completamente.

Bien.

La única manera de enmascarar su descontento era volver a la rutina hedónica: gastar dinero que no tenían para comprar cosas que no necesitaban para impresionar a personas que no les gustaban.[30] Rendían culto en el altar del consumismo y las cosas se habían convertido en su nuevo dios.

Luego, en la mañana de Navidad de 2016, encontraron un punto de vista nuevo. Después de la abertura de regalos matinal, con la alfombra bajo el árbol navideño sin papeles ni cajas, Jennifer puso Netflix, como había hecho cientos de veces, y se topó con una película llamada *Minimalismo: un documental sobre las cosas importantes*. A lo largo de la película dirigida por Matt D'Avella sobre el viaje de Ryan y mío,* fue comparando las vidas simples en la pantalla con los montones de papel de regalo, cajas vacías y obsequios intactos esparcidos por el suelo de su sala de estar. No habían pasado ni cuatro horas y sus hijos ya se aburrían con la mitad de los juguetes nuevos. Y el regalo obligatorio que Jason le había comprado

---

*   Si usted todavía no es fan de Matt D'Avella, hágase un favor y subscríbase a su canal de YouTube.com/mattdavella. Se convertirá en su director favorito de películas sobre minimalismo.

–con la tarjeta de crédito compartida– volvía a estar dentro de su caja, guardado ya en el armario, sin ningún interés ni utilidad, como la mayoría de las cosas que poseían.

Jennifer recordó su época universitaria.

Entonces su vida era muy simple.

¿Cuándo se volvió todo tan complejo?

La raíz latina de la palabra «complejo» procede de *complexus*, participio del verbo latino *complecti*, que significa «entretejer dos o más cosas». Jason y Jennifer habían entretejido tantas posesiones, distracciones y obligaciones innecesarias en su día a día que ya no eran capaces de distinguir lo accesorio de lo esencial.

Lo opuesto a complejidad es simplicidad. La palabra «simple» comparte raíz con el término latino *simplex*, del que deriva, que significa «tener solo una parte». Así pues, cuando hablamos de simplificar, de lo que realmente estamos hablando es de descompletar nuestras vidas, de eliminar lo que ya no sirve para las estructuras complejas que hemos creado, porque todo lo que es demasiado complejo se enreda.

Jennifer sabía que si querían volver a sentirse felices, si su familia quería reconectarse con lo que era importante, el cambio era imprescindible. Necesitaban simplificar. Pero no estaba segura de por dónde empezar, por lo que recurrió al mundo en línea.

Internet mostró a Jennifer un sinfín de personas que habían simplificado su vida gracias al minimalismo. Colin Wright, un empresario de veintitantos años de Misuri, dejó sus semanas laborales de cien horas para viajar por el mundo con solo cincuenta y dos cosas en su mochila. Courtney Carver, esposa y madre de una joven adolescente en Salt Lake City, se deshizo del 80% de sus posesiones materiales y se centró por completo en tratarse la esclerosis múltiple que padecía. Joshua y Kim Becker, padres de la periferia de Phoenix, se desprendieron de la mayor parte de su exceso y fundaron una organización sin fines de lucro que construye orfanatos en la frontera entre Estados Unidos y México. Leo Babauta, esposo y padre de seis hijos en Guam, dejó de fumar, se adelgazó treinta kilos, se mudó con su familia a California y finalmente se dedicó al sueño de su vida de ser un escritor a jornada completa.

Jennifer encontró una infinidad de historias estimulantes como estas en la web. Aunque cada una de estas personas llevaban vidas considerablemente diferentes (padres casados, solteros sin hijos, hombres y mujeres, jóvenes y viejos, ricos y pobres), vio que todos tenían al menos dos cosas en común. Primero, vivían una vida intencional y con sentido, eran personas apasionadas y tenían un objetivo, y parecían mucho más ricos que cualquiera de las personas calificadas de ricas de las que ella conocía. En segundo lugar, todos atribuían el tener una vida con sentido a lo que llamaban minimalismo.

Luego, por supuesto, estaba la historia de Los Minimalistas, que Jennifer vio en nuestro documental. En ese momento, Ryan y yo éramos dos hombres aparentemente normales de treinta y cinco años (como Jason y Jennifer) del Medio Oeste (también como ellos) que habíamos logrado vivir el sueño americano (ídem) y que luego nos alejamos de nuestro estilo de vida excesivamente indulgente en busca de una vida con más sentido.

Después de caer en la madriguera del conejo, Jennifer estaba ilusionada con poner orden en el caos. Jason, por su parte, se mostraba escéptico, pero la evidencia era abrumadora, y en el fondo sabía que tenían que hacer algo para volver a encarrilarse.

Con el impulso de la emoción –y el miedo– de desprenderse de cosas, alquilaron un contenedor de basura y lo colocaron junto a su casa llena hasta los topes. Durante el fin de semana de Año Nuevo, empezaron a meter en el contenedor todo lo que no habían usado en el último año: ropa, cosméticos, juguetes, libros, DVD, CD, aparatos electrónicos, utensilios, platos, tazas, vasos, accesorios para mascotas, herramientas, muebles, máquinas de gimnasia..., hasta una mesa de ping-pong. Todo lo que no estaba atornillado era candidato a despido.

Se deshicieron de las cosas con mucha energía.

En una semana, la casa se veía diferente.

El desorden físico estaba desapareciendo.

El desorden visual disminuía.

El eco en su hogar era nuevo.

¿Era ese el sonido de la simplicidad?

Cuando enero de 2017 llegó a su fin, Jason y Jennifer casi habían terminado de eliminar todo el exceso de su hogar. Faltaba una semana para que se llevaran el contenedor y los años de acaparamiento involuntario desaparecerían de sus vidas para siempre.

Progresaban notablemente. Los armarios, el sótano y el garaje estaban organizados. Los muebles con los que se habían quedado tenían una función. Sus cosas estaban ordenadas. Se respiraba mejor. Se reían más. Eran más agradables. Trabajaban juntos como una familia. Todo lo que poseían tenía una finalidad, y todo lo demás ya no estaba. Su casa volvió a ser un hogar. Una oleada de calma se apoderó de ellos al darse cuenta de que sus prioridades por fin volvían a regir su vida.

Entonces llegó... lo inesperado.

El día antes de que retiran el contenedor como estaba previsto, este se incendió. Nadie sabe exactamente cómo pasó, pero mientras Jason y Jennifer estaban en el trabajo aquel martes, se prendió fuego en algo dentro del contenedor ahora desbordado, y cuando regresaron del trabajo, su casa se había quemado hasta los cimientos, con todo lo que habían decidido conservar.

Afortunadamente, sus hijos estaban en la escuela durante el incendio y las tres mascotas huyeron por la puerta para perros en la parte trasera de la casa. Pero todo lo demás desapareció. Todas y cada una de las cosas.

Con lágrimas en los ojos, Jason y Jennifer abrazaron a sus hijos y miraron sin comprender los escombros humeantes. ¿Cómo sucedió? Después de años de arduo trabajo, logros y acumulación, no tenían nada que mostrar. Nada de nada.

Era espantoso.

Era deprimente.

Era...

¿Liberarse?

El mes anterior había sido un ejercicio de desprendimiento, y en ese momento se dieron cuenta de que eran capaces de desprenderse de cualquier cosa. Cualquiera.

Sus hijos estaban a salvo. Su familia, intacta. Y su relación era bastante mejor que hacía un mes. Su futuro era lo que ellos quisieran hacer de él. Por primera vez en su vida de adultos, no estaban atados a un estilo de vida, a las posesiones y a las expectativas que los habían constreñido hasta ahora. Habían des-*entretejido* su trama. A medida que sus complejidades se convertían en humo, literalmente, fueron proyectados a la vida simple por un incendio en un contenedor de basura.

Un mes antes, a Jason y Jennifer este revés los habría destrozado. Pero con la nueva perspectiva, no lo vieron como un revés, sino como un avance inoportuno. Ahora, sin obstáculos en el camino, su única pregunta era: «¿Qué vamos a hacer con nuestra nueva libertad?».

Libertad a partir del impulso

Es impresionante la cantidad de personas con la misma historia que Jason y Jennifer, excepto lo del incendio del contenedor, por supuesto. La mayoría de los occidentales buscan la felicidad en compras impulsivas, placeres efímeros y trofeos de un éxito aparente. Realmente, todas las malas decisiones que tomamos e, irónicamente, nuestro descontento, se originan en el deseo de ser felices. Porque a menudo mezclamos la felicidad con la gratificación inmediata.

«Felicidad» es un término muy escurridizo. Cada persona emplea la palabra dándole un significado diferente. Para algunas personas significa placer. Para otras, realización. Para algunas quiere decir sentirse satisfecho. Para otras, sentirse contentas. Según algunos pensadores, significa bienestar.

Sin embargo, yo opino que la gente no busca la felicidad, busca la libertad. Y la verdadera felicidad, es decir, el bienestar duradero, es un derivado de esa libertad.

Libertad. La propia palabra evoca un sinfín de imágenes: una bandera ondeando con fuerza en el viento, un héroe de guerra que regresa a casa, un águila volando en lo alto de un desfiladero. Pero la libertad real va más allá de las imágenes e implica algo más abstracto.

Cuando se piensa en la libertad, a menudo se piensa en hacer lo que uno quiere, cuando quiere.

Lo que uno quiere.
Cuando quiere.

Pero si indagamos más profundamente, enseguida nos damos cuenta de que eso no es libertad, es una tiranía autoinfligida.

Dejada a sus anchas, mi hija de seis años, Ella, hará encantada «lo que quiera»: tirará sus juguetes por la habitación, se dará un atracón de vídeos de YouTube, se hinchará a comer chocolate, se negará a cepillarse los dientes, se pondrá en peligro.

Puede que estas decisiones sean satisfactorias en el momento, pero a medida que las malas decisiones aumentan, recogemos los frutos podridos de nuestras imprudencias. Con el tiempo, las malas decisiones acaban en malos hábitos, que dañan nuestras relaciones, hasta que, al final, nos alejamos de lo que buscábamos: la libertad.

A veces utilizamos eufemismos para describir la falta de libertad:

Atado.
Encadenado.
Anclado.
Atrapado.
Acorralado.

Pero lo que queremos decir es que hemos perdido el control y ya no tenemos la disciplina necesaria para alejarnos de lo que nos detiene: estamos atados al pasado, encadenados a una carrera, anclados en una relación, atrapados por las deudas, acorralados en esta ciudad de poca monta.

Peor aún, algunas posesiones y logros en realidad imitan la forma de la libertad –los relucientes coches deportivos, las gigantescas casas de los barrios residenciales, los anuncios de las grandes oficinas–, aunque a menudo logran lo contrario de la libertad: la falsa libertad. El estadounidense medio está en medio de su pulcro césped, aprisionado por la cerca de su sueño americano.

Si se quiere, esto es un poco exagerado, pero ilustra algo importante. La verdadera libertad está más allá de los accesorios y la decoración de la falsa libertad. Y para alcanzarla debemos cruzar la cerca engañosamente hermosa que hemos construido.

Veamos, la verdadera libertad implica mucho más que las posesiones materiales, la riqueza y el éxito tradicional. No se puede controlar la verdadera libertad mediante una hoja de cálculo, es una abstracción. Pero a diferencia de la distancia y el tiempo, no disponemos de unidades de medida para la libertad. Por eso es tan difícil aprehenderla. Y en cambio nos conformamos con lo que se puede contar: dólares, baratijas y la influencia de las redes sociales, todo lo cual carece del significado, el rigor y la recompensa de la verdadera libertad.

Y cuanto más perseguimos la falsa libertad, más nos alejamos de la libertad real. Cuando esto sucede, nos sentimos amenazados por la libertad de los demás. Así que protegemos nuestro tesoro, cuestionamos a cualquiera que enfrente la vida de un modo diferente y nos aferramos con fuerza al *statu quo* porque nos da miedo que el tipo de vida no tradicional de otra persona sea una amenaza para la nuestra. Si esa persona es libre, entonces nosotros no lo somos.

Pero olvidamos que la libertad no es un juego de suma cero. La marea creciente de la libertad –la libertad real– pondrá a flote todas las naves, grandes o pequeñas, mientras que la falsa libertad solo las embarrancará en la playa.

Cierto, la falsa libertad es cómoda, no muy distinta a la manta que da seguridad al niño, pero la manta no es lo que garantiza la seguridad del niño. La seguridad reside en nuestra capacidad para seguir adelante, alejarnos de lo que nos detiene y caminar hacia lo que vale la pena.

Reglas minimalistas para vivir con menos

Las reglas pueden ser arbitrarias, restrictivas, pesadas y, a menudo, obstaculizan el camino de un cambio significativo. Sin embargo, a veces, observar con cierta flexibilidad unas pocas reglas nos ayuda a no perder el rumbo, pero solo si conocemos en profundidad los problemas que queremos abordar.

Muchas veces, cuando intentamos simplificar, nos atascamos incluso antes de comenzar. Cuando uno se enfrenta a un montón de posesiones –algunas útiles, otras no–, es difícil determinar qué aporta valor y qué no, lo cual hace que el desprendimiento sea extremadamente difícil.

Me encantaría poder ofrecerle una lista de los 100 artículos que se supone que se deben poseer. Pero el minimalismo no funciona así. Es muy posible que lo que aporta valor a mi vida sature la suya. Además, las cosas que en un momento dado aportaron valor puede que ya no lo aporten, por lo que debemos cuestionar constantemente no solo las cosas que compramos, sino las cosas a las que nos aferramos.

Como el minimalismo no es un antídoto del deseo y puesto que, como la mayoría de la gente, Ryan y yo seguimos actuando por impulsos, hemos creado una colección de «Reglas minimalistas para vivir con menos», que empleamos para resistir el tirón del consumismo y organizarnos. Encontrará estas reglas –la «Regla de por si acaso», la «Regla de la temporada» y muchas más– dispersas por las páginas de este libro (solo tiene que buscar los recuadros grises como el de la página siguiente).

Vale la pena señalar que estas «reglas» no son verdaderas reglas en el sentido tradicional. Es decir, no son prescriptivas ni dogmáticas. Tampoco son de talla única, porque lo que funciona para Ryan o para mí puede que no funcione para usted. Estas reglas constituyen nuestra receta para llevar una vida sencilla y, como cualquier receta, quizá usted tenga que rectificarla a su gusto. Si la regla 30/30 es demasiado estricta, o la regla 20/20 demasiado inflexible, o la regla 90/90 excesivamente restrictiva, establezca sus propios parámetros según el resultado deseado y el nivel de comodidad actual.

No obstante, es crucial sentirse un poco incómodo, porque hace falta un poco de incomodidad para desarrollar la musculatura que permite desasirse de las cosas. A medida que pasa el tiempo y que se fortalecen esos músculos, puede seguir ajustando las reglas para irse superando. Antes de lo que se imagina, va a ser más minimalista que Los Minimalistas. Lo hemos visto un montón de veces.

REGLA MINIMALISTA PARA VIVIR CON MENOS

Regla de nada innecesario

Todo lo que usted posee se podría colocar en tres montones: lo esencial, lo no esencial y lo innecesario. Puesto que la mayoría de nuestras *necesidades* son universales, solo unas pocas cosas irán al montón de lo esencial: comida, techo, ropa, transporte, vocación, educación. En un mundo ideal, la mayoría de nuestras cosas irían al montón de lo no esencial; si somos rigurosos, no es imprescindible un sofá ni una mesa de comedor, pero vale la pena tenerlos si nos hacen la vida más agradable. Pero, lamentablemente, casi todo lo que tenemos corresponde al montón de *lo innecesario*, los trastos y cachivaches que nos gustan o, más exactamente, que creemos que nos gustan. Aunque muchas veces todo esto lo disfrazamos de indispensable, en realidad se interpone en nuestro camino. La clave es deshacerse de lo innecesario para dejar espacio a todo lo demás.

El consumismo es seductor

Como nuestras posesiones materiales son un reflejo de nuestro bienestar interior, primero debemos controlar nuestro desorden externo para poder reparar las demás relaciones esenciales.

Cambiar nuestra relación con las cosas no es fácil. Incluso yo, uno de los Minimalistas titulares, todavía lucho con el canto de sirena del consumismo. Ojalá pudiera decir que Ryan y yo nos desprendimos de todo lo que no necesitábamos, que simplificamos nuestra vida y que nunca más sentimos el deseo de comprar más cosas materiales.

Sí, tengo el deseo de comprar.

Mira esa chaqueta tan bonita del anuncio publicitario.

Y esos zapatos de ese correo electrónico publicitario también me gustan.

Si nos fijamos, la llamada al consumo está dondequiera que miremos.

Los tejanos ajustados en la valla publicitaria de la calle.

El champú en el anuncio de televisión.

El maquillaje en el expositor de la farmacia.

La pastilla de la dieta milagrosa en el anuncio radiofónico.

El colchón que nos prometen en nuestro pódcast favorito.

La televisión de pantalla gigante en el anuncio del periódico.

El protector contra salpicaduras de la cocina en el correo directo.

La casa de vacaciones en ese programa de bricolaje.

El Mercedes-Benz que aparece en Instagram.

El Rolex de la contraportada de la revista.

Pero un Rolex no nos da más tiempo. Un Mercedes no nos lleva más rápido. Y una casa para pasar las vacaciones no nos concede unas vacaciones más largas. De hecho, en la mayoría de los casos ocurre lo contrario. Intentamos comprar lo que no tiene precio: tiempo. Seguramente, tengamos que trabajar cientos de horas para comprarnos un reloj caro, años para pagar un coche de lujo y toda una vida para tener una casa donde pasar las vacaciones. Eso significa que estamos dispuestos a perder nuestro tiempo para comprar la ilusión del tiempo.

Ahora, estoy seguro de que Rolex y Mercedes fabrican productos de alta calidad y perfectamente elaborados, y no hay nada intrínsecamente malo en esos objetos en sí mismos. El verdadero problema es creer que estos objetos materiales harán que nuestra vida sea mejor, que le darán sentido o que la harán más completa. Pero las cosas no nos convierten en personas más íntegras. En el mejor de los casos, las cosas que introducimos en nuestra vida son herramientas que nos pueden ayudar a sentirnos más cómodos o a ser más productivos; pueden enriquecer una vida con sentido, pero no pueden darle sentido a nuestra vida.

Breve historia de la publicidad moderna

En su conjunto la publicidad industrial nos dice que, si adquirimos todas las cosas correctas –los coches, la ropa y los cosméticos perfectos–, estas nos harán felices. Y nos lo dicen una y otra vez. Según *Forbes*, los estadounidenses están expuestos a entre 4.000 y 10.000 anuncios cada día.[31] Da la casualidad de que mientras investigaba esa estadística me machacaron con unas cuantas docenas de anuncios.

Eso no quiere decir que toda la publicidad sea innatamente mala, o incluso perjudicial, porque no todos los anuncios se crean de la misma manera: abarcan una amplia gama que va desde informativos hasta francamente destructivos.

En latín, *advertere* significa «volverse hacia», y ese es exactamente el objetivo de las agencias de publicidad de hoy: pagan montones de dinero para que volvamos la vista hacia sus productos y servicios. Y si la demanda de un producto no es tan alta como la oferta, ¡no hay problema! La publicidad puede crear una demanda falsa si el presupuesto es lo bastante elevado.

En los últimos años, el gasto mundial en publicidad ha superado el medio billón de dólares al año.[32] Aun escribiendo el número completo (500.000.000.000, con puntos y todo), resulta difícil comprender realmente su profundidad.

Pero, bueno, no hay para tanto, ¿no? En definitiva, es solo dinero que se gasta para informar a la gente sobre cosas útiles, ¿no es así?

Algo así.

Antes del siglo xx, la publicidad conectaba en gran medida a los productores de bienes con los consumidores que realmente los necesitaban. Pero luego, como Stuart Ewen describe en su

libro *Captains of Conciousness*, «la publicidad aumentó es-
pectacularmente en Estados Unidos a medida que la industria-
lización amplió la oferta de productos manufacturados. Para
beneficiarse de esta tasa de producción más alta, la industria
tenía que contratar trabajadores como consumidores de productos de fábrica. Lo hizo inventándose la [publicidad] diseñada
para influir en el comportamiento económico de la población
a mayor escala».

En los locos años veinte, gracias a Edward Bernays, a quien
a veces se considera el fundador de la publicidad y de las relaciones públicas modernas,[33] los anunciantes de Estados Unidos adoptaron la doctrina de que los instintos humanos podían «dirigirse y encauzarse». Bernays, sobrino de Sigmund
Freud, se dio cuenta de que apelar a las mentes racionales de
los clientes, que había sido el método principal que los anunciantes empleaban para vender productos, era mucho menos
efectivo que vender productos basados en los deseos inconscientes que, según él creía, eran los «verdaderos motivadores
de la acción humana». Desde entonces, hemos sido testigos de
diez décadas de agencias de publicidad que se adentran –sin
límites– en las profundidades de la psique humana.

Los anunciantes se han vuelto tan hábiles que incluso pueden vendernos basura y decirnos que es beneficiosa para nosotros. Literalmente. Solo hace falta mirar la ubicuidad de la
comida basura.

Curar problemas que no existen

Avancemos rápido hasta el día de hoy. Uno de los ejemplos más obvios del alcance (excesivo) voraz de los anunciantes en los últimos años es el medicamento Sildenafil, que se creó como tratamiento para la hipertensión. Pero los ensayos clínicos revelaron que el fármaco no era eficaz, y este debería haber sido el final de su ciclo vital.

Pero aparecieron los anunciantes.

Después de descubrir que varios hombres habían experimentado erecciones prolongadas durante los ensayos clínicos, los fabricantes de Sildenafil encontraron una solución que necesitaba urgentemente un problema. Entonces contrataron a una agencia de publicidad que acuñó el término «disfunción eréctil» y nació la Viagra. Esta campaña se realizó basándose en un problema sin mucha consistencia y creó una pastilla azul de 3.000 millones de dólares al año.[34]

Por supuesto, la Viagra es un ejemplo bastante anodino. Hay muchos productos farmacéuticos cuyos efectos secundarios son tan amplios que en sus anuncios se ven obligados a mostrar praderas verdes innecesarias, sonrisas de anuario y actores cogidos de la mano para ocultar el terror del «sangrado rectal», la «amnesia» y la «ideación suicida».

En un mundo cuerdo, comercializar medicamentos potencialmente perjudiciales que necesitan receta podría ser un acto delictivo. De hecho, anunciar drogas a los consumidores es ilegal en todos los países del mundo, excepto en Estados Unidos y Nueva Zelanda.[35]

Pero nosotros permitimos que el todopoderoso dólar se interponga en nuestro camino.

En 1976, Henry Gadsden, entonces director ejecutivo de Merck & Co., dijo a la revista *Fortune* que prefería vender medicamentos a personas sanas porque eran las que tenían más dinero.[36] Desde entonces nos han vendido nuevas «curas».

Por favor, que esto no se confunda con una diatriba contra la píldora mencionada. Según las investigaciones, parece que la Viagra es un fármaco relativamente benigno.[37] Por lo tanto, poco hay de malo en la píldora en sí. Lo que es problemático son los anuncios pagados.

Muchas agencias de publicidad emplean escritores, demógrafos, estadísticos, analistas e incluso psicólogos para tratar de separarnos del dinero de nuestras cuentas corrientes. Con la ayuda de una agencia perfeccionada, incluso el «aviso legal» es parte del argumento de venta: «Consulte a su médico si la erección le dura más de cuatro horas». No sé usted, pero yo prefiero consultarlo con mi pareja.

La Viagra no es el único producto que se ha impulsado más allá de su concepción inicial. ¿Sabía que el Listerine antes se usaba como limpiador de suelos, que Coca-Cola se inventó como alternativa a la morfina[38] y que las galletas de la marca Graham se crearon para evitar que los niños pequeños se masturbaran?[39]

REGLA MINIMALISTA PARA VIVIR CON MENOS

Regla de por si acaso

¿Se está aferrando a algo «por si acaso» lo necesitara algún día? No es necesario. Intro: la regla de por si acaso, también conocida como regla 20/20. Funciona así: cualquier artículo del que se deshaga y que realmente necesite más adelante lo podrá reemplazar por menos de 20 dólares en menos de 20 minutos, esté donde esté. Al principio, quizás suena a una regla para privilegiados. ¿Quién puede permitirse gastar 20 dólares cada vez que tiene que reemplazar algo? ¿No costaría eso miles de dólares al año? En realidad, no. Resulta que rara vez tenemos que reemplazar algo que hemos dado porque la mayoría de veces son cosas inútiles.

Vender escasez

¿Por qué parece que los anuncios que vemos siempre nos transmiten un estado de urgencia perpetua?

¡Compre ya!
¡Tiempo limitado!
¡Mientras duren las existencias!

Estos límites artificiales inducidos por los anunciantes son casi siempre imaginarios. La verdad es que, si se «pierde» una supuesta ocasión de comprar algo, no tiene por qué preocuparse, las empresas siempre están al acecho en busca de una nueva ocasión para venderle algo hoy mismo. Es decir, ¿cuál es la alternativa? «Lo siento, señora Clienta, ¡como ha tardado un día más en decidirse, ahora ya no queremos su dinero!». Sí, seguro que sí.

Entonces, ¿por qué casi todas las empresas inyectan urgencia en sus anuncios? Porque, como Bernays reconoció hace un siglo, esta táctica se aprovecha de nuestra naturaleza primitiva: los seres humanos toman decisiones rápidas, a menudo precipitadas, en tiempos de escasez percibida.

Esto tenía sentido cuando nuestra principal preocupación era el hambre; tiene mucho menos sentido cuando lo que pensamos es que nunca poseeremos ese sofá, esa consola de videojuegos o ese bolso a menos que aprovechemos el estupendo descuento de este fin de semana. Puede que un artículo tenga un gran «descuento» hoy, pero el descuento es del 100% si no lo compramos. No comprar algo es nuestro yo futuro desprendiéndose de esa cosa por adelantado.

Un mundo con menos anuncios

Hace unos años, mientras iba en coche de Burlington a Boston, noté algo raro en el ambiente. Era un paisaje inmaculado de ondulaciones de color esmeralda, no muy diferente a un protector de pantalla relajante, y la calma se iba apoderando de mí a medida que dejaba atrás los marcadores de millas.

Entonces crucé la frontera del estado de Massachusetts y se hizo evidente: la serenidad del viaje era debida en gran parte a la ausencia de vallas publicitarias, que en el estado de Vermont son ilegales. Actualmente, hay cuatro estados (Alaska, Hawái, Maine y Vermont) donde están prohibidas las vallas publicitarias. Y más de 1.500 ciudades y pueblos las han prohibido en todo el mundo, entre los cuales una de las ciudades más grandes del mundo: São Paulo, Brasil.

Cuando São Paulo introdujo su «ley para una ciudad limpia», en 2007, se retiraron más de 15.000 vallas publicitarias.[40] Para empezar, también tuvieron que desaparecer 300.000 carteles intrusivos (torres publicitarias, carteles, anuncios de autobuses y taxis).

¿Cual fue el resultado más extraño de librar a la tercera ciudad más grande del mundo de estos anuncios? En una encuesta llevada a cabo después del cambio, la mayoría de los paulistanos dijeron preferirlo. Vaya idea más novedosa: preguntar a la gente qué les gusta, en lugar de dejar que la rentabilidad dicte el aspecto de la ciudad.

Es una lástima que nosotros hayamos aceptado la publicidad como parte de nuestra vida diaria; nos han condicionado a pensar que es una parte normal de la «entrega de contenido». Al fin y al cabo, los anuncios son la manera de que todos los programas de televisión y radio, los artículos en línea y los pódcasts sean gratuitos, ¿no?

Pero por todo se paga un peaje. Cada hora de televisión en red incluye casi veinte minutos de interrupciones, y lo mismo hacen la mayoría de los otros medios. Cabe argumentar que esto es más caro que la etiqueta de «gratis», ya que estamos renunciando a nuestros dos recursos más preciados –nuestro tiempo y nuestra atención– para recibir el producto.

Si no queremos que los anuncios capten nuestra atención (o la atención de nuestros hijos), debemos estar dispuestos a pagar por las cosas que asociamos a «gratis».

Netflix, Apple Music y servicios parecidos eluden el modelo publicitario tradicional brindando un servicio que la gente valora. Otras empresas e individuos –se me ocurren Wikipedia y Bret Easton Ellis– siguen una variante de este modelo sin publicidad, que suele llamarse modelo «freemium», en el que los creadores proporcionan contenido gratuitamente y una parte de su audiencia colabora en su trabajo con aportaciones monetarias. (Por cierto, este modelo es el que permite que el pódcast de Los Minimalistas prescinda de publicidad.)

Independientemente de lo que nos parezcan estas empresas e individuos parecidos, no hay duda de que su enfoque mejora sus creaciones al liberarlas de interrupciones además de aumentar la confianza, ya que la audiencia sabe que estos creadores no están en deuda con los deseos de los anunciantes, lo cual les permite comunicarse directamente con su público de una manera que fortalece la relación porque son los clientes quienes tienen el control, no los compradores de anuncios.

Por otro lado, como consumidores, nuestra disposición a cambiar dinero por creaciones nos obliga a ser más reflexivos sobre lo que consumimos. Cuando pagamos por algo, queremos estar seguros de hacer valer nuestro dinero. Es un misterio por qué no hacemos lo mismo con la llamada programación gratuita, por la que no pagamos dinero, pero que rara vez nos llama la atención.

Ya sea que su tiempo valga 10, 100 o 1.000 dólares la hora, seguramente usted gasta varios miles de dólares cada año consumiendo mensajes de los anunciantes. Piense en esto: la realidad es que está pagando para que le pongan anuncios. Y no hay reembolsos por la atención desperdiciada.

No necesita eso

Ryan y yo nos mudamos a Los Ángeles en 2017 para crear un estudio de cine y pódcast para Los Minimalistas. Nada más llegar a la ciudad, noté que me atraía lo que todos los demás ya tenían: encimeras de granito, Teslas, zapatillas Air Jordan de edición limitada. Quizás la artista neoconceptual estadounidense Jenny Holzer dijo algo importante cuando pintó «lo inalcanzable siempre es atractivo» en un lateral de un «automóvil artístico» de BMW en el museo Porsche en Alemania. Incluso como minimalista, admito que la abrumadora fuerza del consumismo me lo ponía difícil para no pensar que *necesitaba* todo lo que veía. Por suerte, sin saberlo, llevaba diez años preparándome para la tierra de los Lamborghinis, los Melrose Place y los centros comerciales de tres pisos.

Si el minimalismo tiene un mensaje crucial, es este: probablemente no necesitamos eso. Sin embargo, nos engañamos a nosotros mismos haciéndonos creer que necesitamos ese sofá, esos utensilios de cocina, ese lápiz de ojos, esa falda, esa figurita. Quizás sea porque hemos evolucionado para mentirnos a nosotros mismos. «La primera norma de la mente es engañarse a sí misma»,[41] afirma el filósofo analítico Bernardo Kastrup, autor de *More Than Allegory*. «Nuestra realidad está creada por un proceso extraordinariamente sutil de autoengaño.»

Cuando llevamos la afirmación de Kastrup al mundo material, instantáneamente se hace evidente. Si el hogar medio contiene cientos de miles de objetos, la mayoría de los cuales obstaculizan el camino y no aumentan nuestra tranquilidad, ¿por qué nos aferramos a todos esos trastos innecesarios? La respuesta es simple: por las historias que nos contamos a nosotros mismos. ¿Qué historias desempoderadoras nos contamos a nosotros mismos? ¿Qué nuevas historias empoderadoras podríamos crear para cambiar el relato?

Muchas veces oigo en los medios de comunicación que el sueño americano está más fuera de nuestro alcance que nunca. Pero no es verdad. Es más fácil que nunca cumplir el sueño americano.[42] El problema es que buscamos cosas equivocadas.

Érase una vez que el sueño americano era un sueño modesto: si uno trabajaba arduamente en un trabajo modesto, podía permitirse construir una casa modesta en un terreno modesto y vivir una vida modesta. Tendría lo *suficiente*. Hoy, sin embargo, lo queremos todo, y lo queremos ahora: una casa más grande, un coche más grande, una vida más grande; atracones de compras, cenas de lujo y momentos dignos de Instagram. Debido a que somos adictos a la fiebre dopamínica de cada nueva compra, tener lo suficiente nunca es suficiente.

¿Cuánto es suficiente?
Sin hacernos esta pregunta, vamos ciegamente en busca de la desmesura.
Bebemos de la fuente del consumo.
Adquirir, consumir, abusar. Más, más, más.

¿Cuánto es suficiente?
Sin una respuesta, no sabemos qué tenemos que hacer.
Porque no sabemos cuándo parar.
El deseo desmesurado no nos suelta la mano.

Naturalmente, «suficiente» es diferente para cada persona.
Lo suficiente cambia a medida que cambian nuestras necesidades y circunstancias.

Su suficiente puede incluir un sofá, una mesita auxiliar y un televisor.
Una mesa de comedor para seis personas.
Una casa de tres habitaciones.
Un garaje para dos coches.
Una cama elástica para el jardín.
O eso podría ser demasiado.

Lo suficiente cambia a lo largo del tiempo.
Lo suficiente ayer puede ser demasiado hoy.

¿Cuánto es suficiente?
Menos que suficiente es privación.
Más que suficiente es desmesura.

Suficiente es el punto dulce en el medio, el lugar donde la intencionalidad se cruza con la alegría, donde la lujuria no interfiere en la creación de algo con sentido.

Seguro, podríamos ir en busca de más.
Pero «podríamos» no es una buena razón para hacer nada.
Suficiente es suficiente cuando uno decide que es suficiente.

Seis preguntas que hacernos antes de comprar

Cada vez que usted se desprende de un dólar, se desprende de una pequeña parte de su libertad. Si usted gana 20 euros por hora, esa taza de café de 4 dólares solo le cuesta doce minutos, ese iPad de 800 dólares le cuesta la semana entera y ese coche nuevo de 40.000 dólares le cuesta un año entero de libertad.
Al final de su vida, ¿cree que preferiría disponer de un coche o de un año más? Eso no quiere decir que tengamos que

evitar el café, la electrónica o los coches. Personalmente, yo no evito ninguna de las tres cosas. El problema es que no cuestionamos los objetos que introducimos en nuestra vida. Y si no estamos dispuestos a cuestionarlo todo, perdemos la cabeza por cualquier cosa.

Antes de comprometerse con una nueva compra, antes de introducir otra posesión más en su vida, antes de que la caja registradora se quede con el dinero que tanto le ha costado ganar, vale la pena que se haga las siguientes seis preguntas:

1. ¿Para quién lo compro?

Las cosas que poseemos no dicen al mundo quiénes somos, pero, lamentablemente, muchas veces expresan quiénes queremos ser. Cuando esto sucede, nos equivocamos dejando que nuestras posesiones moldeen nuestra identidad. Exhibimos nuestras marcas favoritas en un esfuerzo inútil por destacar nuestra individualidad: *¿Ven esto nuevo y brillante? ¡Esto es lo que soy!* Nuestros logotipos nos hacen sentir únicos, ni más ni menos que a todos los demás.

No obstante, las marcas en sí mismas no son el problema. Todos necesitamos algunas cosas. Por eso confiamos en las empresas para que creen las cosas que necesitamos. El problema surge cuando sentimos la presión externa por adquirir, como si los nuevos chismes fueran un atajo hacia una vida más completa.

No deberíamos entender esa presión externa como una señal para consumir. En todo caso, es una señal para hacer una pausa y preguntarnos: *¿Para quién compramos esto? ¿Este* nuevo objeto es para usted? ¿O lo compra para proyectar una imagen ante los demás? Si es realmente para usted, y tiene sentido comprarlo, entonces, por supuesto, adelante, adquiéralo. No nos vamos a privar de las cosas que mejoran nuestra vida. Pero si está comprando cosas solo para subrayar una especie de ecuanimidad consumista, entonces está entorpeciendo el camino hacia la libertad que intenta adquirir.

2. ¿Aportará algún valor a mi vida?

No tengo muchas cosas, pero todo lo que tengo aporta valor a mi vida. Es decir, cada una de mis pertenencias, desde el coche y la ropa hasta los muebles y los aparatos electrónicos, funciona como una herramienta o aporta un valor estético a mi vida. En otras palabras: ¿tiene una función o amplía mi bienestar de una manera significativa? Si no es así, no vale la pena comprarlo.

3. ¿Tengo suficiente dinero para pagarlo?

Cuando tenemos que cargar una nueva compra a una tarjeta de crédito, quiere decir que no tenemos bastante dinero para pagarla. Cuando tenemos que financiarla, tampoco. Si estamos endeudados, tampoco. El hecho de *poder* comprar algo hoy no significa que realmente podamos pagarlo. Si no podemos, es mejor dejarlo en el estante.

Pero ¿qué pasa cuando se trata de comprar una casa o de ir a la universidad? Seguramente eso son excepciones, ¿no? Aunque puedan ser deudas *diferentes* –y digamos que son mejores que las deudas de las tarjetas de crédito–, siguen siendo deudas. Desde hace miles de años que se dice que el prestatario es esclavo del prestamista, de manera que nuestro objetivo debería ser pagar cualquier deuda lo antes posible. Sé que este punto de vista no es normal, pero «normal» es lo que nos empuja a nuestro caos actual de 14 billones de dólares. Abordaremos muchos conceptos erróneos sobre la deuda en el capítulo de la relación con el dinero.

4. ¿Esta es la mejor manera de usar este dinero?

En otras palabras, ¿de qué otro modo puedo usar este dinero? ¿Cuáles son las alternativas? El compositor Andy Davis canta un verso en su canción *Good Life* que capta en pocas palabras cómo nuestra cultura se apropia indebidamente de la economía: «Nos cuesta pagar el alquiler/porque los tejanos son caros». En efecto, seguramente usted podrá pagar esos tejanos tan caros, pero ¿no podría sacar mejor partido de ese dinero gastándolo en otra cosa? Por poner unos ejemplos, ¿qué tal una cuenta de ahorros para la jubilación o unas vacaciones con su familia (o un alquiler)? Si es así, ¿por qué no evitar la compra y asignar los dólares a un destino más efectivo?

5. ¿Cuál es el coste real?

Como comentamos en la introducción, el verdadero coste de una cosa va mucho más allá de su precio. En los negocios, a esto se le llama contabilidad de costo total. Pero llamémoslo por el nombre de lo que realmente es: los costes reales de poseer todo lo que creemos que necesitamos.

Cuando hablamos de lo que ya poseemos, debemos considerar los costes de almacenamiento, de mantenimiento y psicológicos. Cuando hacemos la suma total, comprendemos el coste real y, a menudo, nos damos cuenta de que no podemos pagarlo, ni siquiera si podemos pagar el coste inicial.

6. ¿Lo compraría la mejor versión de mí?

Hace unos años, mi amiga Leslie estaba en la cola de la caja del supermercado de su barrio jugando con la cremallera de su billetero y preparada para culminar una compra impulsiva. Pero entonces, quieta en la cola, tuvo tiempo para cuestionarse lo que llevaba en la mano. Reflexionó atentamente sobre el tema y se hizo una pregunta: «¿Qué haría Joshua?». Es decir, si yo estuviera en su pellejo, ¿compraría esto? «No», pensó, y rápidamente devolvió el artículo al estante.

Cuando me contó su experiencia, bromeó diciendo que quería comprarse una de esas pulseras WWJD para que la ayudara a no consumir compulsivamente en el futuro. Me reí, pero luego me di cuenta de que también yo podría beneficiarme de plantearme más a menudo esta pregunta, y todos los demás también.

Para ser claros, no quiero que nadie se pregunte: *¿Qué haría Joshua en mi caso?* No, por favor, no es eso. Más bien la pregunta se la tendría que dirigir cada cual a sí mismo: *¿Qué haría la mejor versión de mí en esta situación?* Si esa mejor versión no lo compraría, usted tampoco debería hacerlo.

Hacer una pausa antes de cada nueva compra para plantearse estas seis preguntas al principio parece una molestia. Pero con el tiempo se convierte en un hábito que redundará en su beneficio –y en el de su familia–, pues supondrá menos desorden en la casa y más dinero para gastar en lo importante. Al fin y al cabo, la manera más fácil de poner orden en nuestras cosas es, en primer lugar, evitando llevarlas a casa.*

REGLA MINIMALISTA PARA VIVIR CON MENOS

Regla de los artículos de urgencia

Hay un puñado de artículos de «por si acaso» que es mejor conservar: artículos para emergencias. Esta categoría puede incluir un botiquín de primeros auxilios, cables de arranque y algunas garrafas de agua potable. Si usted vive en un clima frío, su lista puede contener otros artículos como cadenas para neumáticos, bengalas de carretera y una manta de emergencia. Aunque esperamos no necesitarlos nunca, un nivel básico de preparación para situaciones de emergencia nos da tranquilidad. Sin embargo, tenga cuidado, es fácil justificarlo casi todo. Pero, recuerde, la mayoría de las emergencias no lo son. Además, por mucho que nos preparemos, no nos podremos preparar para todo.

---

* Si desea un fondo de pantalla para su móvil o para el escritorio de su ordenador con una versión simplificada de estas preguntas, visite minimalists. com/wallpapers para descargarlo gratuitamente. Es un buen recordatorio para hacer una pausa y pensar sobre cada compra, tanto si está en la cola del centro comercial como si se está preparando para clicar en el botón de «pagar» en línea.

Desembalar una nueva vida

Casi diez años después del experimento de la Fiesta del Embalaje de Ryan, Los Minimalistas decidieron emprender un estudio de caso para ver qué revelaría un análisis similar en la vida de otras personas.

Después de viajar durante diez años hablando sobre minimalismo con miles de personas en centenares de ciudades, hemos recopilado innumerables historias sobre el desprenderse de cosas. Hemos aprendido de primera mano que las historias de Ryan y mías no son únicas, y que el consumismo está afectando la vida de muchas personas en todo el mundo. Sin embargo, no habíamos podido cuantificar los secretos, las emociones y el dolor que se escondían bajo la capa de barniz de las cosas.

Cara a cara, la gente nos dijo cómo habían simplificado su vida utilizando los métodos de los que hablamos en nuestro blog, y algunos lectores valientes incluso se habían embarcado en versiones modificadas de la Fiesta del Embalaje de Ryan. Sin embargo, no habíamos recogido estas historias de una manera formal. A pesar de que cada anécdota confirmaba nuestra creencia de que las personas podían vivir vidas con sentido con menos, necesitábamos más datos si íbamos a escribir sobre ello de manera informada.

Intro: Caso de Estudio de la Fiesta del Embalaje.

En marzo de 2019, Los Minimalistas reclutaron a cuarenta y siete participantes, un grupo selecto de personas y familias de nuestro público en línea, para que dedicaran una parte del mes siguiente a eliminar sus tesoros celebrando una Fiesta del Embalaje. Como embalar una casa entera no era lo ideal para todos los participantes, les dimos a estos «fiesteros» tres opciones.

Opción 1: Fiesta de Embalaje de toda la casa. «Al igual que Nicodemo, lo tendrá que embalar todo como si se fuera a mudar de casa. Luego, desembalará solo lo que aporte valor a su vida durante las próximas tres semanas.»

Opción 2: Fiesta de Embalaje de una habitación. «No tendrá que ser tan drástico como Nicodemo. A menudo, una Fiesta de Embalaje de veintiún días de una sola habitación pone en marcha el proceso de poner orden en el desorden.»

Opción 3: Fiesta de Embalaje de varias habitaciones. «Quizás no quiera embalar todo el contenido de su casa, pero ¿quiere celebrar una Fiesta de Embalaje de la oficina, el garaje y el baño? ¿O quizás de la cocina, el dormitorio y la sala de estar? ¡Usted decide!»

Una fiesta es una fiesta solo cuando las personas se reúnen, por lo que les pedimos a los cuarenta y siete participantes que celebraran la fiesta en la misma fecha: abril de 2019. Como el 1 de abril era lunes, guiamos a los fiesteros en el embalaje de sus pertenencias el fin de semana anterior al principio del mes. El 30 y el 31 de marzo todos consiguieron suficientes cajas de cartón usadas para guardar sus pertenencias, y luego pasaron el fin de semana haciendo ver que hacían una mudanza. Luego, cada día, entre el 1 y el 21 de abril, cada participante comenzó a desembalar las cosas que le pudieran servir para una finalidad o que le aportaran alegría. Los participantes también podían interactuar entre sí en un tablón comunitario privado para compartir experiencias, problemas y fotos con sus compañeros participantes.

Durante el proceso, Ryan y yo observamos su progreso. Acabado el primer día, pedimos a cada participante que describiera su experiencia. Nos sorprendió ver la variedad de estrategias, muchas de las cuales eran considerablemente diferentes de las de Ryan.

Natalie Pedersen, una participante en la fiesta de toda la casa de Deerfield, Wisconsin, escribió: «Comenzamos con la cocina y luego seguimos con el resto de la casa. ¡Nos llevó más tiempo del que pensamos, pero fue muy satisfactorio cuando todo estuvo empaquetado!».

Abigail Dawson, una fiestera de varias habitaciones de Fairfax, Virginia, dijo: «Comparto un apartamento de una sola habitación con mi esposo, que no es minimalista, y juntos embalamos todo lo de la cocina y lo de la habitación..., ¡excepto su ropa!».

Ellie Dobson, una fiestera de toda la casa de Roswell, Georgia, afirmó: «Soy minimalista desde hace algunos años, por lo que solo tardé una hora o dos. Una vez que lo tuve todo embalado, me sentí un poco como:"Muy bien, ¿y ahora qué?"».

Buena pregunta.

¿Y ahora qué?

Cuando las posesiones de todos los participantes estuvieron guardadas en sus nuevas casas de cartón, los fiesteros catalogaron los artículos que desempaquetaron en ese importante primer día. Al ser las primeras cosas que desempaquetaban, estas primeras cosas urgentes tenían que ser las que añadieran más valor a su vida, ¿no?

Muchas familias encontraron el mayor valor en artículos útiles.

Holly Auch, una fiestera de varias habitaciones de Brunswick, Maryland, desempaquetó «lo esencial: cepillos de dientes, pasta de dientes, cepillo para el cabello, ropa para mí y dos niños pequeños, pañales, toallitas húmedas. Utensilios para preparar y servir comida, platos, cuencos, tenedores, cucharas, cuchillos, bolsas con cierre hermético, abrelatas, cuchara medidora, esponjas mágicas de limpieza, analgésicos, juguetes de baño, champú, paños, toallas de baño, calendarios, bolígrafos, regla, copa de vino (!), cargador de teléfono, almohadas, mantas, máquinas de ruido blanco, cafetera y café (mi línea de vida), vitaminas, vasos para niños, papel higiénico y toallitas desechables (estamos aprendiendo a ir al baño)».

Ian Carter, un fiestero de varias habitaciones de Fleet, Hampshire, Inglaterra, desembaló su «ordenador, algunos archivos financieros, un solo bolígrafo, un escáner y un bajo». Esa noche también tuvo invitados a cenar, por lo que tuvo que desempaquetar «varios platos, una tetera, té, café, vasos y cubiertos». El experimento les dio a Ian y a sus invitados mucho de qué hablar esa noche.

Otros fiesteros desempaquetaron solo algunos artículos ese primer día: Autumn Duffy, una fiestera de una sola habitación de Toano, Virginia, desempaquetó «un vestido, un suéter, todos mis productos de higiene diaria». Por su parte, Ellie Dobson desempaquetó «todo mi equipo de mochilera porque hoy voy a acampar. Pero cuando lo saqué todo, me di cuenta de que no necesitaba llevarme la mayor parte».

Una vez que terminó la fiesta, los participantes tuvieron la oportunidad de decidir el siguiente paso para todo lo que seguía embalado: venderlo, darlo, reciclarlo o conservarlo. Muchos fiesteros optaron por desprenderse de todo; algunos retuvieron cosas para el futuro. Continuaremos desglosando sus historias a lo largo de este libro.

REGLA MINIMALISTA PARA VIVIR CON MENOS

Regla de para cuando...

Hasta ahora, hemos establecido que debe deshacerse de aquello a lo que se aferra «por si acaso». Y hemos determinado que necesita una serie de artículos de emergencia bien escogidos. Sin embargo, ¿qué hacemos con las cosas que usted sabe que necesitará en un futuro? Las llamamos las cosas de «para cuando». Y no hay ningún problema con ellas, dentro de lo razonable. Por lo general, se trata de consumibles y, aunque parezcan similares, son notablemente diferentes de los artículos de «por si acaso», ya que estamos seguros de que los vamos a usar. Nadie compra un trozo de papel higiénico o unas gotas de jabón o un poquito de pasta de dientes. Compramos unas pocas unidades de cada uno de estos productos para cuando los necesitemos. La clave para deshacernos de según qué cosas, pues, es ser sinceros al hacer la distinción entre lo que guardamos por si acaso lo necesitáramos y lo que compramos para cuando lo necesitemos.

Conclusión: cosas

¡Hola! Aquí estoy, soy Ryan Nicodemus. Me encontrará en este apartado al final de cada capítulo del libro. Estas conclusiones pretenden ser una ayuda para que reflexione sobre lo que ha leído y piense cómo puede implementar en su vida las lecciones aprendidas en cada uno de los capítulos.

Para aprovechar al máximo cada una de estas conclusiones, le recomiendo que haga dos cosas:

1. Compre un cuaderno a modo de complemento de este libro para hacer en él los ejercicios que le proponemos en estas secciones, así como para sus notas y reflexiones.

Ponga la fecha cada vez que escriba en el cuaderno porque así podrá revisar periódicamente su progreso.

2. Busque a una persona que actúe como alguien ante quien rendir cuentas y considérela compañera de su viaje. Muchos de los ejercicios pueden hacerlos juntos, o bien pueden programar un horario fijo cada semana para reunirse ante una taza de café y discutir las respuestas y reflexiones registradas en sus cuadernos.

El cuaderno complementario y una persona ante quien rendir cuentas ayudan a implicarse más con estas conclusiones, y cuanta más implicación en este proceso, mayor crecimiento y desarrollo experimentará como resultado. ¡Actúe para tomar las riendas!

Ahora que Joshua ha tenido la oportunidad de explorar en profundidad de qué manera nuestra relación con las cosas afecta nuestras vidas, me gustaría dedicar un tiempo a considerar cómo esa relación le afecta concretamente a usted. Con esta finalidad, le propongo algunas preguntas y ejercicios que me gustaría que compartiéramos.

PREGUNTAS SOBRE LAS COSAS

En primer lugar, responda las siguientes preguntas. Con sinceridad. Con consideración. Con rigor. Su yo futuro sabrá apreciar el trabajo que le supone, sus reflexiones y su franqueza.

1. ¿Qué es suficiente para usted y para su familia? Concrételo: cantidad de dormitorios, de televisores, de abrigos

en el armario. Piense detenidamente en las cosas que realmente aportan valor a su vida.

2. ¿De qué le da miedo desprenderse? ¿Por qué?

3. ¿Cuánto vale su libertad? ¿A qué está dispuesto a renunciar para ser libre?

4. ¿Cuál es el coste real (más allá del coste económico) de conservar sus posesiones materiales? ¿Estrés? ¿Ansiedad? ¿Descontento?

5. ¿De qué manera cree que el deshacerse del exceso dejará espacio para una vida con más sentido y más satisfactoria? Concrételo. Cuanto más claro lo tenga, más efectiva será la labor de ordenar y organizar.

LO QUE SÍ HAY QUE HACER CON LAS COSAS

A continuación, ¿qué ha aprendido en este capítulo sobre su relación con sus posesiones materiales? ¿Con qué se quedará del capítulo? ¿Qué lecciones cree que son las que animan a desprenderse del exceso y a vivir de manera más reflexiva? Aquí tiene cinco acciones que puede poner en práctica hoy mismo:

- **Entender las ventajas.** Haga una lista de todos los beneficios que experimentará con menos desorden.

- **Establecer sus propias reglas.** Entre las reglas minimalistas para vivir con menos que le hemos presentado en este capítulo, identifique las que comenzará a aplicar hoy. Si una regla concreta no se ajusta a su situación, no dude en modificarla o en crear la suya propia.

- **Crear su «presupuesto de cosas».** Como ayuda para poner en orden sus cosas, cree un presupuesto de cosas siguiendo estos pasos:
  - Elija la habitación que quiere ordenar.
  - Abra su cuaderno por una página en blanco y, en la parte superior de la página, escriba las tres categorías: cosas esenciales, cosas no esenciales y cosas innecesarias (regla de nada innecesario).
  - Anote todo lo que contiene esa habitación bajo la categoría correspondiente.
  - Pregúntese si todo lo que está en la categoría de cosas esenciales merece estar allí y respóndase con sinceridad. Si no es así, reclasifíquelo como cosa no esencial o incluso como cosa innecesaria. Haga lo mismo con las otras categorías.

- **Desprenderse de lo que sobra.** En esta fase, ya tendrá un montón de cosas que le sobran que tendrá que dar o reciclar. Es fácil verse atrapado por vínculos emocionales. Si siente un apego especial por algo en particular, pero sabe que tiene que deshacerse de ello, piense en cómo se sentiría si se quemara espontáneamente. O imagine cómo ese objeto podría aportar un valor mucho mayor a la vida de otra persona. Si le da miedo olvidar el recuerdo asociado con el objeto, hágale una fotografía para ayudar a activar el recuerdo en el futuro.

- **Encontrar apoyo.** Hoy encuentre al menos a una persona que le dé apoyo en su viaje: un amigo, un familiar, un vecino, un colega. Puede buscar entre las comunidades en línea integradas por personas de mente abierta que estarán dispuestas a prestarle ayuda (Minimalist.org es uno de estos recursos). Además, siempre tiene la opción de contratar a un profesional de la organización en su localidad; estas personas saben muy bien que la mejor manera de poner orden es practicar el desprendimiento.

LO QUE NO HAY QUE HACER CON LAS COSAS

Para acabar, pensemos en el obstáculo que representan las posesiones materiales. Aquí tiene cinco cosas que no hay que hacer, a partir de hoy mismo, si no quiere que el desorden vuelva a invadir su vida:

- No espere deshacerse de todo de una sola vez. Le llevó tiempo adquirir esas posesiones y le llevará tiempo desprenderse de ellas.
- No permita que las expectativas de los demás influyan en sus decisiones respecto a sus posesiones. Las únicas expectativas que debe cumplir son las suyas.
- No piense que se sentirá miserable si le falta algo en concreto. La verdad es que si uno no se siente feliz consigo mismo, nada le hará feliz.
- No guarde sus posesiones por si acaso las va a necesitar algún día en un futuro inexistente.
- No se limite a *organizar* sus cosas: ¡minimícelas! Organizar suele convertirse en acaparar organizadamente.

Relación 2. La verdad

Dos días antes de Navidad recibí un mensaje de voz de mamá. Sonaba aterrorizada. Era el año 2008 y hacía pocos meses que se había mudado a Florida para no tener que soportar más los inviernos del Medio Oeste que la habían atormentado en sus primeros sesenta y tres años. Cuando esa noche le devolví la llamada, después de un agotador día de trabajo, me contó entre sollozos que tenía un cáncer de pulmón en fase 4 que le estaba carcomiendo el cuerpo. «¡No puede ser verdad!», pensé en voz alta. Incapaz de encontrar palabras para consolarla, miré el teléfono incrédulo, paralizado por la impotencia.

Después de enterarme de la enfermedad de mamá, pasé gran parte de 2009 en St. Pete, llevándola de médico en médico, tratando en vano de evitar que el cáncer hiciera metástasis. A medida que ella se debilitaba, yo me esforzaba para corregir nuestra tenue relación. Por culpa de su alcoholismo, mi infancia no fue precisamente ideal. Durante los años de escuela secundaria, mi madre dejó de beber, pero el daño de los diez años anteriores –la bebida, la incertidumbre, las mentiras– tensó nuestra conexión. Me marché de casa el día que cumplí los dieciocho, y al cabo de pocos años, mamá volvió a beber.

Recuerdo que la visité en la cárcel del condado el día que cumplí veintiún años. Un mes antes, la detuvieron por segunda vez por conducir bebida y la condenaron a sesenta días. Se las arregló para convencer a los guardias de convertir la zona de visitas en una sala improvisada para fiestas de cumpleaños. Ojalá tuviera fotos de ese día surrealista: mamá de pie toda orgullosa, con su metro cincuenta y poco de estatura, vestida con el niqui naranja de la cárcel de Warren, mostrándome un ramo de globos multicolores frente a un fondo de paredes blancas de hospital psiquiátrico y corpulentos funcionarios penitenciarios; yo, con mi metro noventa y algo, una torre a su lado, abrazando a la mujer bajita y luego comiendo pastel de vainilla, comprado en la tienda, junto con un montón de reclusos.

En los años que siguieron, pareció que dejaba de beber de nuevo, si bien yo no bajaba la guardia para evitar la fuente del dolor, algo no muy diferente del niño que evita el quemador de la cocina porque de pequeño sufrió una quemadura. Pero mi evitación perjudicó nuestra relación. Dentro de mí se libraba una guerra entre mi mente y mi corazón. La mente me animaba a mantener la distancia, pero el corazón nunca dejó de querer a Chloe Millburn.

Al fin y al cabo, era fácil quererla. Mamá era buena, cariñosa y tierna. Todos los años, el Día de Acción de Gracias, dejando a un lado sus propios problemas económicos y demonios personales, organizaba una fiesta de Acción de Gracias para las personas que eran (sorprendentemente) menos afortunadas que nosotros. Una iglesia del barrio prestaba su cocina y su gimnasio. Una tropa de escultistas se presentaba con mesas y sillas. Dos tiendas de comestibles del barrio regalaban los pavos y los jamones, el relleno envasado y el puré de patatas en polvo, los arándanos en lata, la salsa y los refrescos. Una costurera suministraba los manteles y las servilletas. Y los miembros de la iglesia de mamá proporcionaban platos y cubiertos variopintos. Cada año, mamá apartaba a un lado sus propios problemas y alimentaba a más de doscientas personas en esa cafetería improvisada. Pero su bondad no se limitaba a la temporada navideña, emanaba constantemente por las grietas, como una bombilla de mil vatios atrapada en una caja negra, todo lo que necesitaba era una razón por la que brillar.

Una crisis de pertenencia

Cuando empezamos a lidiar con nuestro exceso de posesiones, a menudo nos enfrentamos a una avalancha de verdades profundas e inesperadas. La verdad es simple, pero *simple* no significa *fácil*. Es *fácil* escondernos detrás de nuestras deficiencias, excusas, hábitos y posesiones, pero esto nos impide vivir una vida que sea coherente con la verdad. No obstante, nos escondemos porque la alternativa, enfrentar la verdad de que nuestra cultura nos ha dado expectativas que nos han roto, nos abruma. Entonces creamos una fachada, construida sobre mentiras y exageraciones, que no concuerda con la realidad. Cuanto más complicamos nuestras vidas con estas falsedades, más ansiosos y deprimidos nos sentimos, y más debemos simplificar, porque la simplicidad expone la verdad que vive enterrada bajo las mentiras de la complejidad.

Cuando hablé con el periodista Johann Hari sobre su libro *Lost Connections: Uncovering the Real Causes of Depression, and the Unexpected Solutions*, me explicó que no tenemos tanto un problema de depresión y ansiedad como una crisis de falta de sentido. El libro de Hari destaca las nueve causas principales de la depresión, dos de las cuales tiene que ver con la biología humana, pero los principales factores que han hecho que la depresión aumente a toda velocidad en el mundo occidental durante el último siglo tienen que ver con la desconexión de una vida con sentido.

Este fue sin duda el caso de mi madre. Su caída en la depresión y el abuso de sustancias no se produjo hasta que perdió su conexión con un trabajo que valía la pena, con otras personas y con valores profundos (tres de las nueve causas que menciona Hari), y eso fue lo que la llevó a perder la esperanza (otra de las causas). Sin embargo, hubo momentos en los que voluntariamente se alejó del alcohol, pero cada una de las veces que lo hizo no fue porque huyera de la cerveza o el vino, sino porque tenía algo significativo hacia donde correr. «Lo opuesto a la adicción no es la sobriedad», dijo Hari. «Lo opuesto a la adicción es la conexión.»

Hablé con Pete Buttigieg, alcalde de South Bend, Indiana, sobre este tema durante su campaña presidencial de 2020. Como yo, es hijo de una ciudad industrial del Medio Oeste que atraviesa tiempos difíciles desde la desindustrialización del llamado cinturón de óxido, que comporta una serie de problemas para los residentes en la localidad. De lo que Buttigieg se dio cuenta, después de interactuar con miles de ciudadanos, fue de que, subyacente a los problemas, desde el aumento de la delincuencia y el abuso de drogas hasta el desempleo y la epidemia, está lo que él llama «crisis de pertenencia». Veamos, cuando en South Bend todo iba sobre ruedas, las personas sentían que pertenecían a algo más grande que ellas mismas: pertenecían a una fuerza laboral y a una comunidad que les daba esperanza para su futuro. Fue al perder esa esperanza cuando la desesperación se apoderó de ellas. Y cuando la desesperación se apodera de nosotros, creamos una verdad falsa sobre el mundo que nos rodea, un relato autocumplido que dice: «Nada tiene sentido y esto no va a mejorar, así que mejor me rindo».

Eso es lo que le pasó a mi madre. En lugar de enfrentarse a la verdad de que la vida es difícil y va acompañada de algún grado de dificultad, desarrolló un nihilismo que lo saturó todo: «Como somos pobres, como los tiempos son duros, como no tenemos lo que queremos», pensaba, «el alcohol es la vía de salida de la miseria». Todos somos víctimas de este tipo de pensamiento en algún momento. Buscamos la salida fácil porque prestar atención a la verdad es complicado.

Jason Segedy, un urbanista de la ciudad de Akron, Ohio, otra ciudad del cinturón de óxido que ha enfrentado su propia y exclusiva serie de problemas desde la década de 1970, habla incisivamente sobre por qué este problema no es meramente de naturaleza económica: «Hay mucha población y hay mucha actividad económica en la mayoría de estas regiones. Incluso hay mucha riqueza y muchos residentes altamente formados. A pesar de lo que piensen algunos académicos que no viven aquí, Dayton [o South Bend o Akron] no desaparecerá. El problema no es que en estos lugares no haya riqueza o actividad económica. El problema no es que no haya trabajo o que no haya oportunidades. Es la extrema disparidad geográfica entre los barrios del núcleo urbano y los barrios periféricos. Esas disparidades son peores en el cinturón de óxido que en cualquier otro lugar del país». En otras palabras, por un sinfín de razones, nos hemos desconectado, literalmente (geográficamente) y figurativamente (interpersonalmente).

Por supuesto esta falta de conexión no se limita al Medio Oeste industrial. Vemos la misma desconexión en el resto de nuestra sociedad, no solo en los barrios pobres y marginados como en el que crecí. El ambientalista Bill McKibben, autor de *Deep Economy: The Wealth of Communities and the Durable Future*, ha descubierto que cuanto más espacio tiene una persona, menos amigos cercanos tiene. Lo que significa es que a medida que disponemos de casas más grandes, más estatus y mayor riqueza, a menudo nos desconectamos de las cosas

que verdaderamente nos hacen sentir vivos: comunidad, cooperación, comunicación, participación, resolución de problemas
y experiencias enriquecedoras.

Verdad excalificada

Estaba claro que, a pesar de sus problemas, mi madre era una
mujer afectuosa y tierna, y la característica que más la definía
era un divertido sentido del humor. Con la ingeniosa agude-
za de un comediante políticamente incorrecto, sus bromas no
casaban con su apariencia de anciana-dama-de-la-iglesia-con-
sombrero-de-ala-gruesa.

En sus últimos años, cuando mamá reflexionaba sobre su
vida, solía decir que quería escribir unas memorias tituladas
*Excalificada: la vida al descubierto de una exmonja, exazafa-
ta, exsecretaria, exesposa y exalcohólica*. Nunca llegó a escri-
birlo, pero recuerdo con cariño los episodios más destacados
porque modelaron mi infancia.

Mientras crecíamos, nada alegraba más a mamá que con-
tarnos chistes obscenos a mí y a mi hermano, Jerome, y a la
pandilla de niños del barrio que mantenían nuestra puerta de
seguridad trabajando horas extras.

Vivíamos en un barrio casi completamente negro. Digo
«casi» porque había dos excepciones: mamá y yo, los únicos
blancos. Incluso mi hermano, Jerome, era negro (todavía lo
es, la última vez que lo comprobé). No se me habría ocurrido

mencionar este detalle si no fuera por el irreverente sentido del humor de mamá.

Unas semanas antes de cumplir trece años, mamá decidió que Jerome y yo, y unos cuantos amigos pubescentes del barrio, teníamos que celebrar el comienzo del verano con una barbacoa, así que nos llevó a Pleasant Park, en Pleasant Street, cargados con una frágil bolsa de plástico llena de carbón, perritos calientes, bollos y condimentos. Visto en perspectiva, el nombre del parque y el nombre de la calle donde estaba eran más bien irónicos* considerando lo ruinoso de nuestro vecindario. Una delgada línea separa la aspiración de la ironía.

*   *Pleasant* significa «agradable». *(N. de la T.)*

Mientras mis amigos y yo regateábamos arriba y abajo sobre el asfalto medio desintegrado, practicando tiros de media distancia en un par de aros oxidados, mamá asaba las salchichas en la diminuta parrilla de hierro del parque hasta que estaban lo bastante quemadas. No tardaron en aparecer los platos de papel y los bollos cargados de conservantes y servimos el almuerzo. Mientras untábamos las salchichas con salsa de tomate y mostaza, mi amigo Judton, un niño diminuto y curioso, miró su plato y luego a mi madre, y preguntó:

–De dónde salen las salchichas?

Una sonrisa traviesa apareció en el rostro de mamá, que miró a mi hermano, luego a mí y luego a Judton, y dijo:

–Depende del tipo.

–¿Del tipo? –preguntó Judton.

–Las salchichas normales provienen de cerdos –hizo una pausa para darle efecto–. Pero las salchichas de un metro de largo provienen de cerdos negros.

Todo el parque estalló en risas. «¿Cómo es posible que esta viejecita blanca sea tan ingeniosa?», se preguntaba la gente.

Vamos a ver, sé que esta broma juega con un estereotipo concreto, pero mamá nunca tuvo la intención de ofender a nadie. Siempre fue lo contrario: con sus bromas y chistes mostraba su amor por la gente. Y el hecho es que los niños del vecindario querían a mamá con locura, no a pesar de sus bromas subidas de tono, sino debido a estas.

Creo que fue Kafka quien dijo: «De los temas más difíciles de la vida solo se puede hablar con chistes». O tal vez me lo haya inventado. No estoy del todo seguro. Juro que recuerdo haberlo leído cuando tenía veinte años, pero nunca he podido volver a localizar la cita exacta. Sea como sea, no hay duda de que es cierto. Quienes dicen la verdad en la sociedad no son nuestros serios políticos ni nuestros ejecutivos empresariales; los verdaderos portadores de la verdad son comediantes como Dave Chappelle, Jerrod Carmichael y, sin duda, mi madre.

Desde luego, cuando era niño daba por supuestas las respuestas inapropiadas de mamá. Sin embargo, gracias a que ella se sentía tan cómoda con los temas inadecuados, a gusto en su propio cuerpo y dispuesta a hablar de cualquier cosa sin juzgarla ni avergonzarse, he tenido el privilegio de no sentirme nunca reprimido o avergonzado por la sexualidad, la intimidad o los temas sensibles. Sus indecorosas historias ponían en claro las dichas y los infortunios de la vida pospubescente años antes de que me afeitara un solo pelo de la cara.

Tras un período de cinco años «insoportablemente aburrido» de estar «casada con Jesús», que es como ella describía la época en que vivió en un convento, mamá se mudó a Chicago con su mejor amiga, mi madrina, Robyn, para convertirse en azafata, lo que le permitió explorar el mundo, o al menos las partes del mundo dentro del Delta. Fue así como conoció no solo a su primer marido, Brian, un rico *playboy* dueño de una cadena de tiendas de comestibles en las Bermudas y que la engañaba abierta y frecuentemente, sino también fue su introducción al movimiento del «amor libre», que influyó en su vida posvestal.

Como mamá era rubia, guapa, menuda, decidida y amable, recibía atención infinita de los hombres, sobre todo de los famosos que abordaban su avión. Y como mamá además era independiente y no estaba sujeta a tabúes, no tenía ningún problema en hacer pasar un buen rato a los hombres en sus horas libres cuando pasaban por el aeropuerto internacional O'Hare. Según mamá, uno de esos hombres era Jim Brown, el famoso corredor de los Cleveland Browns, de quien, en broma, decía que era «dulce, divertido y grandote en más de un sentido». Incluso conoció a un joven Laurence Tureaud, más de diez años antes de que fuera el famoso Mr. T. En aquella época, Tureaud solo era un gorila de club nocturno forrado de cadenas de oro que trabajaba para el bar que había en los bajos del edificio de apartamentos donde vivía mamá. Ella nunca me contó los detalles, pero yo los leía entre líneas.

Pero ni siquiera en sus mejores momentos todo fue coser y cantar. Por cada diez Jim Browns, había un hombre deplorable, como el padre David, un encantador sacerdote que dejó embarazada a mamá y luego la obligó a abortar. Aunque mamá sobrevivió a este tipo de abusos más de una vez, para ella era importante no ser definida por su condición de víctima. No se reprimía, hablaba de ello y expresaba el peso de las experiencias con las que cargaba, pero nunca dejó que la encadenaran al pasado. «La verdad te hará libre, pero no hasta que acabe contigo» es mi frase favorita de *La broma infinita*, la novela de David Foster Wallace sobre las adicciones y la soledad, porque añade un tópico común a la realidad. Sí, hablar de la verdad era difícil para mamá, pero, por muy terrible que fuera, una vez superada la dificultad, la liberaba. Y esa libertad creó un sentido del humor que iluminó incluso los momentos más oscuros.

Cuando cumplí diecinueve años, mamá se presentó con un regalo envuelto con un papel extravagante y decorado con todo tipo de llamativos lazos, cintas y serpentinas. Al quitar todos los adornos y desenvolver el paquete aparecieron unas gafas de Groucho. Ya sabe: las gafas con nariz, cejas y bigote postizos que venden en las tiendas de baratijas en los centros comerciales. Pero en este ejemplar, en lugar de una nariz pegada debajo de los anteojos, había un pene grande y semierecto.

Mamá y yo nos pasamos buena parte de los diez años siguientes regalándonos esas gafas mutuamente. Yo se las enviaba por FedEx a su trabajo de secretaria. Unos meses más tarde, ella pagaba un servicio de mensajería para que interrumpiera una reunión de empresa y me fueran entregadas. El ciclo continuó incluso cuando mamá se estaba muriendo de cáncer: se las envié a Florida con una postal que decía «que te mejores pronto». Por su parte, la siguiente vez que la visité, entré en su habitación del hospital y la vi casi siete kilos más delgada, con poco pelo debido a la quimioterapia, reclinada en su cama regulable y luciendo unas gafas gruesas con un pene gigante. De hecho, las situaciones más difíciles de la vida requieren trivialidad. De lo contrario, nos ahogaríamos en nuestro propio dolor.

Téngase en cuenta que se trataba de una mujer que fue alcohólica durante la mayor parte de la segunda mitad de su vida. Pero también fue una mujer que alimentaba a los desamparados, dedicaba innumerables horas a organizaciones benéficas y asistía a la misa católica todas las semanas, sobria o no. Es casi como si escribiera sobre dos personas diferentes. Pero ¿no somos todos dos personas diferentes? Somos pecadores santurrones, imbéciles capaces de amar y farsantes que decimos la verdad. Cada uno de nosotros es una dualidad: seres tridimensionales que viven en un mundo de expectativas bidimensionales.

Debido a nuestras vidas embarulladas, somos capaces de amar con locura y aun así infligir dolor. La verdad sea dicha, tendemos a causar más dolor a las personas que más queremos. Con demasiada frecuencia somos descuidados con lo que amamos, y si descuidamos algo durante el tiempo suficiente, ese algo se rompe.

La comodidad es una mentirosa

Mi matrimonio terminó años antes de que terminara. Al principio, yo no sabía que se estaba terminando. Pero al final, a medida que pasaban los años y aumentaba la insatisfacción, lo que pasó fue que no tuve el coraje de ponerle fin. Tampoco tuve el valor de decir la verdad. Por eso mentía. Fingía que todo andaba bien y que mágicamente mejoraría, esa es la mentira que me dije a mí mismo.

No hace falta decir que ignorar el problema no soluciona nada. Por un lado, uno no quiere reaccionar exageradamente, pero por otro también es una mala idea quedarse corto. Si un teatro lleno de gente está en llamas, no queremos entrar en pánico y pisotear a otras personas al dirigirnos a la salida. Pero tampoco queremos seguir viendo la película, por muy cómoda que sea la butaca.

En mi matrimonio me sentía cómodo. Si hubiera puntuado mi nivel de comodidad a los veintisiete años, le hubiera dado un sólido seis sobre diez, lo suficiente para evitar un cambio. Pero no me sentía feliz ni contento ni alegre; solo estaba lo bastante cómodo como para no hacer nada. Porque si cambiaba, me iba a sentir incómodo. ¿Y quién desea sentirse incómodo? Sin embargo, si observamos todos los grandes éxitos que se han producido en la historia, vemos que la incomodidad –y el sufrimiento– es el lugar del que parten las grandes personas. La incomodidad es el sitio donde se asienta la verdad –se muestran los defectos, las inexactitudes, las incongruencias–, mientras que la comodidad es una mentirosa.

Keri y yo nos conocimos en la escuela secundaria, pero no empezamos a salir hasta que yo tenía diecinueve o veinte años. No estoy seguro del momento exacto porque fue un noviazgo de combustión lenta. Pero antes de que me diera cuenta, vivíamos juntos, y al cabo de pocos años, a medida que la bola de nieve de nuestra relación se hizo más grande, nos comprometimos, luego nos casamos y luego construimos nuestra primera casa, acumulamos deudas de consumo y vivimos una vida sin intencionalidad. Seguíamos unos pasos predeterminados, en lugar de vivir una vida reflexiva y consciente.

Es un cliché decir «nos queríamos, pero no estábamos enamorados». Pero la mayoría de los clichés se basan en una verdad profunda. Según el doctor en psicología Christopher Ryan, autor de *En el principio era el sexo* y *Civilizados hasta la muerte*, las relaciones íntimas contienen tres elementos esenciales: química, compatibilidad y amor. Los seres humanos tienden a entablar sus relaciones basándose en uno, a veces en dos, de dichos factores. Tal vez haya una atracción sexual inicial (química), tal vez haya intereses compartidos (compatibilidad) o tal vez haya una conexión profunda que impulse la relación hacia delante (amor). Sin embargo, con el tiempo, la ausencia de cualquiera de estos elementos crea una total insatisfacción y, finalmente, dolor.

Ello es cierto incluso si uno o dos de los elementos son intensos. Se pueden tener buenas relaciones sexuales (química) y aun así que la relación personal sea insatisfactoria. Se puede coincidir en la economía y el estilo de vida (compatibilidad), pero aun así que la relación personal no nos llene. Se puede amar profundamente al otro (amor) y aun así no querer tener una relación juntos. Este último fue mi caso: amaba y respetaba inmensamente a Keri. Pero el amor no es suficiente. Necesitamos los tres elementos para progresar. Keri y yo tuvimos una chispa de química al principio, pero nunca se convirtió en una llama. Y, lo que es más importante, no éramos compatibles en muchos aspectos: nuestros deseos, intereses, objetivos, creencias y valores no coincidían. De ahí la creciente frustración que siguió a nuestras promesas matrimoniales.

Tenía demasiado miedo de enfrentar la verdad de nuestra relación, la verdad de que lo que teníamos no funcionaba. En lugar de simplemente sentarme con Keri en algún momento e iniciar un debate difícil sobre nuestra relación y sus deficiencias, al final mi propia cobardía me apartó del matrimonio en un intento de encontrar los elementos que me faltaban. Es por eso por lo que muchas personas engañan más de una vez. En cuanto el placer desaparece, el déficit relacional vuelve a quedar expuesto. Y el ciclo de mentiras continúa.

La única mentira

En mi libro sobre relaciones favorito, *Some Thoughts About Relationships*, Colin Wright describe una serie de «políticas de las relaciones» sobre las que se basan todas las relaciones significativas, íntimas o de otro tipo. Entre estas políticas están la política de discusiones, la política de celos y la política de trampas. Pero mi favorita podría ser la que podríamos llamar la Política Única:

> Desde muy pequeños, a muchos de nosotros se nos cuentan historias sobre el Elegido: un personaje místico que viene a este planeta para nosotros y solo para nosotros. Nuestro «viaje de héroe» consiste en encontrar a este individuo, esté donde esté. Si hay que creer en la cultura pop, habrá una serie de situaciones cómicas y aventuras dramáticas que nos llevarán a encontrarlo.
>
> No obstante, en la vida real, el Elegido es un concepto no solo irracional, sino potencialmente perjudicial. La idea de que hay alguien que ha sido personalizado para completarnos implica que no somos capaces de ser completos por nuestra cuenta. También implica que todos los que no sean el Elegido son solo un trampolín hacia la gran realización, que es una manera horrible de abordar las relaciones.

Wright continúa explicando que podemos amar a más de una persona a lo largo de nuestra vida. O incluso al mismo tiempo. Podemos amar a la hija, al marido y a la madre a la vez. Por lo tanto, no hay *uno* mágico. «*Tú* eres The One», dice Wright. «Tú eres la única persona en el mundo que puede hacerte una persona completa y satisfecha, y asegurar tu felicidad. Todos los demás son un potencial (ojalá) y maravilloso añadido a esa situación predestinada. Nacemos completos, morimos completos y mientras tanto decidimos con quién compartimos la vida».

Desde el principio de nuestra relación, Keri y yo nos centramos tanto en encontrar a la persona que nos «completara», con la esperanza de moldear al otro para que se adaptara a cada uno de nuestros sistemas de creencias, que no nos dimos cuenta de que cada uno de nosotros ya estaba completo. Y en lugar de que la relación multiplicara nuestras cualidades compartidas, las reprimió, porque no fuimos sinceros en cuanto a nuestra compatibilidad. Teníamos puntos de vista diametralmente opuestos sobre aspectos importantes: los niños, las comunidades y la economía estaban entre los temas en los que no estábamos de acuerdo. Al final el resentimiento por estos agravios se vertió sobre el resto de nuestra vida y dio lugar a una inundación de descontento tácito.

No es que ninguno de los dos estuviera equivocado; solo queríamos llegar a resultados distintos. Si a uno le gusta la música rock y al otro el jazz, ninguno de los dos se equivoca, pero puede que no nos guste ir juntos al mismo concierto.

La verdad es que Keri y yo deberíamos haber tenido las conversaciones más importantes de la vida mucho antes de casarnos:

¿Coinciden nuestros valores?

¿Cómo es nuestra pareja ideal?

¿Cómo afrontamos los problemas?

¿Qué es lo innegociable para nosotros?

«Tienes que matar a Godzilla cuando es un bebé», comentó una vez el famoso orador motivacional Tony Robbins. «No esperes hasta que se apodere de la ciudad». Si Keri y yo lo hubiéramos hecho así –si nos hubiéramos hecho las preguntas importantes desde el principio–, lo primero es que probablemente no nos hubiéramos casado. Pero nos casamos y luego ignoré todas los rótulos que indicaban la salida: todas las oportunidades para terminar la relación sin aumentar el dolor. Ocho años después, Godzilla era un monstruo en toda regla que acechaba en las afueras de nuestro matrimonio, listo para incendiarlo todo. Nos estábamos mintiendo a nosotros mismos.

Cuando dos personas tienen valores que los hacen viajar en direcciones opuestas, es probable que suceda una de dos cosas: o una de ellas se conforma y se siente infeliz, o la otra se deja arrastrar y se siente infeliz. De cualquier manera, el desengaño acecha a la vuelta de la esquina. Y fingir que no pasa nada no hace más que acrecentar el dolor.

Hay otro cliché que hace al caso: «No eres tú, soy yo». Aunque eso no era del todo verdad en mi matrimonio. «No era ella, ni era yo, éramos nosotros» parece más ajustado, aunque menos conciso. Keri era una buena amiga y, a pesar de mis buenas intenciones cuando empecé la relación, me transformé en un mal esposo en el transcurso de nuestro matrimonio porque no fui capaz de experimentar felicidad viajando en su dirección, y no estaba dispuesto a desprenderme de la relación.

La ironía es que ambos mantuvimos la relación porque no queríamos herir los sentimientos del otro. Creíamos que la sinceridad destruiría nuestro matrimonio, como si la verdad fuera mala o perjudicial y la única manera de avanzar fuera ocultar la realidad al mundo. Pero la verdad es lo único que puede conservar una relación. Incluso cuando es incómoda, difícil o dolorosa, la verdad es la cola que refuerza un vínculo.

Errores y malas decisiones

Engañé a mi esposa el día después de la muerte de mi madre. Me gustaría decir que fue un error, pero no lo fue. Fue peor que eso. El adulterio es un acto despreciable, la traición más profunda, una especie de asesinato. Pero incluso después de que el victimario pone fin a la relación, la víctima sigue sufriendo. Y nunca es el resultado de un solo «error»; incluso un solo caso de infidelidad se genera a partir de una serie incalculable de malas decisiones.

Un político comete un delito de guante blanco, lo pillan y dice que «cometió un grave error». Una mujer de negocios omite una parte de sus ingresos fiscales y dice algo similar a la oficina de recaudación de impuestos. Un adolescente se pasea en el coche de su madre sin permiso de conducir y luego confiesa su «error».

Pero esto no son errores, son malas decisiones.

Escoger la respuesta incorrecta en un examen es un error; no estudiar para ese examen es una mala decisión. El error es algo que cometemos sin querer; la mala decisión se toma intencionadamente, a menudo sin pensar en las consecuencias.

Es fácil descartar las malas decisiones y reclasificarlas como errores. Despunta la navaja, suaviza el golpe. Pero también es poco sincero. Refundir una mala decisión para convertirla en error elimina la responsabilidad, la culpa. Y es mucho más fácil vivir con las malas decisiones si no son culpa nuestra. En consecuencia, es más probable que tomemos la misma mala decisión repetidamente si nos limitamos a considerarla un error.

Todos cometemos errores. Todos tomamos malas decisiones. Forman parte de la experiencia humana. Debemos celebrar nuestros errores y aprender de nuestras malas decisiones, pero no confundamos los unos con las otras. Si reconocemos que nos hemos equivocado y nos responsabilizamos de ello, encontraremos el camino más honesto hacia delante: la verdad. Sí, reconocer nuestros errores y malas decisiones es más difícil que confundirlos, pero la verdad es difícil precisamente porque es lo correcto a seguir. Lo demás es mentira.

El precio de las mentiras

Por muy bien que se cuente un cuento de hadas, no va a ser más real. Es una lástima que una de las características que definen a la humanidad sea nuestra capacidad para mentir.

«La gente miente para que otros se convenzan de cosas que no son ciertas», dice el neurocientífico Sam Harris, autor de *Mentir*, un libro que sostiene que la mentira, incluso la mentira piadosa y más insignificante, *nunca* es lo correcto,* y que, fundamentalmente, mentimos porque queremos fingir ser alguien que no somos.

Sin embargo, lo sorprendente es que es más probable que mintamos a nuestros amigos y familiares más cercanos. En un estudio titulado *Everyday Lies in Close and Casual Relationships*, Bella M. DePaulo y Deborah A. Kashy encontraron que el 10% de la comunicación entre cónyuges es engañosa.[43] En principio el hallazgo parece contradictorio. De entrada, parece que tendríamos que ser más sinceros con las personas a las que amamos, ¿no? Pero según un estudio de *Journal of Psychology*, «Deceptive Behavior in Social Relationships», «las personas mienten cuando su comportamiento no responde a lo que los demás esperan de ellas. Debido a que las personas que mantienen relaciones estrechas tienen más expectativas mutuas, la probabilidad de que no se respondan a dichas expectativas y se digan mentiras es mayor en las relaciones estrechas que en las superficiales». Simplemente damos por seguras las relaciones más cercanas.

Lo pintes como lo pintes, los seres humanos tenemos una relación complicada con la verdad. En algún momento en torno a los cuatro años, descubrimos el poder del engaño.[44] Co-

---

*   A menos que sea una mentira para evitar violencia física.

menzamos con «mentiras piadosas» que ponen a prueba los
límites de la verdad y, a medida que esos límites se amplían,
aprendemos a engañar, mentir y manipular a otros con falsedades. No obstante, no comprendemos de inmediato el precio
de nuestras mentiras. Tampoco captamos el poder milagroso de
la verdad.

Mentir es tentador del mismo modo que lo es comer demasiado: es fácil y nos proporciona una gratificación instantánea. Una mentira nos permite eludir la culpa, esquivar la responsabilidad y desviarnos de nuestras propias deficiencias en
el momento; crea un atajo hacia la recompensa a corto plazo.
Pero en realidad no existen los atajos; solo hay caminos di-
rectos. Y la verdad es el camino más directo. Sin embargo
decir la verdad es difícil de la misma manera que lo es plan-
tar un jardín: preferimos comernos un Twinkie hoy que trabajar para cosechar los beneficios de un huerto espléndido el
año que viene.

El ya clásico docudrama de HBO *Chernóbil* comienza con
una sencilla pregunta: «¿Cuál es el precio de las mentiras?».
Lo que enseguida descubrimos, en el transcurso de cinco episodios majestuosamente realizados, es que el precio de nuestras mentiras es *todo*. Las mentiras nos despojan de nuestra
integridad, honor, rectitud, virtud y confianza. Las mentiras
nos cuestan amistades y amor, experiencias importantes e interacciones valiosas, respeto y libertad. Y en casos extremos
como el de *Chernóbil*, las mentiras pueden costar la vida a las
personas.

El precio de la verdad, por otro lado, es una tarea ardua, que requiere diligencia y no gratifica inmediatamente, pero la recompensa es una paz mental tan grande que el esfuerzo siempre vale el precio.

«La sinceridad es un regalo que ofrecer a los demás», escribe Harris en su libro sobre la mentira. «También es una fuente de energía y un motor de sencillez. Saber que intentaremos decir la verdad, bajo las circunstancias que sean, nos deja poco para lo que prepararnos. Simplemente podemos ser nosotros mismos.»

La sinceridad es un motor de sencillez. Piénselo solo un momento. Si esto es cierto, ¿por qué nos cuesta tanto decir la verdad? Pues porque lo sencillo no es fácil.

Más de un tipo de verdad

Es difícil hablar de «la verdad» porque la verdad significa diferentes cosas para cada persona. Puede que sea cierto que el helado de chocolate sea nuestro favorito, y también es cierto que dos más dos son cuatro. Eso es porque algunas «verdades» son opiniones subjetivas, mientras que otras son hechos objetivos.

Podemos referirnos a las verdades subjetivas –como son la religión o las preferencias alimentarias– como creencias o verdades personales (como en la frase demasiado usada «¡Tienes que vivir *tu* verdad!»). Este tipo de verdades es imposible que sean «falsas» debido a su naturaleza perspectiva. Al fin y al cabo, no le diríamos a nadie que su preferencia por el helado de vainilla es falsa.

Las verdades objetivas –como la gravedad o la aritmética– son lo que podríamos llamar principios, reglas o leyes. Son siempre aplicables a todo el mundo porque los hechos no requieren que creamos en ellos; son universalmente verdaderos, sean cuales sean nuestras creencias. Nuestra respuesta da igual, dos dólares más dos dólares siempre equivaldrán a cuatro dólares.

Independientemente de si una verdad es subjetiva u objetiva, una cosa está clara: cuanto más difícil es la verdad, más duro es admitirla, sobre todo las verdades que han sido encubiertas con mentiras.

Algunas verdades se expresan en público; otras tratamos de mantenerlas ocultas. Gran parte de lo que usted ha leído en la introducción de este libro (las tribulaciones de Ryan y mías con el consumismo, el descontento y la disfunción infantil) son del primer tipo: verdades duras que, sin embargo, hemos querido compartir con el mundo durante la última década, no todas a la vez, pero progresivamente, ampliando los límites de nuestras zonas de confort, revelando una verdad cada vez.

Ha habido otras verdades sobre las que para Ryan y para mí ha sido más difícil hablar, incluso pasado el tiempo. Hasta este año, Ryan no entró en detalles sobre su adicción a los opioides, el hábito de 5.000 dólares al mes que lo empujó por la espiral descendente. Vamos a ampliar aún más nuestras zonas de confort a lo largo de este libro escribiendo sobre estas verdades: las verdades que hemos mantenido ocultas hasta ahora porque nos daba vergüenza reconocer muchas de ellas.

REGLA MINIMALISTA PARA VIVIR CON MENOS

Regla del incendio espontáneo

Las posesiones materiales nos causan más estrés de lo que creemos. A medida que nos sentimos cada vez más agobiados por las compras realizadas, la temperatura del descontento aumenta. Pero no hace falta esperar a que hierva. Por eso inventamos la regla del incendio espontáneo, que comienza con una sencilla pregunta: si este objeto se quemara espontáneamente, ¿le produciría alivio? Si es así, dese permiso para deshacerse de él.

Vergüenza e insignificancia

Es necesario que hablemos sobre la vergüenza un momento. Lo que significa que también tenemos que hablar de la culpa. Aunque ambos términos se usan de forma indistinta con frecuencia, son fundamentalmente diferentes. La culpa nos dice algo sobre nuestras *acciones*: infringimos una regla, herimos los sentimientos de alguien o actuamos de manera incongruente con nuestro yo ideal, y luego eso nos hace sentir mal.

Pero la vergüenza dice algo sobre *quiénes somos*, sobre nuestra identidad.

«La vergüenza te informa de un estado interno de insuficiencia, deshonra o arrepentimiento»,[45] según escribe Mary C. Lamia en *Psychology Today*. Por eso nos resulta tan difícil hablar de nuestras verdades ocultas. Nos parece que, si las revelamos, nuestra incompetencia o impotencia quedarán a la vista, lo cual nos hará sentir vulnerables o indefensos.

Pero revelar la verdad nos libera. Puede ser incómodo, pero es mejor la incomodidad que la vergüenza, porque la incomodidad desaparece con el tiempo, pero la vergüenza persiste y se va acumulando.

Podemos superar la culpa confesando nuestros errores y malas decisiones («Reconozco que la pifié, ahora tengo que seguir adelante»), pero la vergüenza puede persistir después de una confesión porque ahora el mundo sabe la verdad («No soy quien finjo ser»). Y si todo el mundo oye esta verdad, creemos que instantáneamente dejamos de ser tan excepcionales como esa persona perfecta que proyectamos. Para empeorar las cosas, esta caída en desgracia destruye nuestro sentido de la importancia, que es una necesidad humana fundamental.

Hace poco, mi hija Ella marcó los únicos dos goles de su equipo de fútbol. Inmediatamente después del partido, su madre y yo la elogiamos por su *habilidad*; pero tuvimos cuidado de no felicitarla por su *talento* innato. «Has hecho un gran partido» tiene más fuerza que «¡Eres muy buena!». Lo primero elogia sus acciones; lo último se refiere a su aptitud. Puesto que la especificidad pone de relieve un sentido sano de la importancia, le explicamos en detalle qué hizo que su juego fuera «genial», citando ejemplos concretos de lo que hizo, de cuándo y cómo lo hizo, y de por qué estábamos orgullosos de sus acciones. La importancia ganada se fortalece con el tiempo porque nuestra autoestima aumenta a medida que adquirimos el sentido de competencia, logro y finalidad de nuestros esfuerzos. Dentro de un año, Ella será una mejor futbolista y por el camino habrá adquirido un sentido de la autoestima sólido.

El camino opuesto –la importancia inmerecida– está pavimentado con la gratificación inmediata. Este tipo de importancia es fugaz, lo que hace que recurramos a comportamientos tóxicos para mantener un mínimo de atención sobre nosotros: «¡Eh, aquí, miradme!», como si gritar lo bastante fuerte de alguna manera nos hiciera más importantes. Luego, cuando los gritos ya no sirven, recurrimos a acrobacias tontas: las publicaciones de borracheras en Facebook, los tuits en busca de atención, las fotos de Instagram sin camisa en el espejo. Nada de esto sirve al bien común. Finalmente, cuando la búsqueda inocua de atención deja de funcionar, avanzamos hacia lo obsceno. Traspasamos los límites éticos y morales, y recurrimos a los insultos, a las autolesiones e incluso a la violencia. Son maneras infalibles de sentirnos importantes en el momento, pero estas breves explosiones de importancia se desvanecen poco después de cada ofensa. Porque la gratificación instantánea en realidad no es gratificante, no a largo plazo.

Está claro, el comportamiento que busca la atención puede que atraiga mucha atención, algo parecido a lo que pasa en los accidentes de coche (la gente no puede evitar reducir la velocidad y mirar el desastre), pero los espectadores no se quedan ahí admirando cómo después limpian la carretera, lo cual deja al buscador de atención vacío y solo, y eso alimenta aún más el sentimiento de insignificancia que instigó su comportamiento en primer lugar. Naturalmente, esto solo acrecienta la vergüenza que pretendía evitar.

Dicho esto, la vergüenza no siempre es «mala». Es útil en la medida en que nos estimula a esforzarnos al máximo. Hay momentos en los que es muy oportuno sentirse avergonzado, o sea, cuando se actúa continuamente en contra de los intereses del yo futuro. Si uno desea convertirse en escritor pero nunca escribe, si aspira a ponerse en forma pero no hace ejercicio, si espera un ascenso pero no está dispuesto a hacer el trabajo, la vergüenza es una respuesta natural. Es un castigo emocional por hacer continuamente algo incorrecto.

Es una lástima que demasiado a menudo la respuesta natural a la vergüenza no sea corregir nuestras acciones, sino retirarnos, abandonar, abstraernos y negar que el problema existe. Si se hace sistemáticamente, este ciclo derrotista desemboca en arrepentimiento por las (in) acciones pasadas y en la desesperación por lo que depara el futuro.

Así pues, la clave para lidiar con la vergüenza es esta: encontrar la importancia no en el personaje que representamos o en la persona que éramos, sino en la mejor versión de cada cual.

Luego se trata de alinear las acciones con nuestro mejor yo. Se empieza reconociendo las malas acciones, lo cual resolverá ese sentimiento de culpa siempre presente. Pero después hay que seguir avanzando. Hay que negarse a esconderse. Todos los días debemos presentarnos de formas pequeñas y poco interesantes. Hay que estar dispuesto a superar la monotonía, incluso cuando no sea divertido, sexy o estimulante. Debemos comportarnos de tal manera que enorgullezca a nuestro futuro yo. No al yo futuro de otra persona, sino a *mi* yo futuro, porque vivir de acuerdo con los ideales de los demás es lo que originó la vergüenza.

Como todas las personas a las que hemos conocido, usted ha dicho incontables mentiras. Ha cometido errores y tomado decisiones equivocadas. Pero, en el futuro, no es necesario que diga más mentiras. Usted es mejor que eso. Tiene la capacidad de ser honesto, consigo mismo y con los demás, y la capacidad de que le importe la verdad. Porque si a uno no le importa la verdad, solo se importa a sí mismo. Por lo tanto, si realmente le importan los demás, tiene que importarle la verdad. No le dé más vueltas.

Sí, personalmente he tomado decisiones equivocadas en mi vida. He sido perezoso. He mentido. Incluso engañé a mi primera esposa. Pero el pasado no es igual al futuro y no tengo que ser la misma persona que fui. Puedo aprender de ella y estarle agradecido –no orgulloso, pero sí agradecido– por sus errores sin necesidad de repetirlos.

Algunas preguntas que vale la pena plantear antes de seguir: ¿Le avergüenza cambiar de carrera profesional por lo que otra persona pueda pensar sobre su decisión o está huyendo de algo? ¿Se avergüenza de su cuerpo por la idea de belleza de otra persona o no está tan en forma como sabe que debería estar? ¿Se avergüenza de su producción creativa porque la persona que tiene al lado es más «productiva» o se da cuenta de que podría hacerlo mejor? ¿Le da vergüenza no estar casado porque la sociedad establece una expectativa o está buscando una pareja con la que pueda compartir su vida?

Son preguntas de orden moral que no tienen respuestas universales. Y, por lo tanto, solo usted tiene la respuesta correcta, porque lo que es inmoral para usted puede ser perfectamente normal para mí. Y al contrario. Por lo tanto, es mejor que dediquemos menos tiempo a dejar que las expectativas de los demás influyan en nuestros deseos y comportamientos y, en última instancia, en nuestra vida. Eso siempre comportará culpa y vergüenza porque nunca podremos estar a la altura de los contradictorios valores de las otras personas. Mientras no hagamos daño a nadie, solo tenemos que vivir de acuerdo con nuestros propios valores: todo lo demás lleva al descontento. En pocas palabras, cuando vivimos una vida coherente, nunca nos preocupa borrar el historial de nuestro navegador.

Una verdad más valiosa que el silencio

No todas las verdades son igualmente necesarias. Muchas veces confundimos la transparencia y la apertura radicales con la verdad. Si bien las tres son maneras de decir la verdad, difieren en aspectos importantes, y nos perjudicamos a nosotros mismos cuando las confundimos.

Escuchamos a los políticos hablar de «tener una administración transparente», pero en realidad no queremos un gobierno verdaderamente transparente porque hay cosas –los códigos nucleares, por ejemplo– que deben mantenerse en secreto para protegernos de acciones perversas. Lo que queremos es un gobierno honesto y responsable. Lo mismo ocurre con nuestra vida personal. Si fuera completamente transparente, con mucho gusto escribiría en estas páginas la dirección de mi casa, el número de mi seguro social y el apellido de soltera de mi madre. Pero ese nivel de detalle absorbente no solo es innecesario, sino que también es perjudicial.

Hay momentos en que la apertura también puede ir demasiado lejos. Si tuviera que deambular por el espacio de cotrabajo de alquiler donde escribo este libro y decirle a cada hombre, mujer y cachorro lo que pienso sobre su atuendo y gustos alimentarios, mi «apertura» sería odiosa. Además sería un idiota. La mayoría de las cosas es mejor no decirlas, ya sea porque pueden herir innecesariamente, porque el coste es demasiado alto o porque no sirven al bien común (o, a menudo, las tres cosas a la vez).

Eso no significa que debamos mentir si alguien se nos acerca y nos pregunta: «¿Qué te parece mi camisa nueva?». Incluso en estas ocasiones, uno puede ser sincero sin herir con la franqueza. No tenemos por qué ser malos para ser sinceros.

También hay algunas verdades que no vale la pena manifestar públicamente porque el precio es demasiado alto. Si dijera que soy republicano, la mitad de los estadounidenses que lean esto darían media vuelta; lo mismo si dijera que soy demócrata (en realidad soy un independiente registrado, pero incluso eso conlleva un pequeño coste). Pero mi pensamiento político poco o nada tiene que ver con el mensaje que trato de comunicar en este libro, lo que significa que en realidad se interpondría en el camino de una verdad mayor: no trato de expresar una ideología política; intento comunicar un conjunto de ideas para mostrar a los lectores cómo vivir una vida con más sentido, independientemente de la política que prefieran.

¿Y si dijera que no me gusta la cebolla ni la playa ni los niños? Incluso si eso fuera cierto (invoco la quinta),* ¿de qué manera reconocerlo aquí, en estas páginas, serviría a un bien mayor? Es mejor no decir algunas verdades porque se suman al ruido y entorpecen el camino de lo que es importante. Mi amigo el escritor Nate Green me dijo una vez: «Habla solo cuando tus palabras valgan más que el silencio». Si viviéramos de acuerdo con ese lema, todos seríamos capaces de escuchar mejor, y nuestras palabras serían más serias cuando habláramos.

Sin embargo, hay ocasiones en las que el silencio es la respuesta incorrecta. Hay verdades que, rotundamente, deben ser

---

*   Se refiere a la quinta enmienda a la Constitución de Estados Unidos. *(N. de la T.)*

dichas en voz alta si queremos vivir una vida plena. ¿Cuáles son algunas de las verdades de su propia vida que ha tenido miedo de reconocer públicamente, pero que, en última instancia, mejorarían su vida si lo hiciera? Al principio uno se siente cruel o incluso egoísta confesando estas verdades, y es incómodo reconocer que hemos estado viviendo una vida que no se corresponde con la persona que queremos ser, pero es la única manera de convertirnos en la mejor versión de nosotros mismos.

Desenvolver la verdad

Hablemos de algunos de los participantes del estudio de caso de la Fiesta del Embalaje. Al final del primer día del experimento, enfrentamos a cada participante a la pregunta de cómo esta experiencia había aclarado su relación con la verdad en las primeras veinticuatro horas. No nos sorprendió que, al haber estado lidiando con cosas físicas intensamente durante todo el día, estas verdades iniciales se centraran en las posesiones materiales.

Mae Frankeberger, una fiestera de una sola habitación de Brooklyn, Nueva York, dijo: «Trato de ser consciente de lo que tengo y de lo que introduzco en mi vida, pero a veces no lo analizo todo tanto como debería. Ser sincera sobre qué y quién es importante en mi vida es una gran parte de lo que necesito trabajar».

Christin Hewitt, una fiestera de Atlanta, Georgia, reconoció que, «¡incluso como una autoproclamada minimalista, he estado negando la cantidad de cosas que he acumulado solo en los últimos doce meses! Mientras ponía orden, me daba cuenta de que no necesitaba muchos de estos objetos».

Kaitlin Mobley, una fiestera de varias habitaciones de Savannah, Georgia, confesó que su «relación con la verdad está cambiando porque, aunque soy bastante consciente de lo que introduzco en mi vida, sigo cediendo a la presión social de lo que debería "tener en mi casa"».

A medida que transcurrieron las semanas y nuestros participantes continuaron desembalando sus tesoros, se revelaron más verdades. Ryan y yo lo revisábamos al final de cada semana, e instábamos a cada participante a ir más allá de las posesiones y hablar sobre cómo el experimento había mostrado verdades previamente inconscientes en su vida.

Tras la primera semana de desempaquetar, Ellie Dobson encontró una verdad más amplia sobre ella y la vida de su pareja: «Tenemos una relación evasiva», dijo. «Decimos que nos conocemos, pero en realidad evitamos mirarnos».

Tras dos semanas, Luke Wenger, un fiestero de Lenexa, Kansas, miró los montones de cartón plegado que le quedaban y dijo: «Sea lo que sea la "verdad", dudo de que esté en una de estas cajas».

Al final de las tres semanas completas, muchas personas aceptaron el hecho de que necesitaban muchas menos cosas de las que pensaban y, a lo largo del proceso, resolvieron algunas luchas inesperadas. Una de las participantes se dio cuenta de que luchaba por «encontrar el equilibrio» en su vida, mientras que otra reconoció: «Todavía tengo problemas para decidir cuál es la "verdad" real frente a lo que me han enseñado a creer».

REGLA MINIMALISTA PARA VIVIR CON MENOS

Regla de las diez posesiones más caras

Tómese un momento para anotar las diez compras más caras que haya hecho en los últimos diez años: coche, casa, joyas, muebles, bolsos. Junto a esa lista, haga otra de las diez cosas que aportan más valor a su vida: experiencias como ver una puesta de sol con un ser querido, ver a sus hijos jugar a béisbol, hacer el amor con su cónyuge, cenar con sus padres, etc. Compare ambas listas y dese cuenta de que tienen pocas cosas en común. Y es posible que no coincida ninguna.

Atrapados por el miedo

Holly Auch, una participante del estudio de caso de la Fiesta del Embalaje a la que hemos conocido en el capítulo anterior, aprendió una verdad sorprendente sobre su relación con las posesiones materiales el primer día de su experimento de desembalaje. «Confío en las cosas para llenar un vacío que me da miedo explorar», dijo.

El miedo es algo común entre las personas que comienzan a enfrentarse a sus cosas. Tenemos miedo de correr la cortina porque lo que tememos no son las cosas en sí mismas, sino el trabajo que hay que hacer para vivir una vida más gratificante después de deshacernos de ellas. Sin embargo, si no damos el primer paso, si no abordamos el desorden que entorpece el camino, ¿cómo dejaremos espacio para la verdad?

Entonces, ¿cómo superar el miedo?

Como Holly, comenzamos reconociéndolo. Empezamos diciendo la verdad. Todos tenemos miedo de algo. Algunos de nuestros miedos son obvios: arañas, alturas, muerte. Otros miedos son menos concretos, como el miedo a la pérdida. Pérdida de cosas. Pérdida de aceptación. Pérdida de amigos. Pérdida de estatus. Pérdida del amor.

El miedo nos atrapa. Nos impide crecer. Nos impide ayudar a otras personas. Nos impide vivir una vida feliz, satisfecha y plena. El miedo es la antítesis de la libertad; es, por definición, restrictivo.

Holly no es la única persona que hemos conocido con miedo a desprenderse de cosas. Muchas otras dieron respuestas parecidas basadas en el miedo, incluida Leslie Rogers, una fiestera de varias habitaciones de Athens, Georgia, que dijo: «Vinculo los recuerdos y las emociones a muchas de mis cosas. Sin embargo, al no procesar adecuadamente mis emociones, no cuidaba estas posesiones. Mientras esas cosas estaban dentro de cajas o en el suelo, mis gatos las habían roto o ensuciado.

Me vi obligada a deshacerme de varios objetos sentimentales, ¡y sorprendentemente me sentí bien! Lo había pospuesto solo por miedo».

Como Leslie, a menudo nos aferramos a las cosas porque tenemos miedo de deshacernos de ellas: tememos perder las cosas que pensamos que podríamos necesitar. Sin embargo, no solo nos da miedo la pérdida de estas cosas; nos da miedo perder lo que estas cosas puedan significar para nosotros en el futuro. En consecuencia, seguimos aferrándonos a lo que ni siquiera tenemos.

Cuando expresamos nuestro miedo en voz alta, normalmente suena absurdo. Inténtelo. Diga: «Tengo miedo de deshacerme de esta camisa, de este libro o de este cargador de teléfono porque tendría un impacto serio en mi vida».

Ridículo, ¿verdad?

Así que hay una pregunta obvia que debemos hacernos cuando nos aferramos a algo y necesitamos llegar a la verdad: *¿De qué tengo miedo?*

Dele una oportunidad.

No soy capaz de decirle que *no* a esa persona. ¿De qué tengo miedo?

No soy capaz de escribir la novela que siempre soñé escribir. ¿De qué tengo miedo?

No soy capaz de aprender a tocar ese instrumento que siempre quise tocar. ¿De qué tengo miedo?

No soy capaz de hacer ejercicio y comer alimentos saludables. ¿De qué tengo miedo?

No soy capaz de dejar el trabajo que odio para cultivar mi pasión. ¿De qué tengo miedo?

No soy capaz desprenderme de mi colección de monedas. ¿De qué tengo miedo?

No soy capaz de... [complete el espacio en blanco]. ¿De qué tengo miedo?

La respuesta a esta pregunta suele ser ilógica:

Me da miedo no gustar a la gente.

Ya no me respetarán.

La gente a la que quiero no me querrá.

¿En serio? ¿No gustará a la gente si su camiseta no lleva el logo apropiado? ¿La gente no la respetará si prescinde de su rímel? ¿La gente no la querrá si conduce un coche más barato? Si ese es el caso, su grupo de amigos son las personas equivocadas. Pero lo más probable es que haya fabricado estos falsos miedos, y son estos miedos fabricados los que le impiden hacer lo que quiere hacer con su vida.

A las personas sinceras no les importa qué tipo de automóvil conduzca, dónde viva o la marca de ropa que use.

Sin embargo, tengo buenas noticias: los miedos se pueden superar. Los humanos desarrollaron su respuesta al miedo para protegerse de un peligro inminente, pero hoy parece que nos da miedo casi todo: una leve caída en el mercado de valores, un comentario negativo en las redes sociales, la mera idea de desprendernos de una posesión material. Elegimos tener miedo, lo que significa que también podemos elegir vivir sin miedo. Todo lo que hay que hacer es tomar una decisión consciente de no tener miedo. Cuando algo se interpone en su camino, debe preguntarse: ¿de qué tengo miedo?

Muchas personas han optado por deshacerse de sus miedos y seguir adelante con una vida más plena. Pero no se fíe de mi palabra, pruébelo usted mismo.

Haga algo que normalmente no haría.

Regale su camisa favorita.

Deshágase de su televisor.

Recicle sus aparatos electrónicos viejos.

Tire a la basura la caja de las cartas antiguas.

Viva su vida, una vida mejor.

¿De que tiene miedo?

Es hora de alejarse de lo que le impide ser libre, comenzando por el exceso de cosas en su vida.

La noche después del naufragio

La atmósfera en el hospital era tan densa que costaba respirar. Las luces del techo brillaban tenues y plácidas. Mi silla chocó contra la cama de mamá, su pequeña habitación estaba decorada con diferentes objetos, detalles colocados estratégicamente para que se sintiera como en casa: marcos con fotos, obras de arte, rosarios. Junto a nosotros, estaba instalada una complicada máquina con una pantalla LED pixelada que controlaba las constantes vitales de mamá. Estaba apagada. Lloré por primera vez en mi vida adulta.

Mientras las lágrimas ardían en mis mejillas y la puesta de sol de octubre atravesaba las persianas de largas y repetitivas láminas, me disculpé por el cuerpo sin vida de mamá. La paz irradiaba de su rostro bondadoso, pero estaba demasiado frío para tocarlo. No estaba helado, pero carecía de vida: era la temperatura de un objeto, no de una persona. Los sollozos me asaltaron incontrolablemente. Ni siquiera los noté hasta que ya estaban allí, una reacción natural, como placas tectónicas moviéndose dentro de mí, un temblor de emoción.

Mamá se veía diminuta allí tumbada, frágil y pequeña, como si su gigantesca personalidad nunca alcanzara el tamaño de su cuerpo. Quería abrazarla, levantar su cuerpo leve y marchito y estrecharla entre mis brazos, de alguna manera devolverla a la vida, regresarla a este mundo, y decirle que la quiero, decirle que lamento no haber sabido qué hacer y que yo no era el hombre adulto que fingía ser, no era tan fuerte como ella suponía. Quería decirle que habría hecho las cosas de otra manera. Quería decírselo a gritos a ella, a todos. A veces no sabemos cómo amar a los que amamos hasta que desaparecen de nuestra vida.

«Lo siento», dije entre sollozos, con la camisa mojada por mi emoción. En la habitación solo estaba yo y lo que quedaba de mi madre, su carne, pero no ella. No es que hubiera desaparecido; simplemente ya no estaba allí. «Lo siento. Lo siento. Lo siento», repetí, balanceándome hacia delante y hacia atrás en mi silla, con el balanceo de un enfermo mental.

Las lágrimas eran una extraña catarsis, una liberación de cada espasmo de culpa, rabia y pena. Pero para mí esas lágrimas también fueron un punto de partida, pasé de página sin saber que tenía que pasarla.

Finalmente, cuando se me acabaron las lágrimas, llegó el momento de irme; no tenía nada más que decir o hacer. Antes de tomar un taxi de regreso al apartamento de mamá, su enfermera, Shelly, me detuvo en el pasillo. Seguramente debió ver el naufragio en mi rostro. Una luz fluorescente parpadeó en el techo cuando me dio un abrazo largo. Al día siguiente estábamos acostados juntos en la cama, Shelly y yo. Fue la única vez en toda mi vida que engañé a alguien. Pero cuando se trata de infidelidad, cualquier cosa mayor que cero es una afrenta a la verdad.

Un hombre no engaña a su esposa sin una gran dosis de odio a sí mismo. Sin duda, hay otras razones: desesperanza, frustración, desesperación, compulsión, lujuria, pero el incesante tirón del odio a uno mismo es más fuerte que todas ellas. Eso es lo que me apartó de mi matrimonio. En ese momento no me di cuenta, pero me desagradaba mucho la persona en la que me había convertido. Y me había mentido a mí mismo durante años. Quería acabar. Inconscientemente, quería destrozarlo todo.

Evité la verdad durante mucho tiempo, pero al final me pilló. No solo me dolió a mí; lastimó a todos a mi alrededor. Mi matrimonio sufrió porque me negué a enfrentar la verdad de que mi esposa y yo éramos incompatibles, por lo que ambos fuimos arrastrados en una dirección en la que no queríamos ir. La relación con mi madre sufrió porque estaba demasiado ocupado acumulando «éxito», y nunca recuperaré ese tiempo que no pasé con ella. Mis amistades y mi comunidad sufrieron porque estaba concentrado en mí mismo, pero mis logros estaban vacíos y eran fugaces. Mi creatividad sufrió porque me preocupaba más consumir que crear, lo que abrió un vacío en mi alma que no se puede llenar con cosas materiales.

Pasé la década de mis veinte en busca del estatus, el éxito y el materialismo. Pero cada ascenso, cada logro, cada nueva compra me alejaba un paso más de la verdad. Ojalá hubiera sabido que comprar un vehículo de lujo no me haría una mejor persona. Ojalá me hubiera cuestionado lo que era importante en lugar de dejar que las expectativas ajenas a mí decidieran a qué dedicaba mi tiempo, dinero y atención. Ojalá me hubiera dado cuenta de que solos en una habitación vacía, cada uno de nosotros ya es una persona completa, y de que todo lo demás debería hacer progresar, mejorar o enriquecer nuestra vida, no entorpecer el camino.

Conclusión: la verdad

¡Hola! Aquí Ryan de nuevo. Después de que Joshua haya compartido algunas verdades duras a lo largo de este capítulo, queda claro que la verdad no es clara y ordenada. Es cruda. Puede ser fea. A menudo no nos gusta. Pero la verdad es la verdad, y eso es lo que hoy queremos explorar: cómo le afecta su relación con la verdad. Para ello, he preparado algunos ejercicios que verá a continuación. Tómese su tiempo con cada uno. Piense realmente en lo que se le pregunta. Si lo hace, encontrará la verdad en medio del caos de la vida cotidiana.

Y recuerde, anote las respuestas en su cuaderno (y ponga la fecha en las entradas para poder reflexionar sobre su progreso). Cuando haya terminado, programe un tiempo con la persona a quien le rinde cuentas para compartir lo que ha aprendido.

PREGUNTAS SOBRE LA VERDAD

1. ¿Cuál es una verdad esencial que mantiene oculta en este momento?
2. ¿De qué manera ocultar la verdad le ha causado descontento o ha dañado sus relaciones?
3. ¿Qué es lo peor que puede pasar si dice la verdad? ¿Qué es lo mejor que puede pasar?
4. ¿Qué conversaciones difíciles debe mantener para evitar tomar más malas decisiones?
5. ¿Cómo le ayudará la verdad a crecer? ¿Cómo le impedirán crecer las mentiras?

LO QUE SÍ HAY QUE HACER CON LA VERDAD

A continuación, ¿qué ha aprendido sobre la verdad en este capítulo? ¿Con qué se quedará del capítulo? ¿Qué lecciones cree que son las que animan a ser más sincero en su vida diaria? Aquí tiene cinco acciones inmediatas que puede poner en práctica hoy mismo:

- **Reconocer**. Escriba las mentiras que quiere sacar a la luz.
- **Sentirse incómodo**. De las mentiras que acaba de escribir, ¿con cuál siente una mayor incomodidad? ¿Cómo enfrentará esa mentira?
- **Eliminar**. Hoy, elija una mentira que ya no quiera mantener. ¿Qué acciones emprenderá para eliminar esta mentira?
- **Pedir disculpas**. ¿A quién ha herido mintiendo? Acérquese a esas personas y discúlpese. ¿Cómo afectará la experiencia a la relación en el futuro?
- **Curarse**. Pida perdón a quienes se hayan visto afectados por sus mentiras. Comprenda que no tiene derecho al perdón y que puede llevar algún tiempo que lo perdonen, pero ahora puede empezar la verdadera curación.

LO QUE NO HAY QUE HACER CON LA VERDAD

Para finalizar, analicemos los peligros de la mentira. Aquí hay cinco cosas que tendrá que evitar, a partir de hoy, si quiere ser una persona más sincera:

- No asuma que las cosas están bien y que mágicamente mejorarán por sí solas.
- No se convenza de que ocultar la verdad mejora la situación o sus relaciones.

- No se aísle de los demás para evitar decir la verdad.
- No diga más mentiras para encubrir las que ya ha dicho.
- No asuma que es imposible recuperar la confianza de los demás (restablecer la confianza requiere tiempo y un comportamiento repetidamente sincero).

Relación 3. Yo

Nunca tuve que luchar contra la depresión. Hasta que tuve que hacerlo. Antes de que llegara esa nube oscura en 2019, que culminó en lo que ahora llamo la Nueva Gran Depresión, siempre me había considerado un optimista a ciegas. Durante años, fui *el* feliz, alguien capaz de encontrar el rayo de luz en el cielo nublado de la vida. Claro que experimentaba tristeza, melancolía y aflicción, como todo el mundo, pero incluso en los momentos más oscuros mi dolor no se convertía en depresión. Siempre pude atravesar el valle a toda velocidad, atravesarlo sin sentarme allí, y luego regresar a los picos cercanos: sonreírme en el espejo cuando estaba decaído, hacer ejercicio físico cuando estaba emocionalmente cansado y cambiar mi lenguaje cuando estaba en un atolladero psicológico.

Incluso en la caótica etapa entre los veinte y los treinta años, en medio de la monotonía del mundo empresarial, encontraba maneras de alegrarme con los encuentros más mundanos. Todos los días, sobre las cinco de la mañana, antes de meterme en el inmenso ascensor que me llevaba hasta el undécimo piso, antes de navegar por los pasillos fluorescentes y las granjas de cubículos de camino a mi oficina, antes de poner en marcha el ordenador portátil y el teléfono BlackBerry e ir saltando entre hojas de cálculo, correos electrónicos y mensajes, entraba en la cafetería que había en el vestíbulo de mi edificio y me saludaban con un somnoliento y obligatorio «Hola, ¿qué tal?».

Todos los días respondía con una sonrisa, una pausa y la misma respuesta enfática: «¡Estupendo! ¿Qué tal estás tú?».

Desde luego esta respuesta pillaba a la gente desprevenida, sobre todo al principio. Esperaban un estándar «Bien» o «Todo bien, gracias», pero en cambio se encontraban con un entusiasmo que no concuerda con la gente que se levanta a esas horas de la madrugada. El cómico George Carlin decía que cuando la gente te pregunta cómo estás, siempre debes responder con un «¡Genial!», porque alegra a tus amigos y enoja a tus enemigos. Aunque entiendo ese sentimiento, no es lo que buscaba con mi respuesta, que nunca fue falsa. De hecho, estaba estupendo, porque prestaba atención, esforzándome para *percibir* los detalles extraordinarios que contenían las experiencias banales de la vida.

Años antes de que el minimalismo entrara en mi vida, descubrí que mi *rutina* no necesitaba estar definida según lo que dice el diccionario: regular, vulgar, corriente. A pesar de que la vida que vivía era relativamente ordinaria, algo tan simple como tomarme una taza de café podía ser una experiencia extraordinaria, una oportunidad de vivir el momento, por breve que fuera.

Algunos camareros encontraban que mi entusiasmo les fastidiaba, incluso que era repelente, pero, con el tiempo, casi todos se entusiasmaron con mi estilo. «¿Estupendo?», preguntaban, como si la palabra en sí fuera un acertijo. Enseguida se dibujaba una sonrisa. «Estupendo. ¡Vaya, sí, me gusta!».

«Si quieres te lo presto», decía yo. «Es gratis y transferible». Con el tiempo, el personal dejó de escribir «Joshua» en mi taza de café y optó por «señor E».

El arte de darse cuenta

No quería que la gente solo me *percibiera* como feliz. Alguien desdichado con una sonrisa sigue siendo alguien desdichado. Si respondía con entusiasmo era porque sé que, como la mayoría, soy muy malo en estar presente. Pero mediante el lenguaje, el volumen, el tono, la inflexión, los gestos físicos y las expresiones faciales podemos cambiar nuestro estado interno para ayudarnos a ser conscientes del momento presente y apreciarlo, incluso con sus manifiestas imperfecciones. Aquí es donde el minimalismo es particularmente útil. Al eliminar las distracciones físicas que nos rodean, podemos mirar en nuestro interior y comenzar el proceso de ordenación mental, emocional, psicológica y espiritual.

Es difícil *darse cuenta*, *ser consciente*, sobre todo cuando el mundo material nos bombardea. Darse cuenta requiere recursos valiosos: atención, energía, concentración. Ser consciente precisa todo eso y más: reconocer las cualidades excepcionales en todo, especialmente en lo que no es excepcional. Y ambas cosas requieren presencia física y mental, algo cada vez más escaso en un mundo donde predomina lo efímero.

Es tanto lo que podemos procesar a la vez, y sin embargo tendemos a quedarnos absortos en nuestra cabeza, en nuestra historia, en nuestra vida, como si todos los demás fueran figurantes no remunerados en nuestra obra, como si en su mente no se libraran las mismas batallas que en la nuestra. Y así vamos a trompicones por la vida, dando la espalda al momento presente. Sé que lo he hecho. He dado la espalda a muchos momentos por vivir en el pasado o en el futuro. Sin embargo, la vida no es más que una colección de momentos presentes. Y si les damos la espalda, estamos dando la espalda a la vida misma.

Navegar por la red.

Desplazarse por el texto.

Enviar correos electrónicos.

Enviar mensajes de texto.

Publicar una nota.

Tuitear.

Actualizar.

Responder.

Reproducir.

Contestar.

Son solo una pequeña muestra de las diferentes maneras de dar la espalda al momento presente en nuestro mundo moderno. Por supuesto, no hay nada intrínsecamente malo en esas actividades. A menos que obstaculicen el camino de una experiencia con más sentido. La mayoría de nosotros ignoramos la belleza natural que nos rodea y buscamos una belleza sintética en una pequeña pantalla que brilla.*

Y no hablemos de las innumerables formas pretecnológicas de evitar el momento:

Rumiar.
Desesperarse.
Preocuparse.
Obsesionarse.
Analizar.
Estresarse.
Angustiarse.

Como puede verse, este problema no es nuevo. Desde que gruñíamos algunas sílabas en las cuevas, hemos encontrado maneras de desviar nuestra atención del ahora. Solo que hoy tenemos más maneras que nunca de distraernos.

---

* Ampliamos el tema de las distracciones tecnológicas en el capítulo sobre la relación con la creatividad.

Volver al ahora

Hoy, más de diez años después de que el señor Estupendo dejara atrás esa cafetería, todavía tengo que esforzarme por vivir el momento, con conciencia, siendo consciente de lo que tengo delante. Como todo el mundo, lucho contra la distracción, la sumisión y el aburrimiento. Pero no porque seamos «malos» en algo tenemos que rendirnos; ser «malo» en algo es precisamente la razón por la que debemos hacer un esfuerzo redoblado para vivir en el aquí y el ahora. Afortunadamente, hay algunas técnicas que me devuelven al ahora cada vez que me desvío del camino. Y me desvío mucho.

En lo que se refiere a estar presente, dos de mis mayores influencias son dos personas con creencias opuestas: Rob Bell, pastor cristiano, y un conocido ateo, Sam Harris. Aunque ambos han aparecido en *The Minimalists Podcast*, descubrí su trabajo como admirador de sus obras escritas.

Para evitar la atrofia, es importante buscar puntos de vista opuestos, para poner a prueba y fortalecer los nuestros. Cuando se trata de puntos de vista espirituales, estos dos intelectuales públicos se ubican en extremos opuestos del espectro. Bell, un expastor de megaiglesia de Grand Rapids, más conocido por su controvertido libro *Love Wins*; Harris, un neurocientífico y profesor de meditación, conocido por sus críticas a la religión (así como por su enfrentamiento público con Ben Affleck en *Real Time with Bill Maher*).

En su primer libro, *Velvet Elvis: Repainting the Christian Faith*, Bell relata una historia en la que Dios ordena a Moisés que suba a la cima de una montaña. Moisés obedece, y cuando finalmente llega a la cima, Dios le ordena que «esté en la montaña».

Imagino que Moisés debió de molestarse un poco al principio. «¡Ya te oí la primera vez! "¡Ve a la cima de la montaña!" Pues aquí estoy, tal como me pediste. ¿Ahora que?».

Igualmente molesto, Dios debió de responder: «Solo estate en la montaña».

Desconcertado por la redundancia de la petición de Dios, seguramente Moisés frunció el ceño sin entender que Dios no quería que alcanzara la cima y que inmediatamente pasara al siguiente movimiento. Dios no quería que Moisés se impacientara, ni que se quedara allí parado preocupado por cómo iba a bajar, o por las facturas que tenía que pagar, o por si había apagado las luces antes de salir de casa. Dios quería que Moisés *estuviera* en la montaña, que disfrutara el momento. Lo cual es imposible si estamos atrapados en un estado de planificación perpetua. O de preocupación perpetua. O de lo que sea perpetuo.

No hace falta tener las mismas creencias que Rob Bell (o que Sam Harris) para descubrir el significado de esta parábola en versión moderna. Esta historia solo nos recuerda que los humanos hace miles de años que luchamos con lo mismo. Incluso antes de la televisión, antes de internet, antes de los teléfonos inteligentes y de YouTube e Instagram, ya estábamos distraídos. Forma parte de la condición humana. Pero lo que Bell ilustra es que, cuando nos detenemos un momento, podemos apreciar ese momento. Hace falta un esfuerzo tremendo para llegar a la cima de una montaña, y por eso debemos detenernos para disfrutar, aunque sea solo un momento. La pausa es tan importante como la acción. Sin ella, lo que hacemos no es más que revisar una lista de tareas pendientes.

Si queremos disfrutar de la vida, debemos comprometernos a *estar* en la montaña. Eso no significa que no planifiquemos, sino que disfrutemos del proceso de planificación. Y tampoco significa que no trabajemos arduamente, sino que disfrutemos del trabajo haciéndolo desde la conciencia total.

No nos detengamos en el pasado.

No nos preocupemos por el futuro.

Estemos en la montaña.

Solamente. Estemos,

Los enemigos del estar aquí

En su décimo libro, *How to Be Here: A Guide to Creating a Life Worth Living*, Bell explora la alegría de vivir el momento. Además, se dirige a los tres enemigos del «estar aquí»: aburrimiento, cinismo y desesperación:

El aburrimiento es letal. El aburrimiento dice: aquí no hay nada interesante que hacer. El aburrimiento pone de manifiesto lo que creemos sobre el mundo en el que vivimos. El aburrimiento es letal porque refleja una visión fija y estática del mundo, un mundo que está acabado.

El cinismo es un poco diferente del aburrimiento, pero igual de letal. El cinismo dice: aquí no hay nada nuevo que hacer. El cinismo se presenta muchas veces como sabiduría, pero generalmente nace de una herida [...]. A menudo, esto se debe a que el cínico intentó algo nuevo en algún momento y fracasó, y lo abuchearon hasta echarlo del escenario, y ese dolor hace que critique y ridiculice porque hacer eso no entraña ningún riesgo. Cuando sostenemos algo a distancia y nos burlamos de ello, no nos puede hacer daño.

Luego está la desesperación. Así como el aburrimiento es bastante sutil y el cinismo parece bastante inteligente e incluso divertido, la desesperación es como un golpe sordo asestado al corazón. La desesperación dice: nada de lo que hacemos importa. La desesperación refleja un temor generalizado de que todo es inútil y de que, en definitiva, solo estamos perdiendo el tiempo.

Si tuviera que añadir algo a estos pensamientos, agregaría:

Si una persona se aburre, es aburrida.

Si una persona es cínica, es una vago.

Si una persona se revuelca en la desesperación, no está en el aquí.

Por supuesto, cuando escribo «una persona», estoy hablando de mí mismo:

Si me aburro, soy un aburrido.
Si soy cínico, soy un vago.
Si me revuelco en la desesperación, no estoy aquí.

Según Bell, estas «enfermedades espirituales» de aburrimiento, cinismo y desesperación «nos desconectan de la verdad más primordial: que estamos aquí». Nos alejan de vivir el momento; evitan esa pausa necesaria que se requiere para apreciar la belleza del ahora.

Siempre es ahora

Sam Harris, por su parte, considera lo precioso del momento reflexionando sobre lo inevitable: la muerte. En su popular charla *It Is Always Now*, Harris trata de la mortalidad y las prioridades.[46] Señala que, en general, la gente trata de no hablar de la muerte, pero que todos estamos a «una llamada telefónica de distancia» del recordatorio de nuestra impermanencia:

Pero de lo que la gente tiende a darse cuenta en momentos como esos es de que perdió mucho tiempo cuando la vida era normal. No es solo lo que hicieron con su tiempo. No es solo que pasaran demasiado tiempo trabajando o revisando compulsivamente el correo electrónico. Es que les importaban cosas «equivocadas». Se arrepienten de lo que les importaba. Cuando la vida era normal, su atención estaba enfocada en pequeñas preocupaciones año tras año.

Esto me lleva de vuelta a esa cafetería del edificio donde trabajaba hace más de diez años. De vez en cuando, alguien escéptico preguntaba: «Por cierto, ¿qué te hace sentir tan estupendo?», como si hubiera una gran explicación: a lo mejor me habían subido el sueldo o me había tocado la lotería, pero la respuesta sincera era: «Porque estoy vivo». Cuando prestas atención, incluso las experiencias más banales parecen extraordinarias.

Al cínico medio, una conducta alegre le puede fastidiar o parecer que no está en sintonía con el mundo «real», pero para mí era, y sigue siendo, la manera de estar atento, hacer una pausa, encontrar migajas de alegría en el momento presente. Nuestra capacidad para hallar satisfacción en las actividades rutinarias es una especie de superpoder.

No obstante, últimamente he tenido problemas para encontrar al señor Estupendo en mis interacciones cotidianas. Es como si me hubiera abandonado –sin dejar ninguna nota, sin dirección de correo– y su estela hubiera dejado una profunda huella.

El precio de las malas decisiones

Hace poco di con un meme que resume exactamente mis tribulaciones recientes: una estrella de rock en el escenario de un concierto grita: «¿Cómo estáis esta noche?». El público responde con un entusiasta «¡Bien!», mientras que un chico en el fondo del recinto dice: «La verdad es que han sido unos meses difíciles».

Así es para mí.

El año siguiente a la firma del contrato para escribir este libro ha sido el año más difícil de mi vida. Nunca había vivido una etapa ni siquiera parecida. Curiosamente, comenzó con una nota muy alta.

Los meses después de cumplir treinta y siete años, en el verano de 2018, fueron idílicos. Muchas veces ni siquiera me tenía que esforzar por estar en el ahora, era fácil. Mi vida creativa fluía. Mis relaciones personales y profesionales eran cada vez mejores. Mi capacidad para contribuir a causas que valían la pena era mayor que nunca. Y después de varios años con pequeños problemas de salud, había vuelto a alcanzar la cima: dormía bien, iba sobrado de energía, de concentración y de una calma que impregnaba días productivos y agradables. Sin exagerar, es la vez que me sentí mejor en toda mi vida adulta.

¿Cómo llegué a ese auge? La respuesta no es sexy. Hicieron falta diez años de pasos graduales, cambios de hábitos y repetidos fracasos. Hizo falta desprenderme de un millón de posesiones materiales para hacer espacio a la vida. Hizo falta que me alejara de una vida impulsada por las expectativas de los demás. Hizo falta que armonizara mis acciones con la persona en la que quería convertirme, centrándome en mis valores en lugar de en mis impulsos.* Para vivir una vida con sentido tenía que vivir coherentemente.

Pero no siempre fue así.

La mayor parte de mi vida traté mal a mi cuerpo. Cuando era niño, dupliqué el peso entre los seis y los siete años, más o menos cuando el alcoholismo de mi madre se volvió insostenible. Mientras el caos llenaba el espacio a mi alrededor, la comida era lo único que era capaz de controlar. Frosted Flakes, Twinkies, PB & Js, hamburguesas con queso, patatas fritas: esas eran mis certezas. Como resultado, mi peso se disparó. Al cabo de pocos años, tenía obesidad mórbida, literalmente, era el niño más gordo de toda la escuela primaria.

En la adolescencia vi claro que a la mayoría de las chicas no les gustan tanto los chicos gordos como sus homólogos

---

*   Amplío este aspecto en el capítulo sobre la relación con los valores.

delgados. Así que me adelgacé no muy saludablemente: dejé de comer. Esto también lo podía controlar, lo que me daba seguridad. Pero la falta de alimentación, junto con el inicio de la pubertad, fue la fórmula para enfermar. Siempre estaba enfermo. Pero al menos perdía grasa, me decía.

Con un metro ochenta y dos de altura y sesenta y tres kilos de peso, entré a la escuela secundaria delgado como un fideo, cuarenta kilos menos que un año antes. Los otros estudiantes no me reconocieron. (Un compañero de clase me preguntó si era pariente de Josh Millburn.) Sentí como si tuviera una nueva identidad. Podía ser cualquiera.

Al perder peso tan rápidamente, sin cambiar ningún hábito, de educación o de mentalidad, lo recuperé gradualmente al terminar la secundaria. De medio kilo en medio kilo, tenía poco más de veinte años y ya volvía a tener sobrepeso, barriga, papada y michelines. El estrés del mundo empresarial no me ayudó. Adquirí malos hábitos inconscientemente: me alimentaba con productos de las máquinas expendedoras durante todo el día, en mi rutina no existía el ejercicio físico y dormía lo mínimo posible. ¿Quién tenía tiempo para concentrarse en la salud con todo el ajetreo de los negocios? Subir la escalera para llegar a mi oficina exigía todo mi esfuerzo, así que abandoné el resto de mi persona.

Por el camino, aceptaba todas las soluciones farmacológicas que me daba cualquier médico. Era como si la medicina moderna tuviera una solución rápida para todo. ¿Problemas de piel por mala alimentación? Aquí tiene, tómese esta píldora.

Vaya, ¿no le ha ido bien el último medicamento que le receté? Tómese este otro. ¿Efectos secundarios de la última receta? No se preocupe, también tenemos una pastilla para eso.

Las consecuencias de cada atajo son mayores que sus beneficios temporales. Cada píldora venía con una lista de efectos secundarios que eran peores que la dolencia que estaba tratando: piel seca, picor, sarpullido, boca seca, descamación de la piel, inflamación del blanco de los ojos, dolor en las articulaciones, dolor de espalda, mareos, somnolencia, nerviosismo, cambios en las uñas de los pies y las manos, depresión, pensamientos suicidas (estos fueron los efectos secundarios de solo uno de los medicamentos que tomé).

Ningún médico mencionó ni una sola vez un cambio de dieta; al final lo tuve que resolver por mi cuenta. Hasta entonces, había obedecido ciegamente las órdenes de mis médicos en cuanto a pastillas, cremas, inhaladores o pociones que me prescribieran. El cumplimiento era más fácil que cuestionar esas soluciones. Y esas soluciones eran mucho más fáciles que tomar las riendas de mi vida y cambiar mis hábitos.

No sabía que mis hábitos fueran malos. De verdad que no. Lo que quiero decir es que no fumaba ni bebía ni tomaba drogas ni tenía relaciones sexuales sin adoptar medidas de protección, todas las preguntas estándar que hacen los médicos durante un chequeo. Pero tampoco eran buenos. Realmente no sabía qué era saludable. Me habían enseñado la pirámide alimentaria, pero ninguna información sobre alimentos procesados, abastecimiento de los alimentos o lo perjudicial que puede ser prescribir medicamentos sin mesura. Aunque parezca mentira, a los veintiún años, creía que, si comía suficientes patatas fritas, mi dieta contendría una cantidad adecuada de verduras.

Una dieta minimalista

Incluso ahora, en el siglo XXI, a los expertos les resulta difícil ponerse de acuerdo sobre lo que es saludable. En un web acreditado, te recomiendan la dieta paleo; en otro, una dieta a base de plantas, y en otro, una dieta baja en carbohidratos. Después de caer por la madriguera de los consejos contradictorios, bajamos la tapa del ordenador portátil y volvemos a nuestras Oreos rebozadas (que son totalmente veganas, por cierto).

En un episodio de *The Minimalists Podcast*, el 184, «Dietas minimalistas», organizamos un debate entre un atleta vegano, Rich Roll, que solo come vegetales, un médico carnívoro, Paul Saladino, que solo come animales (eso no es un errata); y un médico omnívoro, Thomas Wood,[47] que, como el 99% de la gente, come tanto plantas como animales. Aunque los tres expertos eran brillantes ejemplos de salud, tenían puntos de vista radicalmente diferentes.

Mas que ser anfitrión de un «debate», me interesaba saber en qué coincidían estos profesionales. A pesar de sus diferentes enfoques, todos estaban de acuerdo en que los alimentos procesados no son recomendables para una vida saludable.

Tampoco lo es el azúcar, el gluten, los productos químicos, los aceites refinados o los productos de granjas industriales. También estaban de acuerdo en que cada ser humano es genéticamente único; por lo tanto, dos personas pueden experimentar resultados completamente diferentes con la misma dieta.

No es sorprendente que la salud sea tan complicada. ¿Lo que funciona para el vecino podría no funcionar para mí? Esto es agotador. Así que, en lugar de prescribir un estilo de vida único para todos, es mejor centrarse en principios universales. Este es el marco para una dieta minimalista y saludable:

Comer comida de verdad.

No comer ni demasiado ni demasiado poco.

Evitar los alimentos inflamatorios.

Mantenerse lejos de los aceites refinados.*

Evitar los alimentos procesados.

No comer alimentos que nos hagan sentir mal.

Centrarnos en el problema, no en el síntoma.

Comer verduras orgánicas y carnes alimentadas con pasto.

Comprar productos locales siempre que sea posible.

---

* Manténgase alejado del aceite de canola, aceite vegetal, aceite de soja, aceite de cártamo, aceites de maíz, margarina y similares, porque estos aceites se refinan mediante productos químicos que son perjudiciales. En lugar de los aceites mencionados, opte por alternativas orgánicas saludables como aceite de oliva virgen extra, aceite de aguacate, aceite de coco y mantequilla o sebo de animales alimentados con pasto.

Los resultados pueden variar, pero una estructura robusta nos permite construir la casa que mejor se adapte a nuestras necesidades y deseos.

Más o menos a los veinticinco años, después de hacer mi propia investigación –sin esperar más a que apareciera alguien con una píldora para solucionar mis problemas–, cambié mi dieta para eliminar las causas de mi obesidad. Para mí, eso significó eliminar el azúcar, el pan y los alimentos procesados; también significó comer principalmente vegetales, evitar los bocadillos y hacer solo dos comidas al día.

Gobernar el yo

Aunque hacia los veinticinco años mi peso estaba controlado, seguía escuchando los consejos farmacológicos de mi médico sin cuestionarlos, sin buscar una segunda opinión, sin escuchar a mi propio cuerpo. Para el acné facial, me recetaron varias rondas de Accutane, un medicamento que ahora está fuera del mercado en Estados Unidos;[48] era tan fuerte que tenía que hacerme análisis de sangre todos los meses para estar seguro de que no me perjudicaba el hígado. En aquel momento no lo sabía, pero ese acné tenía su causa principalmente en una sensibilidad a los lácteos; cuando eliminé la leche, el queso y el yogur de mi dieta, el acné desapareció.

Luego me recetaron Bactrim, un antibiótico supuestamente «benigno», para tratar el acné nodular del cuero cabelludo.

Y otra vez, no lo sabía en ese momento, pero la causa de ese acné era en realidad una alergia a la soja; cuando eliminé el tofu, el edamame y otros productos de soja de la dieta, desapareció. A los veintisiete años, después de haber tomado este antibiótico todos los días durante años, comenzó a aparecer un catálogo de síntomas que nunca había tenido: alergias estacionales, sensibilidades químicas múltiples, alergias alimentarias, problemas digestivos, fatiga crónica. Unos años más tarde, el uso excesivo de antibióticos dio lugar a un aumento desmesurado de las peligrosas bacterias *Clostridium difficile* en el intestino (una bacteria que mata a más de 15.000 estadounidenses cada año).[49]

Poco sabía que muchos de mis problemas de salud, si no la mayoría, se debían a un microbioma intestinal disbiótico y a la inflamación resultante. Según Chris Kresser, autor de *Unconventional Medicine*, nuestro microbioma «influye en todo lo relacionado con nuestra salud», incluidas, entre otras, alergias, autoinmunidad, salud ósea, salud cerebral, cáncer, enfermedades cardiovasculares, diabetes, salud gastrointestinal, inmunidad, obesidad, salud de la piel y trastornos de la tiroides. También existe una amplia evidencia de que la disbiosis intestinal es responsable del aumento de la inflamación en el cuerpo humano, según *Nutrients* y otras revistas revisadas por pares.[50]

Kresser afirma que hay ocho factores que alteran el microbioma, todos los cuales tienen algo que ver con nuestra cosmovisión moderna de soluciones rápidas: antibióticos, ciertos medicamentos farmacéuticos, partos por cesárea, la dieta estadounidense estándar, alimentos genéticamente modificados, sueño y alteraciones del ritmo circadiano, estrés crónico e infecciones crónicas existentes. No es de extrañar que no estuviera sano, ni siquiera después de adelgazarme: cuando tenía treinta y pocos años, cumplía con los ocho criterios.*

Llegados aquí, es posible que se pregunte qué tiene que ver todo esto con el minimalismo. En una palabra: todo. El minimalismo es una práctica de vida intencional. Aunque comienza con las cosas materiales, en última instancia es un programa de cuidado de la vida propia. Si pudiera retroceder en el tiempo e impartir sabiduría a mi yo de la infancia, me concentraría en esa palabra: gobierno.

Desde muy joven, fui imprudente con mi cuerpo, como si fuera a la vez indestructible y desechable. No gobernaba bien mi barco, como si no fuera dueño de mi propio cuerpo, como si hubiera una especie de «yo» que existiera separado de mi cuerpo. No sabía hacerlo mejor.

Por desgracia, a medida que me iba haciendo mayor, seguí sin saber hacerlo mejor, por lo que los comportamientos continuaron. Incluso cuando pensaba que estaba sano, tomaba malas decisiones repetidamente: una dieta repleta de alimentos envasados, azúcares, aceites refinados y productos químicos; uso excesivo de antibióticos y otras drogas farmacéuticas;

---

*   Para más información sobre la salud intenstinal, véase *Healthy Gut, Healthy You*, de Michael Ruscio, una incursión digerible en la materia.

muy poco ejercicio y muy pocas horas de sueño; y cantidades obscenas de estrés causado por el trabajo y por las relaciones personales, y una vida de la que no estaba orgulloso, por lo que al final pagué el peaje. Al igual que con el exceso de cosas en nuestra vida, nuestros problemas de salud no desaparecen ignorándolos: los trastornos y la enfermedad aumentan con cada año que pasa.

REGLA MINIMALISTA PARA VIVIR CON MENOS

Regla de regalar

Nos hemos programado para hacer regalos con motivo de cumpleaños y vacaciones como prueba de nuestro amor. Pero si regalar es un «lenguaje de amor», el *pig latin** es una lengua romance. Lo que la gente realmente quiere decir es que «contribuir es un lenguaje de amor». Y si un regalo es la mejor manera de contribuir, entonces no permita que el minimalismo se interponga en su camino. Intro: la regla de regalar, según la cual se pueden evitar los regalos físicos y seguir participando de un regalo. Dado que la presencia es el mejor regalo, ¿qué tal si este año regala experiencias? ¿No le parece un regalo del que sus personas queridas guardarán un recuerdo mucho más vivo? Piense en estos regalos: entradas para un concierto, una comida en casa, un desayuno en la cama, un masaje, un desfile navideño, una excursión en coche a algún lugar sin plan previo, una velada sin otras distracciones, un festival de luces, ir a pasear en trineo, bailar, unas

---

* *Pig latin*, variante dialectal lúdica del inglés. *(N. de la T.)*

vacaciones en familia, ver una puesta de sol. Y si quiere que la experiencia tenga una apariencia más física, imprímala a todo color en un papel bonito y póngala en una caja adornada con lazos y cintas. Si siente la necesidad de regalar algo material, en lugar de otro chisme no deseado, regale consumibles: una botella de vino, una tableta de buen chocolate o un paquete de café de un tostadero local.

Desprenderse como medicina

Marta Ortiz, una de las participantes del estudio de caso de la Fiesta del Embalaje, de Ciudad de México, sufría problemas de salud importantes desde hacía unos años, antes de empezar a simplificar su vida. «No hacía caso de las señales claras que me enviaba mi cuerpo», dijo Ortiz durante la primera semana de su experimento de desembalaje. Durante los últimos tres años, observó algunos de los principios del minimalismo, dando muchas de las cosas que ya no aportaban valor a su vida, pero ahora, al enfrentarse a todas sus posesiones de golpe, se ponían manifiesto muchos aspectos nuevos sobre su persona y su salud: demasiado estrés, mala alimentación, falta de sueño y de ejercicio, y problemas digestivos graves, por nombrar solo algunos.

Incluso después de su primer período minimalista, Ortiz todavía sentía que «tenía demasiados compromisos, trabajaba demasiado, consumía demasiado, comía demasiado». Se dio cuenta de ello mientras revisaba sus cajas y trataba de desembalar lo que consideraba que era importante para ella. «Me seguía excediendo en todos los aspectos de mi vida y estaba pagando el precio física y mentalmente. Había llegado al borde del abismo». Afirma que si no hubiera seguido simplificando, habría «ido más allá de ese borde», con implicaciones que parecían obvias y aciagas.

«Eliminar el ruido de mi vida me ayudó a escuchar lo que era realmente importante: mi bienestar», dijo Ortiz. Hoy, mientras continúa con su proceso de desprendimiento, vive día a día. Al enfrentarse al exceso durante su «fiesta», se comprometió consigo misma a «establecer límites claros, comer de manera más saludable, comprar de manera más intencional y prestar atención a lo que mi mente y mi cuerpo me dicen».

Este cambio de mentalidad, reconoce Ortiz, no se produjo solo porque hace poco embaló todas las cosas que tenía en su casa. Tampoco se produjo porque dio ropa vieja hace unos años. Se produjo porque al eliminar lo que absorbía la mayor parte de su *atención* dejó espacio para la *intención*. Esto le permitió concentrarse en mejorar su propio bienestar, en lugar de guarnecer su vida con distracciones materiales. Este pequeño cambio ha tenido un efecto significativo en su salud en general sin que haya tenido que gastar un céntimo en el proceso. En cierto modo, el desasimiento es un tipo de medicina gratuita.

La comida como medicina

Según el doctor Thomas Wood, profesor asistente de investigación en el Departamento de Pediatría de la Universidad de Washington y director científico de Nourish Balance Thrive, una empresa en línea que utiliza pruebas bioquímicas avanzadas para optimizar el rendimiento de los atletas, «las mejores medicinas son gratuitas: dieta, ejercicio, sueño, sol».

Analicemos estos «medicamentos» uno a uno, comenzando por la base de la salud: la alimentación.

Muchos atletas, médicos e investigadores nos dirán que para recuperar el control de la salud, primero debemos tomar el control de nuestra dieta porque lo que introducimos en nuestro cuerpo alimenta la vida entera. Cuando se piensa en la comida como combustible, no como entretenimiento, ya no se es esclavo de los impulsos. Es decir, alimentamos nuestro cuerpo cuando necesita combustible, igual que llenamos el depósito del coche cuando le falta gasolina. No lo llenamos más de la cuenta porque hoy es una «excepción» o porque queremos «darnos un capricho». Además, debemos dejar de pensar en meternos veneno por la boca como si fuera un «placer». El verdadero placer es cuando tratamos a nuestro cuerpo con respeto, cuando lo alimentamos para poder vivir bien. Debemos vivir para la alegría del momento presente, no para el próximo placer. Por no decir que, aunque nos permitamos «una sola excepción» a la semana, eso equivale a una excepción siete semanas al año. No sé usted, pero a mí no me gustaría que mi cónyuge me engañara tanto. Y, sin embargo, constantemente nos engañamos a nosotros mismos.

¿Significa eso que no podemos disfrutar con la comida? Por supuesto que no. Pero si somos sinceros, comamos lo que comamos, rara vez disfrutamos de verdad de la comida que entra por nuestra boca. Compramos comida para llevar, comemos mientras vamos de un lado a otro, picamos por aburrimiento y vamos engullendo mientras hacemos varias cosas al mismo tiempo.

La semana pasada, en la sala de descanso de mi oficina, me fijé en un hombre corpulento que miraba Netflix en su iPad mientras devoraba una pizza entera de pimientos. Además de ser una comida muy poco saludable, la expresión de su rostro no era de alegría. Si algo expresaban sus rasgos era derrota, como si su rutina a la hora del almuerzo fuera una huida. Incluso el placer parecía estar ausente de toda la actividad.*

Puede que parezca desconcertante, pero ahora disfruto más de mis comidas como «comensal saludable» que antes, y solo se debe en parte a la comida propiamente dicha. Veamos, ahora podría hablar sobre cómo podemos lograr que los «alimentos saludables» sepan mejor,** y podría comentar la satisfacción de saber que no nos sentiremos culpables después de darnos un atracón en la próxima comida, pero prefiero dedicar

---

* Desde luego me reconozco en ese hombre. Si no vigilo, yo también soy impulsivo, compulsivo y me desvío fácilmente con múltiples distracciones.

** Véase como ejemplo el libro de Max Lugavere *Genius Foods*.

un tiempo a hablar de las comidas con las que más disfruto, y esas son las comidas que comparto con otras personas. En lugar de encender el televisor mientras ingiero un tentempié o un plato preparado dentro del coche, disfruto al máximo de una comida compartida en mi mesa.

El ejercicio como medicina

A pesar de que la dieta es la base de una salud óptima, es imposible estar sano solo haciendo una buena dieta. Una persona sedentaria con la dieta perfecta sigue siendo poco saludable.

Puede que «hacer ejercicio» nos intimide. Entrar en cualquier gimnasio del barrio es enfrentarse inmediatamente a la paradoja de la elección.

¿Debería empezar con cardio?
¿Qué pesas tengo que levantar?
¿Cuántas repeticiones y series?
¿Qué hace esa máquina?
¿Hoy es «día de piernas» o «día de brazos»?
¿Cómo trabajo los músculos de la espalda?
¿Qué diablos es mi «centro»?

Cuando estamos desbordados, puede que marcharnos del gimnasio nos parezca la mejor opción. Pero la verdad es que la idea básica del ejercicio es simple.

Los expertos con los que he hablado sobre este tema –personas como Ben Greenfield, una de las cien personas más influyentes en salud y estado físico de *Greatist* en 2013 y 2014; Ryan Greene, médico formado en la Clínica Mayo y especializado en desempeño humano; y mi esposa, Rebecca Shern, fundadora de Minimal Wellness– están de acuerdo en que la clave para estar en buena forma física se puede resumir en una palabra: movimiento. El ejercicio no tiene por qué ser complejo; la cuestión es hacerlo. Ya sea yendo al gimnasio o al parque, a la piscina o al lago, por la acera o por los itinerarios para andar, la conclusión clave es que todos necesitamos movernos con regularidad todos los días para mejorar, especialmente en nuestra sociedad cada vez más sedentaria, que prioriza la conveniencia y la comodidad por encima del bienestar físico y mental. Por no hablar de lo mejor que se duerme por la noche cuando hacemos la cantidad adecuada de ejercicio.

REGLA MINIMALISTA PARA VIVIR CON MENOS

Regla de recibir regalos

Tal vez suene sorprendente viniendo de Los Minimalistas, pero si queremos tener mejores regalos, tenemos que pedir mejores regalos. Bien, eso no significa que debamos pedir regalos más caros ni obsequios físicos. Significa que si las personas que nos aman quieren hacernos regalos, lo cual es perfecto, dejemos que nos los hagan. En lugar de decir «no», digamos «sí» a regalos no materiales. Diga a sus amigos qué experiencias le gustaría compartir con ellos. Diga a sus compañeros de trabajo cuál es su tienda de café o de chocolate favorita. Diga a sus familiares cuál es su organización benéfica preferida y cómo pueden hacer una donación en su nombre. ¿No son mejores estas alternativas que otro par de gemelos?

El sueño como medicina

Matthew Walker, doctor en neuropsicología y autor de *Why We Sleep: Unlocking the Power of Sleep and Dreams*, reconoce nuestro déficit colectivo de sueño como una crisis de salud: «No parece que haya ningún órgano principal en el cuerpo ni ningún proceso cerebral que no mejore de manera óptima gracias al sueño (y que no se vea perjudicado cuando no dormimos lo suficiente). No debería sorprendernos que nuestra salud se beneficie tanto cada noche». Walker sostiene que los seres humanos son las únicas criaturas que «se privan deliberadamente del sueño sin una razón de peso». Sin embargo, inventamos innumerables razones por las que «no podemos» dormir lo suficiente: ya sea por el trabajo, los entretenimientos, las fiestas o el ajetreo en general, el sueño pasa a un segundo plano porque no es tan emocionante como sus alternativas, a pesar de que sin dormir no podemos ser nuestro yo óptimo. La falta de sueño no es una insignia honorífica, sino un indicador de una vida caótica.

Es imposible ser perfecto, sobre todo porque muchos de nosotros nos enfrentamos a circunstancias que impiden un sueño perfecto (bebés recién nacidos, ansiedad, horas de trabajo complicadas), por lo que es mejor mandar la perfección a freír espárragos. Pero incluso frente a los problemas, podemos hacer lo posible, podemos controlar lo controlable, para mejorar nuestro sueño. ¿Cómo? Walker brinda unos consejos sencillos, algunos de los cuales debería poder encajar razonablemente en su rutina nocturna. Solo poniendo en práctica algunos de estos consejos mejorará su sueño en general:

Acuéstese y levántese a la misma hora todos los días.

Salga al aire libre, busque la luz del sol durante todo el día.

Establezca ocho horas innegociables para dormir cada noche.

Mantenga la temperatura de su habitación a 18-19 grados centígrados.

Ponga cortinas opacas en la habitación donde duerma.

Evite el alcohol y otros sedantes (la sedación no es dormir).

Mantenga la cafeína al mínimo; evite la cafeína después del mediodía.

Use tapones para los oídos y una máscara para los ojos para evitar el ruido y la luz.

Atenúe las luces y apague todas las pantallas una hora antes de acostarse.

La luz del sol como medicina

Si bien el exceso de luz vespertina puede perjudicar el sueño nocturno, especialmente la luz azul que emiten las pantallas brillantes, es importante recibir la luz solar adecuada a lo largo de todo el día, puesto que la luz solar es nuestro cuarto tipo de «medicina gratuita».

Quizás esté viendo que emerge un patrón: todos estos «medicamentos gratuitos» están indisolublemente vinculados entre sí: la dieta al ejercicio físico, el ejercicio físico al sueño y, por supuesto, el sueño a la luz. Según un estudio de las Clínicas de Medicina del Sueño llevado a cabo por Jeanne F. Duffy y Charles A. Czeisler, «el sistema circadiano en animales y humanos, cuyo ciclo tiene una duración de unas 24 horas[51] pero no exactamente, debe reiniciarse cada día para permanecer en sincronía con el tiempo ambiental externo». Según lo que Kristen Stewart escribe en *Everyday Health*, «como nuestros relojes corporales, que controlan los horarios de sueño, son sensibles a la luz, cosas como la cantidad de luz solar a la que estamos expuestos durante el día[52] y los tipos de luz a los que estamos expuestos por la noche afectan nuestros horarios de sueño».

Por las noches recibimos demasiada luz azul y durante el día insuficiente luz solar. Al ir de nuestro hogar a la oficina en un espacio público interior –haciendo todos los trayectos dentro del coche–, se ha estimado que los estadounidenses pasamos el 93% del tiempo en interiores,[53] mientras que nuestros antepasados lejanos pasaban prácticamente todo el día bajo el sol. «O vivimos en una zona con luz solar limitada durante gran parte del año o nuestros horarios tan ocupados no nos permiten pasar más tiempo al sol», dice Justin Strahan, cofundador de Joovv, un fabricante de dispositivos de terapia de luz roja. «Lo más probable es que no esté leyendo esto en un parque, en la playa o en su jardín [...]. Si solo pasa al aire libre unas pocas horas a la semana, es probable que no tenga suficiente luz natural en su vida. Esto equivale a un riesgo para la salud mucho mayor de lo que la mayoría de la gente cree y puede ser la causa principal del insomnio, la fatiga, la depresión y otros síntomas.»

Pues bien, tan importante es evitar la luz azul durante la noche –puesto que afecta negativamente la producción de melatonina, lo que nos ayuda a permanecer dormidos– como buscar la luz durante el día, comenzando con la primera luz. Las personas que están expuestas a la luz solar matinal no solamente duermen mejor por la noche, sino que tienden a sentirse menos deprimidas y estresadas que las que no reciben mucha luz matinal,[54] según un artículo de *Sleep Health*, la revista de la National Sleep Fundation. Así que abra usted las persianas por la mañana cuando se despierte y disfrute de su taza de café en el patio. O, mejor aún, salga a caminar por la calle en cuanto se levante de la cama por la mañana. El resultado es que se sentirá mejor, dormirá mejor y estará menos estresado.

El estrés del éxito

Simon Marshall, doctor y profesor asociado de Ciencias del Ejercicio y la Nutrición en la Universidad Estatal de San Diego, habla de los «medicamentos» gratuitos mencionados en este capítulo con el acrónimo SEEDS,[55] que se refiere a sueño, ejercicio, alimentación, bebida y gestión del estrés.*

Con su *SEEDS Journal*, Marshall, que ha trabajado para los centros para el control y la prevención de enfermedades (CDC) y ha publicado más de cien artículos científicos revisados por pares, se centra en la necesidad de cambios graduales del comportamiento, que tienen muchas más probabilidades de mantenerse que un giro radical de la vida de la noche a la mañana:

> Para cada uno de estos pilares de la buena salud, piense en una pequeña cosa que pueda hacer para contribuir a ella [...]. Centrarse en comportamientos *pequeños* construye la mentalidad correcta y contribuye a los efectos en cadena sobre otros cambios en ese pilar. En resumen, el progreso engendra progreso.

Esto también es válido para el minimalismo. Es imposible simplificar una vez y esperar que viviremos una vida simple siempre. El minimalismo requiere cambios graduales que

---

*   En inglés, *sleep, exercise, eating, drinking, stress management*.

se van produciendo con el tiempo, comenzando con nuestra relación con las cosas –es decir, las cosas a las que nos aferramos y lo que consumimos– y luego extendiendo esos cambios a las demás «relaciones» (con la verdad, con nosotros mismos, con los valores, con el dinero, con la creatividad y con las personas).

Pero lo que encuentro más convincente en cuanto al acrónimo de Marshall es la letra final: S de gestión del estrés.* Es tan fundamental que aprovechemos las «medicinas gratuitas» como que evitemos los venenos que nos estresan.

Mi amigo John Delony, que tiene dos doctorados, incluido uno en asesoría, compara el estrés con un detector de humos. Delony me dijo que «si se te incendia la cocina, apagar la alarma no salvará tu casa». En ese mismo sentido, cuando estamos estresados, podemos recurrir a técnicas de respiración o posturas de yoga, que son útiles y pueden calmarnos en el momento, pero cuando se trata de estrés, solo apagan la señal de socorro temporalmente. Y si no nos ocupamos de lo que nos provoca ansiedad, las llamas continuarán invadiendo nuestra vida.

Dicen que «nada como el exceso para excederse», pero también es cierto que *nada como el éxito para estresarse*. Desear el éxito, alcanzar el éxito, retener el éxito: son los componentes básicos del estrés y la ansiedad. En un mundo cafeinado por los medios de comunicación las veinticuatro horas del día, es

---

* En ingles, *stress*.

difícil mantener la calma. Pero si queremos estresarnos, tengo una larga lista de maneras de aumentar la ansiedad:

Consumir más.

Considerar que todo es valioso.

Negarse a desprender algo.

Zapear.

Revisar las redes sociales.

Vivir en la bandeja de entrada del correo electrónico.

Centrarse en la productividad.

Comparar logros.

Desear cosas.

No preocuparse de dormir.

Renunciar al ejercicio físico.

Guardar rencor.

Aumentar la lista de tareas pendientes.

Ir siempre con prisas.

Endeudarse.

Gastar mas.

Ahorrar menos.

Decir «sí» a todo.

Quizás si hacemos lo contrario –crear más, consumir menos, ahorrar más dinero, evitar el trajín constante, invertir en las personas–, tendremos la oportunidad de restaurar la calma en nuestra vida, no quitando las pilas del detector de humo, sino atendiendo a las llamas que queman nuestro bienestar.

El corredor de la angustia

En septiembre de 2018, poco antes de mi Nueva Gran Depresión, cuando sentía que estaba en mi mejor momento en lo que a salud se refiere, Ryan y yo fuimos a Brasil para participar en un congreso en São Paulo. Después de nuestra charla, disfrutamos de la cocina local, que incluía agua del grifo. No tardó en llegar un «episodio de intoxicación alimentaria» que me dejó fuera de combate. Pero a diferencia de la típica intoxicación alimentaria, los efectos persistieron durante semanas, y luego meses, después de regresar a Los Ángeles: dolor intestinal, erupciones cutáneas, acné, diarrea, hinchazón, inflamación, confusión mental, hiperosmia, pérdida de la libido, letargo. Después: una depresión tan absoluta que me sentía como si estuviera atrapado en un frasco de vidrio gigante abandonado bajo el sol de verano; veía alivio y libertad al otro lado del cristal, pero no podía tocarlo.

La depresión nos asesta el golpe de repente. Pero, si la miramos de cerca, va por fases. Uno no se cae de una montaña de golpe, aunque lo parezca. Primero llega la tristeza. Luego la incapacidad de seguir siendo productivo. Después las funciones cotidianas se vuelven dificultosas. Con el tiempo, si la cosa empeora lo suficiente, uno se pilla buscando tutoriales en YouTube de «cómo atar una soga».

Baste decir que no fue solo tristeza o incluso desesperación; fue mi primera experiencia con una depresión debilitante real. En enero de 2019, me despertaba todos los días deseando no haberme despertado. Había una gran diferencia respecto a lo que había experimentado unos meses antes, lo cual lo hacía aún más difícil de sobrellevar: me caí de la cima más alta al valle más oscuro y no conocía el camino de regreso. Un manto ineludible se cernía sobre mi vida y afectaba todos los aspectos de mi bienestar. Mi producción creativa se redujo en un 90%. Mi capacidad para ayudar a los demás quedó enmudecida mientras luchaba incluso por cuidar de mí mismo. Y lo peor de todo, mis relaciones sufrieron; me sentí como una carga para todos los que me rodeaban: mi esposa, mi hija, mis amigos, mis compañeros de trabajo.

La «diarrea del viajero» generalmente desaparece al cabo de una semana o dos, por lo que mis médicos estaban desconcertados. Ninguna respuesta de la colonoscopia. Pronto más pruebas revelaron un crecimiento excesivo y grave de *E. coli* y de varias bacterias oportunistas instaladas en mi colon, casi con certeza debido al agua que bebí en Brasil. Otras pruebas confirmaron que las llamadas bacterias «malas» (proteobacterias, bacteroidetes, *Bilophila wadsworthia*) habían expulsado a muchas de las bacterias «buenas» (*bifidobacterium, akkermansia, ruminococcus*), que ahora eran indetectables o inexistentes, lo cual había creado una disbiosis grave en mi intestino. Luego, una PillCam mostró más de cien úlceras en mi intestino delgado.

Mientras trabajábamos buscando una mejor comprensión del problema, recordé las lecciones que mi madre aprendió en sus programas de doce pasos* hace décadas: «Dia a día», le dijeron. Cuando tenía veintitantos años, me burlaba de tópicos triviales y vulgares como ese. Pero la verdad es que tenía sentido dentro del contexto de mi sufrimiento.

Hay días buenos y días malos. Cuando estás deprimido, los días buenos nunca son buenos; son simplemente mejores que los días malos. Y los días malos suelen ser muy malos.

Pero...

Todo forma parte de ello. En toda aventura hay placer; en toda aventura hay dolor. Eso es lo que lo convierte en una aventura. El dolor nos hace más vivos. Si evitamos el dolor, evitamos la vida. Pero a través del dolor, aprendes más sobre ti mismo de lo que nunca hubieras sospechado.

Ir al supermercado no suele ser una aventura; es un hecho del todo anodino. Una dejadez imprudente nos hace tropezar con una serie de experiencias que tal vez se acerquen a la vida, acumulamos hechos sin importancia día tras día, y fingimos que eso es vivir. Pero no lo es. Es una lista de tareas pendientes, una secuencia de tareas, un truco de productividad. Vivir implica experiencias máximas y complejidades y emociones sin nombre que entretejen nuestra existencia. Requiere experimentar el momento presente mientras transitamos por la vida. Alegría y dolor. Altibajos. Estos son los corredores que nos llevan de aquí para allá. Es reconfortante; es desgarrador.

---

*   Programa orientado a tratar el alcoholismo y otras dependencias. *(N. de la T.)*

Un viaje con sentido nunca está exento de dolor. Tampoco está exento de alegría. Tiene una mezcla de ambos. Y a veces no puedes decidir qué experiencia te espera a la vuelta de la esquina.

La teleología del dolor

Fue Confucio quien dijo: «Tenemos dos vidas, y la segunda comienza cuando nos damos cuenta de que solo tenemos una». Podemos entender esta lección intelectualmente, pero a veces se necesita una experiencia que nos cambie la vida para aprenderla, para comprenderla de verdad.

Si he aprendido algo durante el último año es esta obviedad: la salud es riqueza. Más aún, una salud óptima es una riqueza verdadera. O, para expresarlo más profundamente, ¿qué tal otra máxima de Confucio? «Un hombre sano quiere mil cosas; uno enfermo solo quiere una». Sí, eso ya lo sabía antes, pero solo mentalmente. Ahora, después de estar enfermo, cansado y roto, lo entiendo visceralmente.

Ojalá pudiera compartir con usted una solución definitiva, la que lo soluciona todo, pero no puedo. Porque todavía estoy en el bache. Las lecciones más profundas suelen surgir a raíz de un trauma. He aprendido mucho, pero me queda mucho por recorrer. Esa es la gran paradoja del aprendizaje: cuanto más sabemos, menos sabemos. Y eso está bien. Nunca lo resolveremos por completo. Nunca «llegaremos». Porque no hay adonde llegar. En cierta manera, todos estamos perdidos. ¿Cómo iba a ser de otro modo? Somos una multitud de aficionados subidos en una roca gigante y llena de agua que se precipita por un espacio infinito y en constante expansión. Y se nos termina el tiempo. Actuamos como si la vida fuera infinita. O, si pensamos en la mortalidad, lo hacemos en términos de esperanza de vida: cuánto tiempo viviremos. Pero quizás, en lugar de eso, deberíamos pensar en la esperanza de vida. Una vida corta bien vivida es bastante mejor que una vida de sufrimiento o, peor aún, una vida de mediocridad.

Pues no, no tengo todas las respuestas. Pero ahora entiendo una cosa. Si usted está leyendo esto y está sano, ya está viviendo el sueño; todo lo demás (posesiones, estatus, riquezas, reconocimiento) es un escaparate. También sé esto: en una línea de tiempo lo suficientemente larga, el dolor es temporal. De vez en cuando, tenemos que ser derribados para ser construidos más fuertes. Y eso es doloroso. Pero a veces se necesita un caída para dar un gran salto.

Reconstrucción después de la caída

El 28 de mayo de 2019, mientras lidiaba con mis propios problemas, una serie de catorce tornados devastaron mi ciudad natal de Dayton,[56] Ohio, una comunidad que ya se había visto muy afectada por desastres económicos, sobredosis de drogas y otras miserias.* Las fotos de los momentos posteriores eran posapocalípticas:[57] coches volcados, líneas eléctricas caídas, techos arrancados, gasolineras que habían quedado al revés. Incluso el Hara Arena, el recinto polivalente con una capacidad para 5.500 personas, donde vi por primera vez *Sesame Street on Ice* cuando era niño, quedó destrozado, arrasado por vientos de 225 kilómetros por hora.

Pero quizá Dayton pueda beneficiarse de este tornado. Aunque la destrucción fue catastrófica y la única muerte fue sin duda trágica, pocas personas resultaron físicamente heridas por los vientos demoledores. Todo lo demás, todas las cosas materiales que parecían tan importantes, eran reemplazables.

Los días y las semanas que siguieron unieron a la comunidad de tal manera que parecía imposible una semana antes. Las iglesias, los centros comunitarios y los ciudadanos abrieron sus puertas a los que se acababan de quedar sin techo. Los bancos de alimentos y los comedores populares recibieron cantidades extraordinarias de alimentos, agua embotellada, artículos de emergencia y donaciones monetarias. Demócratas y republicanos dejaron de lado su animadversión política para ayudar a quien lo necesitaba. Era como si los tornados no solo hubieran derribado muros físicos; habían derribado barreras metafísicas dentro de la comunidad.

---

*   Solo dos meses después de la devastación por los tornados, hubo una matanza en masa dos edificios más abajo de la casa donde pasé mi infancia. Fueron asesinadas nueve personas y otras treinta y siete quedaron gravemente heridas.

Como disponíamos de medios para hacerlo, Los Minimalistas contribuimos a los esfuerzos de socorro de varias maneras. Pero fue muy esperanzador ver los esfuerzos de las propias personas afectadas directamente por la tormenta. En cuanto se recuperaban, inmediatamente querían ayudar a otras personas que se habían visto afectadas. Ayudar se contagiaba. Era como si uno de esos folletos sobre seguridad en los aviones cobrara vida: «Asegúrese de tener puesta su propia máscara de oxígeno antes de ayudar a los demás».

Aquí hay dos lecciones importantes:
Primero, ayúdese a usted mismo.
Inmediatamente después ayude a los demás.

Para ayudar no hay que esperar a que nos den permiso o las circunstancias perfectas. Cuando hay una emergencia, esperar el permiso para actuar es lo opuesto a avanzar. Igual que no necesitamos esperar el permiso del piloto para ponernos la máscara de oxígeno, la gente de Dayton no esperó a que los supuestos expertos o las élites solucionaran su problema. Se responsabilizaron y luego actuaron a gran escala. Para marcar la diferencia, sus acciones tenían que ser mayores que las secuelas del desastre. Esa es la única manera de progresar: avanzando, incluso después de una tragedia.

En pocas semanas, se levantaron refugios provisionales, se repararon cientos de casas y la comunidad estaba más conectada de lo que había estado en años. La unidad fue la clave para salir del lodazal.

Si queremos salir del lodazal, tenemos que probar cosas nuevas, a veces muchas cosas, que a menudo no funcionarán. Tropezaremos, nos caeremos y fracasaremos en el camino hacia el progreso. O, como dijo el autor irlandés Samuel Beckett, «Inténtalo de nuevo. Falla de nuevo. Falla mejor». Nuestros fracasos contienen la mejor parte de lo que somos: como individuos, como comunidad.

Es importante recordar que cada cimiento fue una vez un hoyo. Algunos hoyos siguen siendo hoyos. Otros están listos para sostener una nueva estructura. Tenemos la oportunidad de decidir cuál es cuál.

Egoísmo, superación personal, entrega y servicio

Me intriga la palabra *kenosis*, derivada de la palabra griega que significa «vaciar».[58] Históricamente, *kenosis* se refiere a la ética del sacrificio: experimentamos un sentido profundo estando al servicio de los demás. En términos actuales, pienso en la *kenosis* como «entrega de uno mismo»: nos sentimos más vivos cuando nos vaciamos al servicio de otras personas.

Sí, el minimalismo a menudo implica «vaciar» nuestro hogar, eliminar el exceso para dejar espacio. Sin embargo, vaciarnos nosotros implica tener algo que valga la pena brindar a los demás. Hay una razón por la que las compañías aéreas nos dicen que primero nos aseguremos la máscara de oxígeno nosotros: si nos es más fácil respirar, nos será más fácil ayudar a las personas que lo necesitan. Por eso es tan importante cuidarse a uno mismo. No es egoísta actuar en interés propio. Al contrario, la superación personal es la manera más eficaz de ayudar a los otros.

El egoísmo aparece cuando una persona alimenta su propio placer a expensas de los demás, con deshonestidad, desprecio y manipulación. La superación personal, por otro lado, implica que la persona se preocupa tanto por los demás que está dispuesta a mejorarse a sí misma (está dispuesta a cuidar su propio bienestar) para así tener suficientes recursos y poderlos dar. Por lo tanto, y a la inversa, la persona es egoísta no cuidándose a sí misma porque nunca tendrá suficientes recursos para dar si antes no se ocupa de su propio bienestar.

Ayudar a las personas no debe confundirse con «salvarlas». Quien se pone al servicio de los demás no es un salvador, sino alguien que entiende que cuando el mundo es un lugar mejor para los demás, también es un lugar mejor para quien sirve.

El gran misterio de ayudar a los otros es que al dar *obtenemos* más. No más *cosas*, sino más sentido, propósito y alegría. No solo los estamos ayudando a ellos, sino que nos estamos ayudando a nosotros mismos. Cuando se hace con esmero, el dar y la superación personal son mecanismos de autofertilización: cuanto más das, más creces; cuanto más creces, más tienes para dar. En conjunto, este proceder proporciona una base sólida para vivir una gran vida.

La grandeza no se mide por lo efímero. A nadie le importa cuánto dinero tenía Abraham Lincoln en el banco cuando pronunció el discurso de Gettysburg, o cuánta tierra poseía Séneca cuando escribió *Sobre la brevedad de la vida*, o cuántos seguidores de Instagram tuvo Harriet Tubman durante sus trece misiones para rescatar a personas esclavizadas. La grandeza se mide por nuestra capacidad para influir positivamente en el mundo que nos rodea. Y, para hacerlo, primero debemos cuidarnos a nosotros mismos. Porque no podemos dar lo que no tenemos.

El autocuidado y el proceso de curación

Parece que tengamos un sistema de enfermedad en lugar de un sistema de salud. Como he demostrado con mis propias desgracias, a nuestra sociedad le gusta tratar los síntomas, no los problemas. No nos cuidamos hasta que la enfermedad nos ataca, cuando, en realidad, la mejor atención médica es la atención preventiva, es decir, cuidarnos cuando estamos sanos para poder seguir viviendo de manera saludable.

«"Autocuidado" es un término muy usado», dice Randi Kay, presentadora de *Simple Self-Care Podcast*, «pero es la manera mejor y la más sencilla de describir el proceso de curación». Kay, nacida en Fargo, Dakota del Norte, tenía veintitantos años cuando topó por primera vez con las ideas que más tarde llamaría «autocuidado», que define como «el acto de sintonizar con nuestras verdaderas necesidades y luego actuar en consecuencia».

A los veintiséis años, había perdido la fe en su religión y su primer matrimonio había fracasado. «Trataba de averiguar quién era», me dijo. Hasta entonces había dejado que las creencias y las expectativas de otras personas definieran quién era ella como individuo. Cuando comenzó a cuestionarse las etiquetas que se le habían impuesto, «mormona», «esposa», «depresiva», su perspectiva comenzó a cambiar. «Ya no creía en lo que había creído. No necesitaba ninguna autoridad para conectarme con mi espiritualidad. No necesitaba que un médico me dijera que me cuidara.»

Aunque le diagnosticaron depresión cuando era una adolescente, Kay no se enfrentó a la enfermedad hasta los veinte años, cuando «miró hacia adentro» y se dio cuenta de que ella era la principal autoridad de su existencia. «Tuve que aprender a confiar en mí misma para evitar las dudas. Tuve que aprender a escuchar a mi propio cuerpo». Solo entonces pudo tratar la depresión que simplemente había mantenido a raya con los medicamentos recetados y terapia. «Esas cosas me ayudaban, pero no resolvían el problema [...]. El cuerpo nos dice lo que va mal si lo escuchas».

Gracias a un proceso de autodescubrimiento que incluyó cambios graduales en su estilo de vida (dieta, senderismo, escalada, escribir un diario, masajes, curación de los tejidos e incluso tocar música en vivo), pudo «crear una relación» consigo misma en *sus* propios términos y descubrir quién quería ser, un descubrimiento después de otro.

«Yo lo llamo curación a través de elegir tu propia aventura», dijo Kay. «Después de divorciarme y después de dejar la iglesia, ya no encajaba en el molde que había creado». La estructura que en otro tiempo tuvo un papel fundamental en su vida dejó de tenerlo. Como la vida es fluida, las cosas que hoy nos empoderan pueden desempoderarnos mañana. Tenemos que estar dispuestos a desprendernos para dejar espacio a una nueva manera de ser. Esto no es solo válido con nuestras posesiones materiales, a las que a menudo nos aferramos hasta que son puras reliquias; es válido en todas las relaciones de la vida.

Mediante su exploración y las nuevas actividades, Kay aprendió sobre la conexión cuerpo-mente. Desarrolló nuevos rituales (yoga, respiración, trabajo corporal) que dieron un nuevo significado a su vida y reemplazaron los viejos rituales y las etiquetas que la habían llevado a una «vida mediocre» y estresada, una vida en la que no era feliz.

Mientras se curaba, se dio cuenta de que, durante años, había buscado inconscientemente el drama y la toxicidad en sus relaciones y actividades. En lugar de disfrutar de la vida, buscaba fuentes de descontento de las que quejarse. Se había acostumbrado tanto a sentirse deprimida que ella misma creaba confusión en su propia vida para seguir sintiéndose deprimida. Era como si la seguridad de la depresión fuera mejor que la incertidumbre de una vida bien vivida. «Para romper el ciclo, tuve que dejar la receta de la persona deprimida», dijo.

«Dejé de etiquetarme a mí misma como *deprimida* y comencé a hacer cosas que me gustaban. Y me lo cuestioné todo».

Cuando nos hacemos preguntas difíciles, no siempre obtenemos las respuestas que queremos o esperamos. El cuestionamiento puede fortalecer la fe o puede alejarnos de ella. Lo mismo ocurre con las posesiones y las relaciones materiales, la carrera profesional y la identidad.

Cuando Kay y yo hablamos por teléfono hace poco, le pedí algunos consejos de cuidado personal y mejores prácticas. Esto es lo que me dijo:

- Empieza por descubrir lo que más te estresa y tus puntos débiles, y luego investiga qué es lo que te impide alimentarte a ti mismo. ¿Cuál de los factores estresantes es más llamativo? ¿Dónde tienes el principal atasco?

- Los cambios en la vida probablemente sean incómodos, y esa incomodidad puede hacer que todo se cuestione; esas preguntas son importantes para realizarse uno mismo.

- El autocuidado es hiperindividualizado, no es un programa específico a seguir.

- Los hábitos y rituales que ayudan a una persona pueden perjudicar a otra.

- Modifica tu manera de cuidarte adaptándola a dónde estás, no a dónde «deberías» estar.

- El autocuidado no es «o todo o nada»; los pequeños cambios suelen ser suficientes.

- Si lo que estás haciendo no funciona, tienes que estar dispuesto a cambiar de dirección.
- Concéntrate en el *porqué*, no en el *debería*.
- El viaje nunca termina: aún te puedes quemar y tener que recalibrar.
- Lo más importante es *tu* propia aventura, así que no la compares con la del vecino.

Hacia el final de nuestra conversación, Kay aludió a un vínculo importante entre el minimalismo y el autocuidado: «Las posesiones materiales son obstáculos para las personas, muy parecidos a los obstáculos para el autocuidado», dijo. «No nos enfrentamos a nuestras posesiones materiales, o a nuestra curación, porque tenemos un montón de excusas: "No tengo tiempo", "Me siento culpable por los errores del pasado", "No sé por dónde empezar", "¿Qué va a pensar de mí?"».

Pero hasta la mejor excusa sigue siendo una excusa. Si queremos evitar la vida banal que nos hemos construido, tenemos que hacer algunos cambios difíciles. «La gente no se conoce a sí misma», me dijo justo antes de colgar, «y el autocuidado es la mejor manera de conocer a la persona que quieres ser».

Conclusión: yo

Aquí Ryan. Joshua y los expertos citados en este capítulo nos han dado mucho en qué pensar sobre nuestra relación con nosotros mismos, y ahora es el momento de considerar cómo funciona esa relación para usted. Por lo tanto, me gustaría que se tomara un tiempo para explorar esa relación haciendo los siguientes ejercicios. ¿Le parece bien? ¡Estupendo! Empecemos.

PREGUNTAS SOBRE NUESTRO YO

1. ¿Qué está buscando realmente con su estilo de vida actual? ¿Por qué? ¿Es lo que quiere o es lo que quiere otra persona?
2. ¿Cuándo se ha sentido mejor en su vida? ¿Qué factores contribuyeron a ese sentimiento?
3. ¿Qué nuevas prácticas y rutinas cree que serán de ayuda para prestar atención a su salud a diario?
4. ¿Qué «medicina gratuita» puede incorporar a su régimen de salud?
5. ¿Cómo puede contribuir más al bienestar de los demás?

LO QUE SÍ HAY QUE HACER CON NUESTRO YO

A continuación, ¿qué ha aprendido sobre usted en este capítulo? ¿Con qué se quedará del capítulo? ¿Qué lecciones cree que son las que animan a ser una mejor versión de usted? Aquí tiene cinco acciones inmediatas que puede poner en práctica hoy mismo:

- **Sentir agradecimiento**. Tenga claro todo lo bueno y positivo que tiene en su vida. Cuanto más aprecie lo que tiene, más fácil será superar el estrés y la ansiedad. Hoy escriba el nombre de diez personas que hayan tenido una influencia positiva en su vida y enumere diez cosas por las que está agradecido en su vida actualmente.

- **Desacelerar**. Encuentre formas de hacer una pausa cada día: meditación, caminatas, respiración y otros rituales de autocuidado que le ayudarán a disminuir la velocidad. Programe cinco minutos cada día para meditar y veinte minutos para caminar. O programe cualquier otra forma de autocuidado que a usted le funcione.

- **Identificar hábitos**. Haga una lista de los hábitos saludables que desea adoptar.

- **Vivir de manera saludable**. Incorpore un régimen de salud en su vida que funcione para usted. La salud es relativa y le llevará algo de tiempo y esfuerzo encontrar la opción adecuada, así que comience simplemente eligiendo uno de los hábitos saludables de la lista e incorpórelo a su vida hoy mismo.

- **Rendir cuentas**. Actúe todos los días para que *su* salud sea la mejor posible. Hay dos cosas que nos ayudan a asegurarnos de emprender acciones importantes: (1) encontrar una persona ante la que rendir cuentas y (2) programar estas actividades saludables como compromisos en su calendario.

LO QUE NO HAY QUE HACER CON NUESTRO YO

Finalmente, hablemos de los escollos del yo. Aquí tiene cinco cosas que no debe hacer, a partir de hoy, si quiere ser la mejor versión de usted:

- No permita que el miedo a perderse algo actúe como una distracción del impulso positivo, el progreso o el momento presente. Siempre se va a perder algo. El poder real proviene de mantenernos centrados y comprometidos.
- No permita que las preocupaciones triviales interfieran en el camino de vivir una vida con sentido.
- No dé por supuesto que su cuerpo siempre va a estar en forma.
- No considere la comida como un entretenimiento.
- No ponga excusas ni culpe a los demás por un estilo de vida poco saludable.

Relación 4. Los valores

Salí del probador con ese aire furtivo de quien se sabe culpable, con una corbata de color amarillo chillón metida en uno de los bolsillos de los pantalones. Con mirada nerviosa empecé a buscar cámaras de seguridad. Acababa de cumplir dieciocho años y al día siguiente tenía mi primera gran entrevista de trabajo.

Hacía más de un año que mi madre había dejado de beber y trabajaba para una empresa de catálogos de pedidos por correo, donde conoció a un tipo que conocía a otro tipo que en aquel momento contrataba empleados para tiendas minoristas de la compañía telefónica local. Así que pulí el currículum de mi experiencia laboral (cajero, lavaplatos, ayudante de camarero, camarero, vendedor por teléfono) y me planché la única camisa y pantalones de vestir. Solo me faltaba una corbata para presentarme a la entrevista. Pero no tenía ninguna y tampoco tenía dinero, así que decidí llevarme una de una tienda del Dayton Mall. Sabía que lo que hacía estaba mal, pero ¿tenía alguna importancia jugarme mis valores por una vez en la vida? Además, ¿era un robo si realmente la necesitaba?

Seguramente el guardia de seguridad de paisano que me siguió hasta fuera de la tienda detectó que temblaba como un flan. Esperó hasta que salí antes de esposarme y leerme mis derechos. «Tiene derecho a permanecer en silencio», le oí decir. Entonces el ruido de los latidos de mi corazón se apoderó de mí y ya no oí nada más. Me mareé.

Transigencias de pequeño calado

Tenía derecho a permanecer en silencio, pero ¿qué es lo que podía decir? ¿Que no era esa mi intención? ¿Que le juro que se lo puedo explicar? ¿Que me gustaría tener una segunda oportunidad? Como no me vi obligado a soltar palabrería vana, me hundí en mi propia vergüenza.

Nada delata la culpabilidad como que te lleven escoltado y esposado por el patio de restaurantes de un centro comercial. Se podría pensar que ese día aprendí la lección y que no pisaría nunca más en mi vida un centro comercial. Poco podía imaginar que, diez años después, sería responsable de más de un centenar de tiendas minoristas, incluida una tienda insignia junto a ese mismo centro comercial, mientras vivía el claustrofóbico sueño americano. Llegué a ese punto de transigencia en transigencia.

Hacía un semestre que había terminado la escuela secundaria, en diciembre de 1998, y pasé el comienzo de 1999 inmerso en la escuela de grabación de audios. Pero pronto abandoné mi sueño de ser ingeniero de estudio al descubrir que la mayoría ganan menos del salario mínimo y se ven obligados a grabar música que detestan si quieren ganar un poco de dinero. No quería quedarme atrapado en el mismo sitio que el resto de compañeros que crecieron a mi alrededor; quería ganar dinero de verdad. Aunque tuviera que trabajar para una empresa desalmada, aunque los valores de esa empresa no coincidieran con los míos.

¿Ha visto alguna vez un banco de barracudas atacar un objeto en la superficie del agua? Es un espectáculo increíble. Ven algo brillante y simplemente reaccionan, como todas las barracudas a su alrededor. Las barracudas no tienen valores; únicamente se lanzan sobre el objeto que brilla. Los humanos solemos hacer lo mismo. Seguimos las tendencias, nos endeudamos, solicitamos trabajos que odiamos solo para poder pagar el coche nuevo que nos transportará a ese mismo trabajo. Mentimos, engañamos y robamos. Construimos una vida basándonos en transigencias. Pero si estamos dispuestos a transigir con cualquier cosa, al final transigimos con todo. Incluso con nuestros valores.

Objeto A

La mayoría de los jóvenes de dieciocho años no saben cuáles son sus valores. Peor todavía, como en mi caso, simplemente dan valor a cosas equivocadas. Cuando era adolescente, valoraba todo lo que no tenía: dinero, posesiones, una casa grande, coches caros, aparatos electrónicos, la llamada seguridad, el sueño americano. Gracias a la ayuda de los medios de comunicación, la publicidad y la presión de los compañeros, por no mencionar las privaciones durante la infancia, era una trampa fácil en la que caer.

El psicoanalista francés Jacques Lacan se refirió a este deseo impulsor como el objeto A; es decir, la cosa que creemos que queremos, lo que nos haría sentir satisfechos si pudiéramos adquirirlo, poseerlo o alcanzarlo.

El reloj de oro.

El coche de lujo.

La ropa de diseño.

La casa en un barrio residencial.

La promoción de la empresa.

El traslado a otra ciudad.

La propuesta de matrimonio.

El premio o el certificado.

La estúpida corbata amarilla.

Todos tenemos nuestros objetos A particulares, y lo más insidioso es que van cambiando a lo largo de nuestra vida hasta que, al final, el objeto de nuestro deseo se convierte en el objeto de nuestro descontento. El teléfono inteligente sin el que no podíamos vivir hace tres años ahora se ve anticuado y es de una lentitud frustrante. El coche nuevo que tanto anhe lábamos ahora es solo un pago de plazos y una carga. El velero que nos iba a dar tanta libertad los fines de semana ahora es un pozo de dinero sin fondo. Con el tiempo, nos damos cuenta de que las cosas que queríamos no son las cosas que queremos.

Cuando hablé con el filósofo Peter Rollins sobre el deseo, me dijo: «A pesar de que es diferente para cada persona, el objeto A es lo que uno cree que lo arreglará todo. Es el objeto que nos desestabiliza la vida: esa persona con la que *tienes* que estar, o ese trabajo al que aspiras más que a cualquier otra cosa en el mundo, o esa ciudad a la que tienes que mudarte para sentirte vivo». En los casos más extremos, el objeto A es, como dice Rollins, «aquello por lo que estarías dispuesto a prender fuego a toda tu existencia, a destruir tu salud, tus relaciones, todo, para conseguirlo».

Pero quizás no sea tan radical como parece. Quizás todos sacrificamos pequeñas cosas un día tras otro hasta que nuestra vida es una transigencia gigante. Nos vamos haciendo mayores y descuidamos nuestra salud, dejamos de hacer ejercicio y de comer de manera saludable; aumentamos unos kilos cada año. Abandonamos a las personas a las que amamos porque elegimos pasar más tiempo con los compañeros de trabajo y los clientes mientras progresamos en nuestra carrera profesional. Renunciamos a nuestros sueños porque los sueños no son tan «prácticos» como una valla blanca para el jardín, un coche deportivo utilitario y el pago de una deuda mensual. Entonces, extrañamente, en realidad prendemos fuego a toda nuestra existencia –una combustión lenta– para obtener un placer momentáneo, incluso si a la larga nos hace sentir miserables.

Ergo, el problema no es el deseo; el problema es creer que el próximo objetivo nos traerá alegría eterna, aun sabiendo, por experiencia, que no será así. Todos hemos ganado un trofeo o nos hemos cambiado de barrio o comenzado una nueva relación o comprado un nuevo artículo codiciado solo para caer en la decepción que nos espera al otro lado de nuestro deseo.

«Otra manera de pensar en el objeto A es considerarlo como algo que no existe», me explicó Rollins. «Es una encarnación.» Según afirma el filósofo, los seres humanos somos estructuralmente propensos a pensar que hay un absoluto que nos dará la solución. «Ya sean millones de dólares, una relación o una religión, esa es la encarnación del objeto A. Pero cuando lo tienes, siempre te deja algo insatisfecho.»

Son muchas las personas y los productos que nos prometen el objeto A –nos dicen que pueden brindarnos paz y comodidad y una satisfacción tan grande que nunca desearemos nada más–, pero estas promesas no son diferentes de las promesas de un gurú ladino. Al final, nos decepcionarán. Y, según Rollins, cuando el objeto A nos decepciona, el péndulo a menudo oscila en la dirección opuesta: «Si tu objeto A era la monogamia, buscarás el poliamor en cuanto no estés satisfecho con tu relación. O, si eres un cristiano conservador, te convertirás en hippie cuando tu religión ya no responda a tus expectativas, y viceversa. Siempre hay un nuevo lugar al que ir cuando este lugar no nos satisface».

Cualquiera que sea nuestro objeto A, por definición, está garantizado que nos va a decepcionar. Y, sin embargo, seguimos buscando la felicidad a través de nuestros objetos A personales. Hay tres razones por las que esto nos ocurre a todos: nuestros intereses se adaptan a nuestro entorno, confundimos placer con satisfacción y nuestros deseos no concuerdan con nuestros valores más importantes. Examinemos estas realidades una a una.

La rueda hedónica

Antes de mudarse a la ciudad para ir a la universidad y, posteriormente, para ocupar un puesto de trabajo bien remunerado como científico investigador, Luke Wenger vivió una existencia bastante modesta en una granja en el noreste de Kansas. Wenger, uno de los participantes en el estudio de caso de la Fiesta del Embalaje a quien presentamos brevemente en el capítulo sobre la relación con la verdad, reconoce que dejó que la vida se interpusiera en el camino de vivir. «No importa cuán fuertes creas que son tus valores», dijo en pleno experimento de desembalaje, «es fácil ser transigente [con tus valores] cuando te ves rodeado, bombardeado, a diario con la tentación de las comodidades materiales».

Tan pronto como Wenger obtuvo su trabajo como científico, su sueldo regular le permitió llenar su apartamento con todas las cosas que siempre deseó tener. O, al menos, las cosas que los publicistas, los especialistas en marketing y la sociedad le dijeron que deseara. «Pero, cada vez, la satisfacción que me proporcionaban esas compras era más efímera», dijo, «y seguí gastando más y más, acumulando más y más, todo en un esfuerzo vano por encontrar la felicidad».

De acuerdo con la teoría de la adaptación hedónica, también conocida como rueda hedónica, nuestros deseos continúan cambiando de forma a medida que transitamos por la vida. Como Luke Wenger, a medida que nos acostumbramos a nuevos cambios, buenos o malos, nuestras expectativas se adaptan a nuestras nuevas circunstancias. Aunque el término en sí fue acuñado en 1971, los filósofos llevan siglos debatiendo sobre el concepto de adaptación hedónica.[59] Muchos pensadores famosos sobre este tema, desde Epicuro hasta Yang Zhu, han observado que los seres humanos individuales parecen tener un punto de ajuste hedónico (o de felicidad) y que, aunque podamos experimentar una inyección de felicidad con cada nuevo cambio, nuestra felicidad a largo plazo no se ve significativamente afectada por acontecimientos impactantes.

Por ejemplo, si una persona pierde una extremidad en un accidente automovilístico, es casi seguro que eso la hará infeliz. Pero, con el tiempo, se curará y se adaptará a las nuevas circunstancias y, afortunadamente, volverá a experimentar felicidad. Por el contrario, si gana en la lotería, probablemente experimentará una gran oleada de placer y emoción. Pero, al final, ese sentimiento desaparecerá y volverá a su referencia anterior, independientemente de cuántas cifras tenga el saldo de su cuenta bancaria.

Lo mismo ocurre con ejemplos menos extremos. Desde dinero y posesiones hasta estatus y éxito, las cosas que solemos desear no nos aportarán la satisfacción que prometen. Ello significa que debemos medir la satisfacción de una manera diferente si queremos entender cómo sentirnos realizados como seres humanos.

Un bienestar que perdura

Cuando era adolescente, en los años antes de salir del centro comercial de Dayton esposado, no me di cuenta de que había un andamio entero sobre el que podía construir una vida con sentido. Desde luego, conocía los conceptos de «bueno» y «malo», pero a menudo ignoraba mis acciones malas y reprimía las buenas porque quería comprar placeres efímeros, gratificaciones instantáneas, resultados inmediatos, incluso si el precio a pagar a la larga era la felicidad, la satisfacción y la alegría. Este patrón continuó durante una década y no hizo más que aumentar debido a mi mayor poder adquisitivo.

De hecho, ese es el verdadero problema. Confundimos el placer con otras formas de bienestar más significativas. Usamos cuatro términos distintos (placer, felicidad, satisfacción y alegría) indistintamente, aunque en mi opinión tienen diferencias importantes, que, cuando se comprenden, nos ayudan a aumentar nuestro bienestar general. Para concretar más estas abstracciones, veamos como ejemplo las diferentes maneras en que experimentamos la comida.

Placer. Cuando nos comemos un trozo de tarta de cumpleaños, experimentamos una oleada de placer al saborear el azúcar, la grasa y el gluten procesados en nuestro paladar. Sin embargo, el placer no dura mucho, así que damos un segundo bocado, luego un tercero, y así sucesivamente, hasta que estamos llenos. Esto es puro placer. Pero, a pesar de sentirnos llenos, nuestro cuerpo está confundido porque solo se ha hinchado de calorías vacuas sin obtener ninguno de los micronutrientes, elementos o minerales esenciales que necesita para progresar. Seamos claros: el placer no tiene nada de malo. Todos queremos sentirnos bien. El problema es cuando abandonamos formas superiores de bienestar para experimentar placer, cuando el placer es la meta y no una consecuencia. Si nuestra dieta principal consiste en la tarta, nos desnutriremos. Lo mismo puede decirse de casi todas las formas de placer. Cuando solo buscamos placer, perdemos los nutrientes mentales, físicos y emocionales esenciales de la vida. Unos pocos mordiscos no nos matarán, pero tampoco debemos fingir que es bueno para nosotros. En el placer solo, no hay mérito. Y, paradójicamente, el placer suele ser enemigo de la felicidad.

Felicidad. Si el placer es consumir un pedazo de tarta, la felicidad es una comida sana y rica. La felicidad se produce cuando en un momento dado tomamos una decisión beneficiosa. Cuando hacemos una comida equilibrada que contiene todos los nutrientes necesarios para florecer, experimentamos felicidad, aunque sea brevemente, porque hemos tomado la decisión correcta. Es posible que esa decisión no siempre sea tan placentera como el puro placer y, a veces, hasta puede ser dolorosa (pensemos en un entrenamiento duro en el gimnasio), pero nos sentimos felices porque la decisión tomada está en concordancia con la persona que aspiramos a ser. Tanto el placer como la felicidad son fugaces, por eso precisamente ninguno de los dos es un objetivo estimable. Pero si vivimos una vida coherente con nuestros valores, experimentaremos felicidad. Así pues, la felicidad no es la meta; vivir una vida con sentido sí lo es, y la felicidad es un hermosa consecuencia.

Satisfacción. Para ampliar la metáfora de la comida, si la felicidad es una comida saludable, entonces la satisfacción es una dieta coherente y bien equilibrada. Del mismo modo que existe un abismo entre una comida saludable y un estilo de vida saludable, también existe una gran diferencia entre la felicidad y la satisfacción. Nos podemos permitir una «excepción» varias veces al mes, solo faltaría, pero la satisfacción proviene de una serie de buenas decisiones durante un período prolongado de tiempo, no de una única buena o mala decisión. Es un efecto secundario de una vida bien vivida. Por supuesto, la satisfacción requiere más disciplina que la mera felicidad, pero su recompensa es notablemente mayor.

Alegría. La forma más elevada de bienestar es la alegría, y solo se produce cuando hay otras personas implicadas. Podemos experimentar placer, o incluso felicidad, con la comida de hoy, y podemos sentirnos satisfechos con nuestro estilo de vida dietético en general, pero experimentaremos alegría si compartimos una comida con alguien que nos importa. Dicen que «dar es vivir» porque vivimos nuestra mejor vida cuando interactuamos y contribuimos al mundo que nos rodea. Una persona cuyo motor es la alegría, no un mero placer o felicidad, convierte su mandato vital en aportar alegría a los demás. ¡Eso es vivir de verdad! Casi todas las experiencias cumbre de la vida nos esperan al otro lado de la contribución.

La alegría también es diferente de las otras formas de bienestar porque la alegría también deja espacio para las emociones negativas. En el placer y la felicidad no hay lugar para la tristeza, la frustración o la decepción. Pero debido a que la alegría no busca la satisfacción inmediata, es posible experimentar toda la gama de emociones, incluidos el dolor, la tristeza y el arrepentimiento, y aun así experimentar alegría. La alegría no se detiene en la mera satisfacción; busca la plenitud y la serenidad.

Qué duda cabe, las experiencias de alegría también pueden ser placenteras, pero son mucho más que eso. Hay una automaticidad en la alegría que no requiere un deseo continuo como pasa con el placer. Pensemos en algunos de los momentos más felices de nuestra vida. ¿Cuando fueron? ¿Quien estaba allí? Es muy posible que todas estas experiencias involucren a otras personas, ya sea directa o indirectamente. Un concierto. Un club de lectura o un grupo de reuniones. Sexo con la persona que amas.

Lamentablemente, solemos conformamos con el placer porque es inmediato y fácil, o buscamos la felicidad sin cesar cuando, en un mundo ideal, deberíamos buscar una vida de satisfacción y alegría, una vida de buenas decisiones repetidas que estén en concordancia con nuestros valores y beneficien a los demás. El psicólogo clínico Jordan B. Peterson, profesor de la Universidad de Toronto, comentó una vez que una aspiración más virtuosa que la de la felicidad es «ser la persona más fuerte en el funeral de nuestro padre», con lo que venía a decir que una vida de bondad y virtud fortalece nuestro carácter y es mucho más satisfactoria, incluso en los momentos más difíciles, que una vida construida sobre actividades superficiales.

En el capítulo introductorio de este libro, decía que cada cosa que poseo debe tener un propósito o aportarme alegría. Elegí esas palabras con cuidado. No es suficiente que un objeto material solo brinde placer, o incluso felicidad, porque entonces siempre encontraría una nueva excusa para adquirir más. Las cosas que poseo deben actuar como herramientas que mejoran mi vida (sirven a una finalidad), o servir al bien común (aportar alegría). De lo contrario, las cosas solo entorpecen el camino.

No obstante, existe un lugar donde se cruzan el placer, la felicidad, la satisfacción y la alegría. Hoy, en el mundo de habla inglesa, cuando hablamos de «perseguir la felicidad», muchas veces nos referimos a lo que los estoicos griegos y romanos llamaban ataraxia o lo que los antiguos griegos, en general, llamaban eudemonía. La palabra ataraxia, que generalmente se traduce por «imperturbabilidad» o «serenidad», fue utilizada por primera vez por el filósofo griego Pirrón, y luego por los estoicos, para describir un estado lúcido de sólida ecuanimidad caracterizada por una continua liberación del sufrimiento y la preocupación. De manera parecida, el eudemonismo es un sistema ético que basa el valor moral en que lo probable es que las buenas acciones comporten satisfacción. Ello significa que sentir placer, felicidad, satisfacción y alegría no solo es deseable, sino que es ético cuando nuestras acciones se alinean con la mejor versión de nosotros mismos.

Ahora, por supuesto, la mayoría de la gente usa estos términos como sinónimos (y pocas veces se mencionan los vocablos ataraxia o eudemonia), lo cual es aceptable en el discurso cotidiano. Pero si empezamos a pensar en dichos estados como diferentes niveles de bienestar –como una escalera hacia la plenitud y la serenidad–, empezaremos a tomar mejores decisiones que afecten a nuestra satisfacción y alegría, sin que afecten sustancialmente nuestro placer o felicidad. Con el tiempo, esas mejores decisiones conducirán a una vida mejor.

REGLA MINIMALISTA PARA VIVIR CON MENOS

Regla de la temporada

Fíjese en todas sus posesiones. Elija algo. Cualquier cosa. ¿La ha usado en los últimos noventa días? Si no la ha usado, ¿cree que la usará en los próximos noventa? Si no, puede desprenderse de ella. Es por eso por lo que algunas personas la llaman la regla 90/90. Lo que es particularmente útil de esta regla es que cubre todas las estaciones. Pongamos que es marzo y que usted se está preparando para embarcarse en una limpieza de primavera. Tome la primera prenda que vea en su armario, en el sótano o en una caja de almacenamiento. Quizás sea un suéter viejo. ¿Lo usa ahora mismo (en primavera)? ¿Lo ha usado en los últimos noventa días (en invierno)? ¿Lo usará en los próximos noventa días (en verano)? Si es así, guárdelo. Si no, ¡dígale adiós!

Comprar en estado de ebriedad

Una encuesta reciente demostró que las «compras realizadas en estado de ebriedad» son una industria estimada en 45.000 millones de dólares por año.[60] Aparentemente, el 79% de los consumidores ebrios han hecho al menos una compra estando bebidos, y el comprador borracho medio gasta 444 dólares cada año en decisiones de compra en estado de ebriedad.

Sin embargo, yo diría que casi el 100% de todos nosotros hacemos lo mismo. Puede que cuando compremos no estemos borrachos, pero con frecuencia estamos bajo la influencia de la gratificación instantánea, tanto es así que tomamos decisiones de compra que sabemos objetivamente que nos perjudican, que contradicen nuestros valores, pero lo hacemos para sentir el subidón de dopamina del momento.

Ignoramos nuestro presupuesto.
Compramos cosas que ni siquiera queremos.
Hacemos compras para impresionar a los demás.
Dejamos de lado nuestros valores para obtener un beneficio a corto plazo.
Lo sé porque he hecho todas estas cosas.

Cuando nuestro gusto por las posesiones o el placer es más fuerte que nuestros valores, sacrificamos la realización personal por beneficios pasajeros. Eso es justamente lo que me pasó el día que me arrestaron por robar en una tienda. A decir verdad, podría haberle pedido prestada una corbata a un amigo, o haber ido a la entrevista sin corbata, y no habría pasado nada. Pero la historia que me conté a mí mismo fue que necesitaba eso en aquel momento, que lo necesitaba tanto que no importaba si sacrificaba mis valores para conseguirlo. No había bebido ni una sola copa, pero, en cierto modo, estaba comprando bajo una influencia. Una actitud equivocada afectaba a mis decisiones: *Debo tener esto, ¡y debo tenerlo ahora!* Y como no sabía cuáles eran mis valores, transigir fue fácil.

Desde luego, esto le pasa a todo el mundo en algún momento. Buscamos atajos o actuamos por impulso, y el mundo que nos rodea amplifica la señal de la tentación. No son solo los compradores borrachos los que están ebrios; nuestros hijos también están intoxicados por la gratificación instantánea.

Piense en la última vez que salió de un museo. Lo más seguro es que tuviera que salir pasando por la tienda de regalos. Es el último suspiro del consumismo. Y, lamentablemente, funciona. Cada vez que mi hija pasa por la tienda de chucherías, baratijas y recuerdos, me ruega llevarse una a casa:

–¿Me puedes comprar algo? ¡Por favor!

–¿Qué quieres?

–No sé, ¡*cualquier cosa*!

Eso es lo que el consumismo hace con todo el mundo. No sabemos lo que queremos, pero sabemos que queremos más y que lo queremos ahora. Ni siquiera nos detenemos a pensar en ello, a preguntarnos qué podría aportar valor a nuestra vida, a cuestionarnos qué puede interponerse en el camino. Y si no nos cuestionamos todo lo que introducimos en nuestra vida, permitiremos que entre cualquier cosa.

Así pues, el mensaje del minimalismo es simple: si no lo necesitaba hace cinco minutos, probablemente no lo necesite ahora. E incluso si lo necesito, no esta de más esperar.

Cuando le digo a mi hija que mañana me pregunte si puede comprar ese chisme inútil, casi siempre se olvida. Eso es porque recordamos solo lo que es significativo, y todo lo efímero se desvanece en el éter.

Entender nuestros valores

Es importante entender nuestros valores, iluminan la dirección en la que debemos viajar para experimentar una vida plena. Los valores correctos nos ayudan a tomar las decisiones que realmente queremos tomar, incluidas elecciones responsables sobre el consumo. Si hubiera tenido claros *mis* valores, habría tomado la decisión correcta y evitado la vergüenza, la culpa y el bochorno que acompañaron a mi arresto. Esa no era la persona que yo quería ser. Pero, de nuevo, no sabía quién quería ser, porque mis valores estaban confusos en el mejor de los casos.

Por lo tanto, pasé los siguientes diez años de mala decisión en mala decisión, incluso si, aparentemente, mi vida tenía sentido. Puede que tuviera la casa en un barrio residencial, los Twin Lexus, trajes a medida, una carrera respetable, pero esos supuestos logros enmascararon toda una vida de malas decisiones sin revisarlas. Y como no sabía quién quería ser, esas decisiones me alejaron de ser la mejor versión de mí mismo. Al principio me moví lentamente en la dirección equivocada, pero a medida que aumentaba el descontento, entre los veinte y los treinta años, era como si estuviera huyendo de la vida con sentido que anhelaba.

Con el tiempo, y después de luchar y dar repetidos pasos en falso, me di cuenta de que no importaba lo rápido que viajara, nunca llegaría a mi destino si me dirigía en una dirección equivocada. Para averiguar cuál era la dirección correcta, tuve que averiguar cuáles eran mis valores.

Si he aprendido algo en los cuarenta años que llevo en este planeta, es esto: la mejor manera de vivir una vida con sentido es que nuestras acciones a corto plazo estén en concordancia con nuestros valores a largo plazo. Uno quiere que su yo futuro se sienta orgulloso de su yo presente. De lo contrario, pasará rápidamente de una experiencia placentera a otra, lo cual quizás nos haga sentir bien momentáneamente, pero nos deja un vacío devastador.

Hay al menos dos razones por las que las personas no comprenden sus valores: primero, al no detenernos para preguntarnos cuáles son, nuestros valores toman la forma que les da la cultura pop, los medios de comunicación y la influencia de los demás. En segundo lugar, no comprendemos que algunos valores son más importantes que otros.

Si usted está leyendo esto, ya está progresando para superar ese primer obstáculo: está cuestionando sus valores. ¡Bravo! Sin embargo, mientras reflexiona, es igualmente importante comprender que no todos los valores son iguales. Algunos, de hecho, no son valores en absoluto, lo que significa que se interponen en el camino de lo que es importante. Por eso separo mis valores en cuatro categorías diferenciadas: valores fundamentales, valores estructurales, valores de superficie y valores imaginarios. Veámoslos de uno en uno.

Valores fundamentales

Cada hogar debe construirse sobre una base sólida. Quizás tengamos una hermosa casa, pero se hundirá si sus cimientos no son sólidos. Lo mismo ocurre con nuestros valores. Aunque la mayoría de las personas tienen valores diferentes en general, tendemos a compartir cinco valores fundamentales parecidos:

- Salud.
- Relaciones.
- Creatividad.
- Crecimiento.
- Ayudar a los demás.

Estos son los principios inquebrantables por los que vivo mi vida. Así, cuando me siento insatisfecho, verifico si estoy descuidando alguno de ellos. Puede que usted tenga otros valores como parte de su base, pero estos cinco son casi universales. Hace diez años, en un esfuerzo por comprender mejor nuestra base vital, Ryan y yo escribimos nuestro primer libro, *Minimalismo: para una vida con sentido*, sobre estos cinco valores compartidos. En lugar de repetir todo el libro, solo re-

sumiré cada uno de los valores fundamentales en los apartados siguientes.

VALOR FUNDAMENTAL 1: LA SALUD

Imagínese que gana la lotería, encuentra en su pareja a la
persona perfecta, paga sus deudas, se muda a la casa de sus
sueños y no tiene que trabajar más el resto de su vida. Ahora
imagínese que mañana se despierta con un terrible dolor de
estómago. Cierra la puerta de su casa en la playa, conduce
hasta el consultorio del médico en su lujoso vehículo y espera
a que le digan qué le pasa. «Tiene usted menos de un año de
vida», le dicen. «Y probablemente a partir de hoy no podrá
hacer mucho más que levantarse de la cama». Oh, qué desastre. Ahora que por fin tenía «todo lo que siempre quiso», su
mala salud se lo ha arrebatado todo de golpe y sus posesiones
no han podido hacer nada por usted. Sin salud, no puede disfrutar ni siquiera de las cosas más simples de la vida.

VALOR FUNDAMENTAL 2: LAS RELACIONES

Imagínese que gana la lotería, está en la mejor forma física de
su vida, paga sus deudas, se muda a la casa de sus sueños y no
tiene que trabajar más el resto de su vida. Ahora imagínese
que mañana se despierta y no tiene a nadie con quien compartir su nueva vida. Sin amigos. Sin familia. Sin seres queridos.
Oh, qué desastre. Ahora que por fin tenía «todo lo que siempre
quiso», no hay nadie con quien disfrutarlo. Sin relaciones que
valgan la pena, no puede vivir una vida con sentido.

VALOR FUNDAMENTAL 3: LA CREATIVIDAD

Imagínese que gana la lotería, está en la mejor forma física de su vida, encuentra a su media naranja, mantiene las relaciones más significativas posibles, paga sus deudas, se muda a la casa de sus sueños y no tiene que trabajar más el resto de su vida. Ahora imagínese que mañana se despierta, y al día siguiente, y luego al otro, sin nada que hacer, nada que avive su fuego. Oh, qué horror. Hay una cantidad limitada de programas de televisión que ver, o de vacaciones que tomar, antes de darse cuenta de que su vida carece de pasión. Si su vida carece de creatividad, no sentirá satisfacción, no sentirá pasión por la vida. Con frecuencia, esta es la causa fundamental de ese sentimiento de vacío que experimentan muchas personas.

Aunque más adelante en el libro exploraremos la creatividad, y lo que nos impide ser creativos, me gustaría tomarme un momento para hablar del concepto de «pasión». Cuando Ryan y yo concebimos originalmente los cinco valores fundamentales, la *pasión* ocupaba el tercer lugar en la lista. Pero se podría decir que a lo que realmente nos referíamos era a creatividad.

Si hoy usted busca en internet, verá que no son precisamente pocos los «expertos» que quieren que «siga su pasión». Este consejo engañoso entraña como mínimo dos problemas. Primero, presupone que usted nació con una pasión preexistente, como si estuviera destinado a ser astronauta, contable o actor. Y segundo, se ha abusado tanto del concepto de pasión y ha sido tan maltratado por los llamados influenciadores durante las últimas dos décadas que ha perdido su significado. ¿Sabía que la raíz latina de pasión significa «sufrir»? ¿Cree que estas autoridades de internet realmente le están diciendo a la gente que «siga su sufrimiento»? No lo creo. Es fácil animar a alguien a seguir su pasión, pero ese consejo es demasiado simplista.

La vida no contiene este tipo de absolutos. Nadie tiene un destino predeterminado, ni una singular pasión preexistente que espera ser descubierta. Hay docenas, incluso cientos, de cosas que podemos hacer con nuestra vida: oportunidades creativas ilimitadas para alimentar nuestra pasión. De esta manera, la creatividad satisface fundamentalmente las mismas necesidades que la pasión, pero es un mejor descriptor de este valor fundamental.

VALOR FUNDAMENTAL 4: EL CRECIMIENTO
Imagínese que gana la lotería, está en la mejor forma física de su vida, encuentra a su media naranja, sus relaciones son las más significativas posibles, paga sus deudas, se muda a la casa de sus sueños, cultiva el proyecto creativo que le apasiona y descubre la misión de su vida. ¿Ahora que? ¿A visitar el lago más cercano y a pescar todos los días? ¿A sentarse en el sofá y a disfrutar del brillo azulado de su televisor? Por supuesto que no. Quiere seguir disfrutando de su vida recién descubierta, la que tiene una salud mejor, unas relaciones mejores y una creatividad recién descubierta. Por lo tanto, debe seguir mejorando; debe seguir creciendo. Resulta que el viejo dicho «si no creces, te estás muriendo» es cruelmente cierto.

Desde luego que no todo crecimiento es beneficioso. Un bíceps después de un mes en el gimnasio es un tipo de crecimiento. Pero también lo es un tumor. Así que es mejor que elijamos a consciencia cómo queremos crecer o creceremos según los dictados de todos los demás. Nuestra sociedad ha desarrollado un relato particular desde la Revolución Industrial, un relato que dice que debemos explorar un crecimiento *infinito*, lo que puede parecer atractivo al principio, pero no es el tipo de crecimiento que me interesa. Lo que focalizo es el crecimiento responsable.

Según el crecimiento infinito, debemos crecer a cualquier precio; el crecimiento responsable se produce cuando crecemos de acuerdo con nuestros valores. ¿Ha hecho alguna vez una transigencia «excepcional» que lo haya llevado a una serie de transigencias mayores? Yo sí. Literalmente, he mentido y robado para conseguir lo que quería. Pero luego no me detuve en la primera transigencia. Mentí para encubrir la mentira anterior, y luego tuve que decir una mentira aún mayor para encubrir el encubrimiento. Qué madeja tan enredada. Es lo que suele pasar cuando transigimos, aunque no hay nada intrínsecamente malo en ser transigente en sí. De hecho, la mayoría de las relaciones requieren encontrarse continuamente en el punto medio. El problema surge cuando transigimos para conseguir lo que queremos hoy. Es más difícil ceñirnos a nuestros principios, evitar el encanto del atajo, pero es importante si queremos crecer de la manera correcta.

El crecimiento infinito abandona a las personas por sacar un provecho; el crecimiento responsable no busca que el dinero sea irrelevante, pero tampoco permite que el afán de lucro sea el protagonista. Ryan y yo dirigimos dos negocios rentables: Los Minimalistas (en Los Ángeles, California) y Bandit Coffee Co. (en San Petersburgo, Florida), pero el dinero no es el principal motor de ninguno de los dos. Nos centramos en *aportar valor* a nuestros lectores, oyentes, espectadores, seguidores, clientes y usuarios sin socavar nuestros valores. Tratamos a nuestros empleados de manera justa y les pagamos buenos salarios. Nos centramos en la calidad, no en la cantidad. No publicamos anuncios en ninguna de nuestras plataformas. No vendemos los datos de nuestra audiencia a terceros. Y no enviamos correo basura ni nada por el estilo a nadie, nunca. Como resultado, las personas confían en nosotros y están dispuestas a apoyar nuestro trabajo, ya sean los libros que escribimos o el café que tostamos. Sí, es posible que este trimestre no exprimamos cada céntimo de ninguno de los dos negocios, pero es más fácil dormir por la noche sabiendo que hacemos lo correcto y nos sentimos mejor con las perspectivas a largo plazo de ambas empresas cuando su crecimiento no solo persigue el objetivo de llenar nuestras carteras.

El crecimiento infinito se preocupa por la competencia y el aumento de las expectativas; el crecimiento responsable busca la cooperación y estándares más altos. Durante mi época empresarial, nos obsesionábamos mucho con objetivos imaginarios. Las tiendas minoristas que tenía a mi cargo tenían la obligación de hacer un seguimiento diario de veintinueve métricas de rendimiento diferentes, lo que significaba que, incluso en un «gran» día de ventas, siempre podíamos encontrar algo para sentirnos descontentos. Esto también lo hacemos en nuestra vida personal, ¿no es así? Miramos la báscula en nuestro baño y tomamos su lectura como un indicador del bienestar. Miramos los números en nuestro extracto bancario y lo interpretamos como un indicador de la felicidad. Miramos las posesiones materiales en nuestro hogar y nos convencemos de que son un sustituto de la plenitud. Estas expectativas solo crecen con el tiempo. Lo que alguna vez fue una gran esperanza se convierte en algo común a medida que nuestras expectativas se amplían, lo que crea caos en el camino. El antídoto para este caos es algo paradójico: para restaurar el orden en nuestra vida, debemos reducir nuestras expectativas y elevar nuestros estándares. El entrenador en jefe de la UCLA, John Wooden, animó a sus jugadores a no mirar el marcador. En cambio, los animó a comprometerse a dar lo mejor de sí mismos. En consecuencia, los equipos de Wooden ganaron diez campeonatos en un período de doce años, y él se convirtió en uno de los entrenadores con más victorias en la historia de la NCAA, no por sus expectativas de ganar, sino por sus elevados niveles de exigencia.

El crecimiento es un componente fundamental de una vida con sentido, siempre que sea un crecimiento responsable, porque la mejora continua nos hace sentir vivos y aporta una finalidad a nuestras acciones. Piense usted en todas las mejoras que ya ha realizado en su vida. ¿No le parecían muchas de ellas inconmensurables hace cinco o diez años? ¿Cómo pudo hacer esos cambios? Lo más probable es que no los hiciera dando un gran salto, sino con modificaciones graduales durante un período prolongado de tiempo. Por supuesto, hay algunos cambios enormes e inmediatos: poner fin a una relación, renunciar a un trabajo, mudarse a una nueva ciudad y, en ocasiones, estos pasos gigantes son necesarios. Pero la mayor parte del crecimiento proviene de pequeños pasos, porque esos pequeños pasos nos permiten al final dar pasos gigantes.

VALOR FUNDAMENTAL 5: AYUDAR A LOS DEMÁS

Imagínese que gana la lotería, está en la mejor forma física de su vida, encuentra a su media naranja, sus relaciones son las más significativas posibles, paga sus deudas, se muda a la casa de sus sueños, cultiva el proyecto creativo que le apasiona, descubre la misión de su vida y encuentra nuevas maneras de crecer cada día. ¿Ahora que? ¿A pararse sobre su montón de dinero, disfrutando de su éxito?

No lo creo.

Lo llamemos *donar, altruismo* o *servicio*, el valor fundamental final es contribuir, y complementa perfectamente el valor anterior. Crecer y contribuir crean una secuencia regenerativa: cuanto más crecemos, más podemos ayudar a otros a crecer; cuanto más ayudemos a otros a crecer, más creceremos nosotros. El crecimiento responsable nos hace sentir muy bien, pero hacer una contribución a los demás nos hace sentir incluso mejor porque a menudo hacemos más por las personas a las que amamos que por nosotros mismos. Eso es porque los humanos tenemos una necesidad intrínseca de ayudar a los demás. Aunque hay muchas maneras de ponerse al servicio del otro, es importante saber cómo contribuir de la manera más eficaz al mundo que nos rodea. Según el filósofo escocés William MacAskill, especialista en ética y uno de los creadores del movimiento del altruismo efectivo, «el altruismo efectivo consiste en responder una pregunta bien simple: ¿cómo usar nuestros propios recursos para ayudar más a los demás?[61] En lugar de simplemente hacer lo que creemos que es correcto, [el altruismo efectivo utiliza] evidencias y un análisis atento para encontrar las mejores causas por las que trabajar». En otras palabras, dar es bueno, pero contribuir constructivamente es aún mejor.

Si contribuimos de manera inteligente, «el impacto positivo en el mundo puede ser enorme», afirma MacAskill. «Es un hecho tan asombroso que es difícil de apreciar. Imagínese si, un día, ve un edificio en llamas con un niño pequeño en su interior. Corre hacia las llamas, recoge al niño y lo lleva a un lugar seguro. Usted sería un héroe. Ahora imagínese que usted se encontrase en este caso cada dos años; salvaría docenas de vidas a lo largo de su carrera. Suena como si fuera un mundo extraño, pero la evidencia actual nos dice que este es el mundo en el que viven muchas personas. Si sus ingresos son los que tienen de promedio los ciudadanos de Estados Unidos y dona cada año el 10% de sus ganancias a la Fundación contra la Malaria, es probable que salve decenas de vidas a lo largo de su vida».

Pero está claro que firmar un cheque no es la única forma de participación. Las personas que carecen de recursos para hacer donaciones a organizaciones benéficas encontrarán maneras de ayudar a las personas de su comunidad, local y global: sirviendo comida en comedores populares, en refugios para personas sin hogar y en bancos de alimentos; construyendo viviendas con Habitat for Humanity; dando clases a niños que necesitan ayuda con sus tareas escolares. Hay innumerables necesidades esperando respuesta, no del salvador perfecto, sino de *usted*, la persona imperfecta que simplemente está dispuesta a ayudar.

Cuando Ryan y yo dejamos el mundo empresarial en 2011, después de haber habitado en ese planeta durante treinta años y apenas haber contribuido al bien común, finalmente encontramos el tiempo para ponernos al servicio de causas dignas. Durante los últimos diez años, Los Minimalistas hemos construido dos orfanatos, ayudado a las víctimas del huracán Harvey, apoyado a los supervivientes de los tiroteos masivos de Orlando y Las Vegas, financiado una escuela secundaria durante un año en Kenia, instalado pozos de agua potable en tres países, construido una escuela primaria en Laos y comprado miles de mosquiteras para combatir la malaria en África. Mientras escribimos este libro, estamos recaudando dinero para construir una cooperativa de productos alimentarios sin fines de lucro[62] en el oeste de Dayton,* que es uno de los mayores de-

---

*   Si le interesa conocer los futuros proyectos de Los Minimalistas, subscríbase a nuestro boletín gratuito en minimalists.com.

siertos alimentarios de Estados Unidos. Informo de estos proyectos no para alardear ni para autoengrandecernos, sino más bien para mostrar que es posible pasar de dar cero a contribuir mucho en un corto período de tiempo. Todo lo que se necesita es la voluntad de ayudar a los demás.

Ya sea firmando un cheque o ayudando a otros con sus manos (o ambas cosas), la manera más efectiva de contribuir es encontrar un método de ayuda que nos estimule a seguir donando, contribuyendo y prestando un servicio a los otros. Su músculo contributivo se fortalecerá a medida que se ponga al servicio de la gente y, a medida que siga dando, se dará cuenta de que ha descubierto una finalidad nueva, la que le informa de que la vida no consiste en *usted* personalmente, sino en nosotros como comunidad.

REGLA MINIMALISTA PARA VIVIR CON MENOS

Regla de una entra, diez salen

Ser minimalista no significa que nunca comprará nada nuevo. Significa que comprará intencionalmente y que se desprenderá de sus pertenencias de forma deliberada, y puede llegar a hacer ambas cosas a la vez.

Por eso creamos la regla de uno dentro, diez fuera. Inspirándonos en la forma de regular el tránsito de personas en los edificios (tantos entran-tantos salen), esta regla ayuda a controlar qué artículos nuevos compra y qué artículos conserva, porque por cada nuevo artículo que adquiere debe deshacerse de diez cosas. ¿Quiere una silla nueva? Pues vende diez muebles en eBay. ¿Quiere una licuadora nueva? Pues elimina diez artículos de cocina. Empleando con regularidad esta regla, remodelará poco a poco sus hábitos de consumo.

Valores estructurales

Una vez puestos los cimientos, se construye una estructura. Aunque cada casa tiene una estructura, cada casa es distinta: algunas están construidas con acero y pernos; otras están construidas con madera o ladrillos; algunas se levantan con hormigón o cemento. Lo mismo ocurre con nuestros valores. Los valores estructurales de cada cual nos hace ser quienes somos: son nuestros valores personales. A continuación, se muestran algunos de mis valores estructurales acompañados de una definición personal de cada uno:*

- Autonomía: libertad de control externo.
- Autocontrol: saber decir cuánto es suficiente.
- Humildad: claridad sobre uno mismo; falta de ego.
- Movilidad: libre de restricciones geográficas.
- Sinceridad: ser sinceros, sin engaños ni hipocresías.

---

* Esto es un resumen. Para una lista completa de mis valores estructurales, visite minimalist.com/v.

- Calidad: mejor pero menos; el resultado de la intención.
- Contención: capacidad para evitar los impulsos.
- Soledad: tiempo a solas, sin interactuar con los demás.
- Vulnerabilidad: valentía para actuar independientemente del resultado.

A medida que adquirimos experiencia, es posible que nuestros valores estructurales cambien ligeramente con el tiempo, pero al igual que nuestro hogar, la estructura tiende a permanecer sin cambios una vez construida. A menos que, por supuesto, nos embarquemos en un proyecto de remodelación serio, que siempre es una posibilidad. Cuando dejé el mundo empresarial a los treinta años, lancé una bola de demolición contra mis antiguos valores y construí una vida nueva basada en valores estructurales nuevos.

Valores de superficie

Una vez colocados los cimientos y la estructura levantada en su sitio, el exterior embellecerá nuestra casa. A pesar de que la fachada no es tan crucial como la estructura en sí, lo que hay a la vista hace que nuestra casa sea interesante, única y agradable. Incluso podríamos decir que es lo que hace que una casa sea un hogar. Lo mismo ocurre con los valores de superficie.

Se trata de valores *menores* que desempeñan un papel importante porque aportan variedad y diversidad a nuestra vida;

incluso podríamos considerarlos como nuestros intereses personales. Pero solo porque sean menores, no significa que no tengan un impacto importante en nuestra satisfacción general; solo son menores en relación con los valores más importantes enumerados anteriormente, pero son un componente fundamental de una vida completa. Aquí presento algunos de los míos en este momento:

- Estética.
- Arte.
- Limpieza.
- Diseño.
- Meditación.
- Música.
- Lectura.
- Escritura.

A medida que cambian nuestros intereses, los valores de superficie pueden cambiar drásticamente de un mes a otro, de un año a otro, de una década a otra. Del mismo modo que mantenemos nuestro hogar en condiciones repintándolo o incorporando nuevas plantas, también podemos mantener en condiciones nuestra vida asegurándonos de que nuestros valores menores coinciden con nuestros intereses y deseos actuales. Si uno deja de aportar valor, carecerá de valor, así que despréndase de él. Siempre puede recuperarlo en el futuro si cambia de opinión.

Valores imaginarios

Supongamos que ha construido una casa magnífica sobre una base sólida con una estructura resistente e incluso una hermosa fachada. Eso es el equivalente de vivir una vida con sentido. Pero es una lástima que eso no suela ocurrir. Si dedicamos un poco de tiempo a fijarnos en nuestros valores, veremos que generalmente nos obsesionamos con nuestros valores imaginarios, que ni siquiera forman parte de nuestra jerarquía de valores. Los valores imaginarios no son más que obstáculos que entorpecen nuestro camino. Son como una cerca alrededor de la casa que hemos construido; no podemos entrar a menos que la eliminemos. Estos son algunos de los valores imaginarios que a veces me impiden sentirme realizado:

- Ocupaciones.
- Comodidad.
- Correo electrónico.
- Productividad.
- Opinión pública.
- Medios de comunicación social.
- Televisión.

A medida que adquirimos más experiencia, nuestros valores imaginarios cambian. Siempre habrá nuevos obstáculos porque cuando logramos estar contentos, somos expertos en distraernos con nuevos objetos y ofertas espectaculares. Construimos celdas muy bien decoradas y adornadas con cosas efímeras y luego nos quejamos del encarcelamiento autoimpuesto.

Pero tenemos que superar nuestros obstáculos para vivir una vida con sentido. Fue el autor Ryan Holiday quien nos mostró que «el obstáculo es el camino», y si tuviera que complementar su mensaje, diría esto: la única manera de vivir una vida con sentido es apartar nuestros valores imaginarios del camino y luego priorizar consecuentemente nuestros valores de orden superior.

Cómo utilizar estos valores

Todos somos diferentes. Puede que mis valores estructurales coincidan con sus valores de superficie, o incluso con sus valores imaginarios, y viceversa. Y eso está bien, incluso es lo ideal. Nuestras diferencias hacen que la vida sea interesante. Imagínese lo aburrido que sería si todo el mundo fuera exactamente como yo o exactamente como usted.

También vale la pena señalar que nuestros valores de superficie a veces se convierten en nuestros valores imaginarios y, si somos sinceros con nosotros mismos, incluso nuestros valores estructurales pueden pasar a ser valores imaginarios a medida que cambiamos las prioridades de nuestra vida. Es natural. A medida que tenemos claro lo que queremos, tendemos a descubrir que las cosas que nos sirvieron ayer obstaculizan el camino de hoy.

Para que cada persona pueda identificar sus propios valores, hemos incluido en este libro una hoja de trabajo de valores.* Una vez que haya completado esta hoja de trabajo, revísela con una persona de su confianza. Y si esa persona está dispuesta, ayúdela a revisar la suya. Pronto descubrirá que cuando haya entendido *sus* propios valores y los valores de las personas más cercanas a usted, también entenderá cómo interactuar con ellas de manera más efectiva, lo cual mejorará sus relaciones y los ayudará a todos a crecer de una manera estimulante e inesperada. Al comienzo de cada año, mi esposa y yo nos sentamos a la mesa de la cocina para revisar juntos nuestra hoja de trabajo de valores, que no solo me ayuda a comunicarme mejor con ella, sino que además me ayuda a entender cómo puedo ser la mejor versión de mí mismo.

Conclusión: valores

¡Hola! Aquí me tiene, Ryan de nuevo. ¡Vaya! Joshua nos da mucho en qué reflexionar cuando se trata de valores, ¿no? Entonces, ¿puede dedicar unos minutos a realizar algunos ejercicios que le ayudarán a comprender mejor sus valores? ¡Fantástico! Tómese el tiempo para fijarse en lo que se le pide en

---

*   Puede descargarse e imprimir más copias de la hoja de trabajo de valores en minimalists.com/resources.

cada ejercicio. Después agradecerá su mayor comprensión y valoración de sus valores.

PREGUNTAS SOBRE VALORES

1. ¿Cuál es su objeto A? ¿Por qué?
2. ¿Cómo está transigiendo actualmente con sus valores y evitando así vivir una vida con sentido?
3. Cuando se trata de cambiar su vida para que sea coherente con sus valores, ¿qué le asusta y por qué?
4. ¿Cuáles son para usted las diferencias entre placer, felicidad, satisfacción y alegría?
5. ¿Cómo expresará su yo futuro gratitud por cómo está viviendo su vida hoy?

LO QUE SÍ HAY QUE HACER CON LOS VALORES

A continuación, ¿qué ha aprendido sobre sus valores en este capítulo? ¿Con qué se quedará de este capítulo? ¿Qué lecciones cree usted que animan a que sus acciones estén más en concordancia con la persona que quiere ser? Aquí tiene cinco acciones inmediatas que puede poner en práctica hoy mismo:

- **Entender sus valores.** Es fundamental anotar todos sus valores, incluso los imaginarios. Utilice para ello la hoja de trabajo de valores en la página 425 o visite minimalists.com/resources y descargue una copia para imprimir gratuita.

- **Encontrar a una persona de confianza.** Encuentre a alguien con quien pueda revisar sus valores. Pídale que participe con usted. Si revisa sus valores con alguien, tendrá a su lado a una persona ante la que rendir cuentas y en la que confiar, reforzará sus valores y será un estímulo para estar a la altura de lo que valora.

- **Ser claro.** Una vez que haya completado la hoja de trabajo y la haya revisado con una persona de su confianza, ponga en claro qué valores ignora o en qué valores transige actualmente. ¿Cómo va a ser intransigente y cómo emprenderá acciones y tomará decisiones que se alineen con sus valores?

- **Identificar obstáculos.** ¿Cuáles son sus mayores obstáculos? Escríbalos y luego haga un plan sobre cómo abordarlos. Si se atasca, es posible que desee pedir orientación a un amigo, a un familiar o a una persona de su confianza, o a lo mejor quiere consultarlo con un profesional (un terapeuta, un médico o un entrenador personal, por ejemplo).

- **Reconocer las consecuencias.** ¿Qué está sacrificando cuando no está a la altura de sus valores? Escriba las consecuencias de estos sacrificios.

LO QUE NO SE DEBE HACER CON LOS VALORES

Finalmente, pensemos en qué se interpone en el camino de sus valores. Aquí tiene cinco cosas que debe evitar, a partir de hoy, si quiere ser su mejor versión:

- No busque la perfección. La perfección es un engaño y, si vamos tras ella, siempre nos defraudará. Sin embargo, podemos emprender acciones coherentes que generen cambios graduales.
- No busque el placer y la felicidad. Cuando lo hacemos, nunca experimentamos la verdadera alegría. Debemos centrarnos en vivir una vida con sentido. Cuando vivimos de esta manera, el placer y la felicidad pasan a ser consecuencias.
- Evite las altas expectativas. Pero exíjase niveles más altos.
- No permita que la satisfacción o la insatisfacción inmediatas lo controlen.
- No sacrifique sus valores.

Relación 5. El dinero

Conseguí mi primera tarjeta de crédito el verano en que cumplí dieciocho años y me pasé los diez años siguientes gastando. Mi nueva y reluciente Master Card me lo puso fácil. Si no podía pagar algo, ningún problema: ¡lo financiaba! La mayoría de las compras eran una aspiración, como si intentara comprar mi camino hacia el siguiente nivel de éxito. «No se puede ganar dinero sin gastar dinero» era el mantra oculto que había oído en reuniones de negocios y conferencias, y, caramba, me lo tomé al pie de la letra, aunque nunca entendí realmente lo que significaba. Pero sonaba bien, una simple justificación para una mala gestión financiera. «No estiro más el brazo que la manga», me decía a mí mismo; vivía dentro de los medios de mi yo futuro. No era irresponsable; solo gastaba la cantidad de dinero que iba a ganar después del siguiente ascenso, aumento de sueldo, bonificación anual o comisión inesperada. Hasta entonces, mis tarjetas de crédito salvarían el desfase.

Cuando mi primera tarjeta de crédito llegó al límite, fue fácil obtener otra, y luego otra, y luego varias más a lo largo de los años hasta que, al final, eran catorce las tarjetas que abultaban mi cartera, desde Visa y Discover hasta Diners Club y Macy's, cada una de las cuales me permitía comprar sin problemas, o eso pensaba yo, puesto que podía adquirir ropa nueva, objetos de decoración para el hogar y un catálogo de compras impulsivas sin gastar mi dinero. Al menos así es como lo veía cada vez que pasaba.

Era como si «usaré mi tarjeta de crédito» se hubiera convertido en mi eslogan *de facto*. Sin preocuparme por los perjuicios futuros que causarían las deudas, los intereses y la ansiedad asociada a ambos, empleaba las tarjetas de crédito para casi todas las compras. Y la cosa no hizo más que empeorar, no mejorar, como pensaba que sucedería, a medida que ganaba más dinero.

La tentación de la deuda tiene una manera de borrar nuestra identidad, reemplazándola con la enorme lucha por ser como todos los demás. Conseguí mi primer ascenso a los veintidós años, el mismo año en que construí mi primera casa. Me compré un Lexus a los veintitrés. Un segundo Lexus a los veinticuatro. Un Land Rover a los veinticinco. Con cada compra pensé que la satisfacción estaba a la vuelta de la esquina. Pero cuando doblaba la esquina, la adrenalina se desvanecía y lo único que quedaba en primer plano era anhelo. Anhelo de algo mejor, de algo diferente, de algo para llenar el vacío. Estaba cavando una zanja, de palada en palada. Y no estaba solo.

Disfunción financiera

Julie Hamilton, una mujer de Madison, Wisconsin, participante en el estudio de caso de la Fiesta del Embalaje, se encontró junto con su familia sumergida en la búsqueda de más: «Yo ayudaba a mi esposo a administrar varias pequeñas empresas, y estábamos tan concentrados en el éxito y en vivir nuestro sueño americano –la casa, los coches, las posesiones– que al final nos vimos asfixiados por todo ello». En pleno experimento de desembalaje con su familia, Hamilton reconoció que ella y su esposo se sentían como si estuvieran «asfixiados por el estrés». Los Hamilton tuvieron que simplificar para entender que la vida que llevaban no era sostenible; que la carga económica en una busca incesante de cada vez más había acabado con ellos.

Millones de estadounidenses viven al día de su sueldo mensual[63] y, según una encuesta reciente del CFSI, el 72% de los estadounidenses no tiene salud financiera.[64] A veces, los gastos médicos imprevistos nos obligan a endeudarnos sin querer, pero a menudo insistimos en tomar malas decisiones que con el tiempo nos aprisionan con montones de deudas. Yo hice esto último, y me convertí en víctima de mis propias malas decisiones. No solo era una de esas personas económicamente enfermas, sino que, a pesar de que ganaba casi 200.000 dólares al año cuando tenía veintitantos años (en Dayton, Ohio, fíjese), también era uno del 44% cuyos gastos superaban sus ingresos.[65] En muchos aspectos, *parecía* boyante, pero en realidad, sufría de «impotencia financiera» diez años antes de que Neal Gabler acuñara ese término en *The Atlantic*,[66] donde explicaba que la enfermedad «tiene muchas de las características de la impotencia sexual, una de las cuales es la necesidad desesperada de encubrirla y fingir que todo marcha a la perfección».

Como los Hamilton, eso es lo que hice, fingí tener éxito. Pero mis intentos por ocultar mis problemas económicos fueron como intentar pintar una casa en llamas: unas cuantas capas adicionales nunca apagarían el fuego. ¿Cómo es posible que *no* viera las llamas? Debería haberme alarmado por los extractos de facturación que quemaban mi buzón todas las semanas, pero compartimenté mis faltas y mi deuda dejó marcas de quemaduras. Llevaba un estilo de vida que no era ni alegre ni virtuoso: un descenso gradual hasta vivir para trabajar, no trabajar para vivir. ¿Hasta que grado de bajeza estaba dispuesto a llegar para impresionar a las personas que me rodeaban?

Y para empeorar las cosas, a menudo animaba a otros –amigos, familiares, empleados– a endeudarse: *¡Te mereces ese coche deportivo, ese piano de cola, esa remodelación de la cocina!* Era una manera perversa de presentar mis fracasos como si fueran resultados positivos, porque si suficientes personas vivían como yo, era como reivindicar esa forma de vida, ¿se entiende? La miseria anima a los demás a acercar una silla y quedarse mirando un rato.

Un retrato de disfunción económica, amasé buen dinero pero gasté aún más, y cuando me acerqué a los treinta, tenía que pagar una hipoteca, una segunda hipoteca, un automóvil, un préstamo de consolidación de tarjeta de crédito a los veinte y pocos años, y un montón de plazos de nuevos pagos con tarjeta de crédito, por no hablar de las facturas habituales y los gastos de manutención. Para empezar, tenía dos pagos de préstamos universitarios diferentes, pero no tenía ningún título universitario que los acreditara (prohibido preguntar). Estuve en un tris de recurrir al equivalente moderno de los usureros, los prestamistas del día de pago, que es donde a menudo acuden las personas más desesperadas de nuestra sociedad. Y muchos de nosotros estamos mucho más desesperados de lo que se imagina.

¿Sabía que uno de cada cuatro estadounidenses necesitaría pedir prestado o vender algo para pagar un gasto inesperado de 400 dólares? Ese es aproximadamente el mismo porcentaje de adultos estadounidenses que no tienen ahorros para la jubilación,[67] según un informe reciente de la Reserva Federal. Y aproximadamente el mismo número de personas, el 25%, dice que prescindió de la atención médica necesaria en el último año porque no podía pagarla. (Eso dice bastante sobre nuestro sistema de sanidad incomprensiblemente valorado, que debería estar mejor regulado para que no se especulara con los precios, así como sobre nuestra incapacidad para ahorrar dinero.)

La deuda nos está despojando de nuestra libertad, seguridad e identidad. Nuestros acreedores mantienen como rehén al sueño americano. Y el nuevo sueño americano es estar libre de deudas.

Hace unos años, en una entrevista de una revista, un periodista me preguntó en quién pensaba cuando oía la palabra «exitoso». Mi respuesta no fue Steve Jobs ni Bill Gates o Kim Kardashian. Tampoco pienso en el viejo sueño americano –una casa grande, coches y la deuda asociada con la opulencia– como definición de éxito. Cuando pienso en el éxito, pienso en mi amigo Jamar Hocker en Cincinnati. ¿Por qué? Porque sabe que tal vez sea posible comprar placeres fugitivos, pero que la libertad económica no está a la venta. Aunque es padre, esposo, maestro de secundaria e invierte en el mercado inmobiliario, esas cosas por sí solas no lo convierten en un hombre de éxito. Lo que hace que Jamar tenga éxito es que está viviendo el nuevo sueño americano: es feliz, tiene salud y está libre de deudas; tiene control total sobre su vida; y su autoestima no depende de factores externos, todo lo cual lo convierte en una de las personas más exitosas que conozco. Sí, Jamar trabaja mucho, pero ese trabajo no está diseñado para acumular más posesiones; trabaja para tener más libertad, mientras que la mayoría de nosotros trabajamos mucho para llegar a la ruina económica.

La mayoría de la gente está arruinada

Hay muchas razones que explican nuestras crisis económicas individuales, entre ellas las urgencias médicas, la pérdida de empleo y los préstamos abusivos. Y, por supuesto, no podemos olvidarnos de la inflación: en la última década, el precio de la vivienda ha aumentado un 26%, los gastos médicos un 33% y los gastos universitarios un 45%;[68] debido a estos gastos que aumentan sin parar, nos hemos endeudado cada vez más. Aunque es fácil sacudirnos de encima la culpa, también debemos asumir la responsabilidad de nuestras acciones. Cada vez que firmamos en la línea de puntos, cada vez que gastamos imprudentemente, cada vez que traemos a casa algo que no podemos pagar, le pedimos a nuestro yo futuro que asuma la responsabilidad de nuestras decisiones actuales.

Durante el verano de 2018, Los Minimalistas nos embarcamos en una gira para dar conferencias sobre dinero y minimalismo con el equipo de Dave Ramsey de Ramsey Personalities. Ramsey, presentador del tercer principal programa de debates radiofónicos en Estados Unidos y autor de varios libros superventas, ha ayudado a millones de estadounidenses a saldar sus deudas y cambiar su futuro económico. Aquel verano, durante el tiempo que pasé en la sede de Ramsey Solutions en las afueras de Nashville, tuve la oportunidad de entender mejor por qué tanta gente del país más rico del mundo está arruinada.

«Si quieres vencer en cuestión de dinero, averigua qué hace la mayoría de la gente y luego sal corriendo en la dirección opuesta», dijo Ramsey, que despotricaba sobre las negligencias económicas, hablando enérgicamente con oraciones aforísticas, más poesía financiera que prosa. Lo siguiente es textual:

La mayoría de la gente está arruinada.

La mayoría de la gente aparenta que todo va bien, pero está arruinada.

Gastan más de lo que ingresan.

No actúan con arreglo a su salario; no viven de acuerdo a un plan.

No tienen dinero reservado para emergencias.

No están de acuerdo con su cónyuge sobre los gastos.

Esperan que el Gobierno se encargue de cuidarlos cuando se jubilen.

La mayoría de la gente se comporta estúpidamente con el dinero; gastan como si estuvieran en el Congreso.

El índice de quiebras está en su punto más alto; las ejecuciones hipotecarias vuelven a aumentar.

La mayoría de las personas viven al día de su sueldo.

La deuda de las tarjetas de crédito sigue aumentando.

Debemos más de un billón de dólares por préstamos estudiantiles.

El pago medio de un coche es de casi 500 dólares en 84 meses; una estupidez.

Lo *normal* en Estados Unidos es estar arruinado y ser estúpido.

No quiera ser normal.

Quiera ser raro.

Lo raro es ir al contrario.

Y cuando la cultura ha perdido el rumbo, lo mejor que se puede hacer es ir contracorriente.

Lo que más aprecio de los monólogos sobre economía de Ramsey es que nacen en un lugar de amor, *aunque* sea un amor duro. Sí, quizás le desconcierte si usted es uno de los 16 millones de personas que escuchan su programa cada semana, pero Ramsey lo hace porque se preocupa. Si esto no queda claro a través de los altavoces, es obvio cuando se pasa tiempo junto a él. Después de tomar las mismas malas decisiones que la mayoría de nosotros, el propio Ramsey luchó con una disfunción económica hasta que, al final, cuando ya estaba arruinado, tuvo que declararse en quiebra y empezar de nuevo. Pero resucitó como el ave fénix de las cenizas de la ruina financiera, y ha dedicado los últimos treinta años a aplicar lo que aprendió para ayudar a las personas a poder saldar sus deudas y recuperar sus recursos.

Hace unos años, escribí un ensayo casi satírico titulado «11 signs you might be broke»,* inspirado en la famosa rutina de Jeff Foxworthy «You might be a redneck».** No repetiré todos los argumentos de ese artículo: «puede que esté arruinado si vive al día de su sueldo», «puede que esté arruinado si tiene un pago mensual del coche», «puede que esté arruinado si tiene deudas con la tarjeta de crédito». Estos son algunos de los argumentos, pero me gustaría resumir la tesis: uno puede estar arruinado; pero no puede estar arruinado sin un plan para romper el ciclo. A ver, todos hemos estado arruinados

---

*   «11 señales de que puede estar arruinado».
**   Si le interesa este artículo, lo encontrará en minimalists.com/broke.

o con la moral por los suelos en algún momento de nuestra vida. Es cierto que todos necesitamos dinero para vivir, pero, como dice Tyler Durden en *Fight Club*, no somos el contenido de nuestra cartera. Más importante que los ingresos es cómo gastamos los recursos que tenemos. Personalmente, conozco a gente arruinada con sueldos de seis (o incluso siete) cifras. También conozco a familias que viven con 30.000 dólares al año, pero que no están arruinadas en absoluto, porque viven intencionalmente dentro de sus posibilidades. La riqueza, seguridad y satisfacción verdaderas no provienen de los chismes y baratijas que almacenamos, sino de cómo pasamos la única vida que nos es dada. No obstante, es difícil disfrutar de esa vida cuando estamos anclados en las deudas, lo que significa que debemos levantar el ancla si queremos avanzar hacia una vida mejor. No tener deudas es el nuevo aumento de sueldo.

Salir de deudas

Además de respetar ese tipo de amor duro tan necesario de Ramsey, también agradezco que sus consejos sean eminentemente prácticos. En su libro más vendido *The Total Money Makeover: A Proven Plan for Financial Fitness*, con más de ocho millones de copias, Ramsey describe un plan universal, el mismo plan que usó él, para salir de las deudas y lograr la libertad económica. Ramsey llama a este plan los Siete Pasos del Bebé:

Paso del bebé 1: Ahorre 1.000 dólares para casos de emergencia inicial (y haga un presupuesto).

Paso del bebé 2: Pague todas sus deudas (excepto la de la casa) usando el método de la «bola de nieve».

Paso del bebé 3: Ahorre de tres a seis meses de gastos en un fondo de emergencia totalmente financiado.

Paso del bebé 4: Invierta el 15% de los ingresos de su hogar en la jubilación.

Paso del bebé 5: Ahorre para el fondo universitario de sus hijos.

Paso del bebé 6: Pague su casa pronto.

Paso del bebé 7: Genere riqueza y haga donaciones.

Estos sencillos pasos, concretamente los pasos 1 y 2, también me ayudaron a mí a salir de una deuda de seis cifras. ¿Cómo? Primero, tuve que ahorrar 1.000 dólares lo más rápido que pude: un fondo de emergencia para cubrir los casos inesperados de la vida, o sea, reparaciones de coches, gastos médicos y otras emergencias reales. Este primer paso fue importante porque no quería cavar un hoyo más profundo mientras trataba de salir de las deudas. A continuación, llegó el momento de hacer un presupuesto. En aquel momento usé el «sistema de los sobres» de Ramsey, pero si lo volviera a hacer hoy, usaría su aplicación gratuita para hacer presupuestos, EveryDollar, que permite hacer un seguimiento de los gastos mensuales.

Una vez que tuve mi fondo de emergencia y hecho mi presupuesto, llegó el momento de comenzar a pagar metódicamente mis coches, tarjetas de crédito y préstamos para estudios. Siguiendo el plan de Ramsey, vendí dos coches y anulé todas mis tarjetas de crédito, luego hice una lista con todas mis deudas, las puse en orden por saldo y luego las pagué, una por una, de menor a mayor (ese es el método de la «bola de nieve»). Me llevó cuatro años de trabajo riguroso –reducir radicalmente mis gastos, comer en casa e incluso repartir pizzas para ganar dinero extra– para quedar libre de deudas. Tuve que crear mejores hábitos de gasto porque *cuando estás saldando deudas no puedes gastar*. Pero ahora que no debo nada y he experimentado todos los beneficios de la libertad económica, nunca retrocederé.

Vivir sin deudas me ha permitido ayudar a los demás más que nunca. Vivir sin deudas me ha permitido alejarme del mundo empresarial. Vivir sin deudas me ha ayudado a consumir menos y a crear más. Vivir sin deudas me ha facilitado viajar por el mundo. Vivir sin deudas me ha animado a invertir en mi futuro. Vivir sin deudas me ha dado una tranquilidad que nunca tuve mientras estaba endeudado. Vivir sin deudas me ha convencido de que no existen las deudas «buenas».

No era solo Dave Ramsey quien ayudaba a esclarecer las crisis económicas de los hogares de todo Estados Unidos. Mientras estaba de gira con el equipo cuidadosamente escogido por Ramsey, tuve la oportunidad de hablar sobre dinero, deudas e inversiones con varios de los principales expertos financieros de Estados Unidos: Rachel Cruze, Anthony ONeal y Chris Hogan, a quienes conoceremos en este capítulo.

Lecciones infantiles sobre el dinero

Durante nuestro acto «Dinero y Minimalismo» en Nashville, Rachel Cruze, coautora de *Smart Money Smart Kids*, explicó que nuestros hábitos monetarios como adultos, tanto los buenos como los malos, comienzan cuando somos niños. «Tenía seis años cuando mis padres se declararon en bancarrota», dijo Cruze, de lo que se podía deducir una infancia llena de luchas y problemas económicos. Bien mirado, nuestros hijos siempre aprenden de nosotros, a veces de nuestras palabras, pero generalmente de nuestras acciones.

¿Cruze estaba destinada a repetir los errores de sus padres? No en su caso. Por suerte, su padre es Dave Ramsey, y los comportamientos que él y su esposa, Sharon, adoptaron para con Cruze y sus hermanos cambiaron drásticamente después de tocar fondo. «Solo tenía seis meses, así que no conocía el concepto de dinero», dijo. «No sabía qué era estar en quiebra o qué significaba ser rico [...]. Algunos pueden pensar que nací justo en el peor momento: la caída.»

«Pero», añadió Cruze, «yo lo veo diferente. Creo que nací en el momento perfecto: el nuevo comienzo». Cruze no tenía la edad suficiente para ver que sus padres lo perdían todo; en cambio, fue testigo de la lenta reconstrucción y de todas las lecciones que acompañaron ese proceso. Por supuesto, no fue fácil. Su familia fue la primera en someterse al plan de Dave Ramsey.

«Después de que mis padres se arruinaran, podrían haber vuelto a los viejos hábitos que los metieron en problemas», dijo Cruze, y según todos los indicios, estaba en lo cierto. Según Debt.org, los declarantes que repiten son responsables del 16% de todos los casos de quiebra.[69] Pero esa es solo una parte de la historia porque casi todo el mundo debe algo: una encuesta reciente de YouGov mostró que el 70% de los adultos estadounidenses tiene algún tipo de deuda, incluido el 78% de la generación X, el 74% de los *baby-boomers*, el 70% de los milenistas y el 44% de la generación Z.[70] No habría sido sorprendente que la familia Ramsey, dados sus comportamientos anteriores, hubiera salido de su hoyo solo para cavar otro en los años que siguieron a su quiebra.

Después de hablar con Cruze, quedó claro que muchos de nuestros problemas económicos se derivan de nuestra infancia y de los propios contratiempos de nuestros padres con el dinero. Así pues, según Cruze, la clave para romper el ciclo es enseñar economía a todos los niños, a partir de los tres años, animándolos a *ganar dinero* –no a recibir una *semanada*– haciendo las tareas del hogar, y luego mostrarles a qué destinar sus ganancias de manera adecuada.

Cruze sugiere que todos los niños, de tres a dieciocho años, dividan sus ingresos en tres partes clave: gastar, ahorrar y dar. «Hay que facilitar a cada niño tres sobres con el nombre correspondiente: en uno pondrá «gastar», en otro «guardar» y en el tercero «dar». Pídanles que escriban, con letra grande y subrayada, una denominación en cada sobre, y luego anímenlos a decorar los sobres como más les guste. Cada dólar que ganen, o que reciban como regalo, deben distribuirlo entre estos sobres. Si tienen cinco dólares, primero se introduce uno en el sobre de «dar»; dos se introducen en el sobre de «guardar»; y, finalmente, dos se meten en el sobre de «gastar». Esta podría ser la manera más básica de hacer un presupuesto, pero Cruze dice que además ayuda a los niños a desarrollar buenos hábitos de gasto. Mientras escribía este apartado, comencé a probar este método con mi hija de seis años. Aunque no puedo decir si cuando sea mayor se convertirá en el próximo Warren Buffet, sí puedo asegurar que es la única vez que la he visto disfrutar de las matemáticas.

¿No se habría beneficiado usted de estas sencillas lecciones en su infancia? Seguro que sí. De hecho, el simple presupuesto para niños de Cruze es más completo que el mío cuando estaba en la cima de mi carrera empresarial. Aprendí a hacer presupuestos hacia los veinte años, pero decidí ignorar lo que sabía que era mejor. ¿Por qué? Bueno, a menudo damos la espalda a las lecciones que aprendemos y llenamos nuestra vida con nuevos objetos relucientes y vistosos. Es este tipo de pensamiento a corto plazo lo que nos vuelve a endeudar.

Bajo la influencia del impulso

Vuelve a ser esa época del año. La época del año en que la gente se endeuda. Bueno, está claro que da igual que esté leyendo esto en diciembre o en junio o en algún punto intermedio:

siempre es la época del año en que la gente se endeuda. Eso es lo que hacemos. Y es por eso por lo que nos arruinamos.

Compramos regalos con tarjetas de crédito.

Compramos joyas «sin cuota inicial».

Asumimos préstamos para coches a sesenta meses (y ahora a ochenta y cuatro).

Aceptamos hipotecas a treinta años (incluso a cuarenta).

Incluso financiamos muebles. ¡Muebles!

Vamos.

Hace poco entré en una tienda de muebles porque mi esposa quería una almohada nueva. Mientras deambulamos por el laberinto de mesas de café, sofás y aparadores, leí el mismo letrero una y otra vez, estratégicamente colocado sobre varios muebles: «¡Lléveme a su hogar hoy! Financiamiento disponible».

¿A esto hemos llegado? Nos parece que necesitamos todo lo que queremos y que lo necesitamos inmediatamente. Sin embargo, no necesitamos un presupuesto, no necesitamos ahorrar, no necesitamos priorizar nuestros gastos, porque de eso ya se encargará nuestro yo futuro. Algún día.

¿Cómo nos ha funcionado esto hasta ahora? ¿Estamos agradecidos por los gastos imprudentes de nuestro yo pasado? ¿Estamos contentos con la falta de planificación? ¿Nos satisface el rastro de deudas que quedó a raíz de todo lo que nuestro antiguo yo compró bajo la influencia del impulso? Claro que no.

Me tomó años liberarme de deudas, y no voy a volver a ellas, porque ya no estoy dispuesto a negar mi alegría futura por el placer de hoy.

A decir verdad, si necesitamos financiar algo, ya sea un sofá o un SUV, es que, por definición, no podemos pagarlo. Entonces, en lugar de endeudarnos, quizás deberíamos considerar prescindir de estos artículos. No para siempre, solo hasta que tengamos suficiente dinero para cubrir la compra completa.

Hasta entonces... Sentémonos tranquilamente en ese sofá anticuado. Conformémonos con ese colchón lleno de bultos. Usemos los cosméticos que ya tenemos en los estantes del baño. Vayamos de compras a nuestro propio armario con ropa que no usamos. Viajemos en ese viejo monovolumen hasta que grazne.

Francamente, si queremos cosas nuevas, tenemos que esperar hasta poder pagarlas. Quizás entonces, cuando tengamos ese fajo de billetes en efectivo ganado con tanto esfuerzo, nos daremos cuenta de que en realidad no queremos el objeto del impulso que codiciábamos mientras estábamos en la tienda.

De lo contrario, actuaremos por impulso; satisfaremos nuestros deseos al instante. Si sucumbimos a la tentación de la deuda, incluso podríamos sentir una chispa de placer en la cola de caja, pero esa llama pronto se apagará cuando llegue la primera factura mensual.

REGLA MINIMALISTA PARA VIVIR CON MENOS

Regla de esperar

Con la irrupción de las compras en línea y las compras en un solo clic, es más fácil que nunca aumentar el tesoro. Para evitar compras impulsivas, los minimalistas crearon la Regla de esperar, también conocida como la regla 30/30. Si algo que desea cuesta más de 30 dólares, pregúntese si puede arreglárselas sin ello durante las próximas treinta horas (si son 100 dólares, espere treinta días). Este tiempo añadido debería ayudar a evaluar si esta novedad realmente aportará valor a su vida. A menudo, después de reflexionar un poco, vemos que nuestra vida será mejor sin el nuevo chisme, de manera que podemos renunciar por completo a la compra. Y si adquirimos el nuevo artículo, nos sentiremos mejor con la adquisición porque lo habremos introducimos en nuestra vida intencionalmente, no siguiendo el impulso del momento.

Una economía minimalista

Si todo el mundo dejara de golpe de gastar dinero, la economía colapsaría, ¿no es así? Sí, no hace falta insistir en ello. En consecuencia, uno de los mayores (supuestos) argumentos que muchas personas aducen contra el minimalismo es que, si todos fuéramos minimalistas, todos estaríamos condenados: ya no «estimularíamos» la economía, el sistema económico tal como lo conocemos hoy se derrumbaría, y ya no tendríamos riqueza suficiente para comprar basura de plástico barata en el gran centro comercial en las afueras de la ciudad. Este enfoque entraña varios problemas, algunos obvios, otros un poco más abstrusos.

Primero, ninguna persona informada argumentaría que debemos dejar de gastar dinero o que debemos dejar de consumir. Como se dice en la introducción de este libro, el consumo no es el problema, el problema es el consumismo. El consumismo es obligado, insustancial, pernicioso, impulsivo, carece de objetivo concreto, es desacertado. Lo peor de todo es que es seductor: la reluciente fachada del consumismo promete más de lo que posiblemente puede ofrecer porque el amor, la alegría y la tranquilidad son sentimientos que no se pueden mercantilizar, y la verdad es que, una vez satisfechas nuestras necesidades básicas, la adquisición de chismes y baratijas poco hace para nuestro bienestar a lo largo de la vida.

Entonces, usar el consumismo para estimular la economía es como arreglar un espejo roto con un martillo: solo empeora el problema. Sí, el comercio es una parte importante de cualquier sociedad. Pero que los minimalistas eviten el consumismo no implica que eviten el comercio. No, el minimalismo se basa en la intencionalidad, lo que significa que los minimalistas gastamos nuestro dinero de manera mucho más reflexiva y consciente.

Los minimalistas invierten en experiencias más que en posesiones: viajes, conciertos, vacaciones, teatro. Se puede gastar dinero sin adquirir nuevas cosas materiales.

Los minimalistas compran cosas nuevas poniendo atención en lo que adquieren.

Para ello, debemos plantear preguntas mejores:

¿Aportará esto valor a mi vida?

¿Puedo permitirme comprarlo sin endeudarme?

¿Este es el mejor uso que puedo dar a este dinero?

Los minimalistas apoyan a las empresas locales. Las tiendas pequeñas e independientes suelen estar menos motivadas por las ganancias. Por supuesto que necesitan ganar dinero para mantener las luces encendidas, y no hay nada de malo en eso, pero generalmente ganar un dólar no es la principal preocupación de la librería, del restaurante o de la tienda de bicicletas del barrio. Están en el negocio porque les apasiona su producto o servicio, y quieren compartir esa pasión con sus clientes. La pasión engendra mayor calidad y mejor servicio, y eso hace que el dinero que ganan sea aún más merecido.

En última instancia, a los minimalistas no nos interesa «estimular» la economía. La estimulación es efímera. Preferimos mejorar la salud de nuestra economía a largo plazo tomando mejores decisiones individuales sobre el consumo, involucrándonos en nuestra comunidad y apoyando a las empresas locales cuyas inquietudes van más allá del dinero. Si más personas hacen esto, ya sean minimalistas o no, construiremos una economía más fuerte, una economía basada en la responsabilidad personal y la interacción comunitaria, no en un falso sentido de la urgencia, un pensamiento sesgado y el almacenamiento absurdo de trastos que resulta que en realidad no necesitamos para nada.

Deuda estudiantil

Hablando de pensamiento sesgado, es desconcertante la cantidad de instituciones crediticias que dan préstamos de cinco o incluso seis cifras a jóvenes de dieciocho años. No obstante, creo que no es tan sorprendente, ya que estos préstamos están garantizados por el Gobierno de Estados Unidos. Entonces, ¿qué pueden perder estas instituciones? Literalmente nada. Lo extraño es que nosotros, como sociedad, esperemos que los jóvenes elijan la carrera que quieren seguir el resto de su vida, y luego les aconsejamos que asuman prestado un montón de dinero para seguir ese camino. Esta línea de pensamiento limita radicalmente la capacidad de los adultos jóvenes para explorar nuevas opciones, y cuando las personas no pueden cambiar de opinión fácilmente sobre el trabajo que quieren hacer, se estancan, atrapadas por la deuda que obstaculiza el camino que eligió una versión anterior de sí mismas. ¿Se ve la secuencia? Si hoy no elegimos con cuidado, siempre acabaremos pagando, con intereses, mañana.

Peor aún, animamos a los adultos jóvenes a gastar dinero que no tienen en un título que prácticamente no va a proporcionar ningún retorno de la inversión: diseño de moda, historia del arte, artes liberales, música, comunicaciones. Pero ¿cuántos grandes comunicadores tienen un título en comunicación? ¿Cuántos diseñadores de moda, artistas y músicos tuvieron su gran oportunidad gracias a su diploma? Por el contrario, ¿cuántos paseadores de perros y camareros tienen un máster o incluso un doctorado?

Que nadie tergiverse mis palabras. Para nada desanimaría a nadie que quisiera aprender sobre moda, arte o comunicación; simplemente desaconsejaría acumular deudas para hacerlo. Con frecuencia confundimos *escolaridad* con *educación*, pero no necesitamos un atril ni una conferencia para aprender algo nuevo. En el mundo real, todos somos estudiantes y nada sustituye la experiencia del mundo real. Ni siquiera las universidades más prestigiosas.

En efecto, para ejercer algunas profesiones se exige un título. Es decir, no acudiríamos a un cirujano autodidacta o a un dentista o a un dermatólogo formados en YouTube, ¿no? Pero incluso cuando se trata de profesionales de la salud como estos, rara vez nos preocupamos por la institución a la que asistieron. Si usted es como yo, no tendrá ni idea de la escuela a la que fue su gestor, su abogado o su masajista. Lo que importa más que el *alma mater* de estos profesionales son sus conocimientos, habilidades de comunicación, capacidad para atender a los pacientes, personalidad y pericia profesional. Prefiero mil veces tener una enfermera amable y talentosa de la Universidad Estatal de Ohio que una gruñona de Yale.

Anthony ONeal, autor de *Debt-Free Degree*, con quien Los Minimalistas compartimos escenario en Birmingham, Alabama, durante nuestra gira «Dinero y Minimalismo», habló conmigo sobre el impacto de las decisiones que tomamos en la transición a la edad adulta. «Todos los padres quieren lo mejor para sus hijos», dijo. «Muchos padres aceptan que la universidad es fundamental para el éxito futuro de sus hijos, pero la mayoría tiene dificultades para pagarla y terminan recurriendo a préstamos para estudiantes. Es por eso por lo que el graduado universitario medio se va con 35.000 dólares de deuda estudiantil y sin idea de lo que le costará pagar esa deuda».

Con su diatriba en contra de la deuda estudiantil, ONeal no es que trivialice la importancia de la experiencia universitaria, pero quiere que los padres y los estudiantes universitarios vean el panorama general: a fin de cuentas, «tu título debería ayudarte a conseguir un trabajo», y se tendría que poder obtener ese título sin endeudarse. Todo lo demás es secundario.

ONeal me enseñó que, contrariamente a la creencia popular, uno puede graduarse en la universidad sin tener que endeudarse en absoluto: «He ayudado a miles de estudiantes a ir a la universidad sin un solo préstamo estudiantil», dijo. ¿Cómo? ONeal lo llama «*encontrar* dinero *para* la escuela y *ahorrar* dinero *en* la escuela». Las subvenciones, las becas y la elección de una universidad asequible son los tres pilares sobre los que se construye un título libre de deudas.

¿Sabía usted que hay más de 10.000 becas y subvenciones, básicamente dinero gratis que está esperando a que alguien lo solicite? Sé esto simplemente porque ONeal tiene una herramienta de búsqueda de becas en su web, anthonyoneal.com, que ayuda a los estudiantes a encontrar las subvenciones y becas más adecuadas para ellos. ONeal me contó una historia sobre un estudiante de secundaria llamado Jimmy. Durante su tercer año de secundaria, solicitó casi un centenar de becas y subvenciones diferentes. Baste decir que se sintió decepcionado cuando le denegaron más del 80% de sus solicitudes. Pero le aprobaron varias, y cuando Jimmy hizo los cálculos, se dio cuenta de que había ganado más de 400 dólares por hora solo rellenando las solicitudes de becas. ¿De qué otra manera puede ganar tanto dinero un estudiante de secundaria?

Además de encontrar dinero para la universidad, puede ahorrar una cantidad considerable si elige la escuela adecuada. ¿Sabía usted que puede ahorrar 66.000 dólares, de promedio, asistiendo a una universidad comunitaria estatal durante los primeros dos años,[71] en lugar de ir a una universidad privada de prestigio? Después de esos dos años, puede trasladarse a cualquier universidad de su elección y graduarse con su diploma.

Para ser claros, si alguien desea graduarse sin deudas, hay más factores además de encontrar becas y una escuela asequible. Todo suma: obtener buenas notas en la escuela secundaria, obtener buenas calificaciones, asistir a cursos universitarios durante el último año de la secundaria, abrir cuentas de ahorro para la universidad, recibir algunas clases en línea, solicitar programas de trabajo y estudio, vivir en casa mientras se asiste a la universidad; pero, en última instancia, ya existe un plan para terminar la universidad sin asfixiarse con deudas en el futuro. Puede que todo eso no suene tan sexy como la experiencia universitaria de Van Wilder, pero graduarse sin deudas te permite tener libertad financiera.

Presupuestar e invertir en el futuro

Era una tarde de verano sin nubes en Louisville, Kentucky. El cielo, contaminado solo por las luces de la ciudad, era del color de una ciruela demasiado madura, y la cola frente al Mercury Ballroom, un teatro histórico de estilo tudor-gótico en pleno centro de la ciudad, serpenteaba por la calle y doblaba la esquina. Chris Hogan, un hombre del tamaño de los de la Liga Nacional de Fútbol Americano, mirada bondadosa y sonora voz de barítono, estaba de pie en el salón verde, secándose el sudor de la frente, mientras se preparaba para unirse a Los Minimalistas en el escenario para discutir sobre los principios de *Everyday Millionaires*, su último libro basado en el mayor estudio de millonarios jamás realizado. Hogan dice que escribió el libro para «acabar con los mitos millonarios que impiden que la gente común alcance la independencia económica». Él y su equipo de investigación encuestaron a más de 10.000 personas con un patrimonio neto superior a un millón de dólares y descubrieron cómo estas personas con un cuantioso patrimonio alcanzaron su estatus económico. «La fórmula te sorprendería», dijo. «El estatus de millonario no requiere

heredar un montón de dinero o tener un trabajo bien remunerado. No. El camino para convertirse en millonario está asfal-
tado con habilidades ordinarias, habilidades que uno ya tiene
o que se pueden aprender. Si pensabas que nunca podrías con-
vertirte en millonario, piénsalo de nuevo.»

Al principio, esa formulación me pareció extraña. Quiero
decir, ¿quién cree que realmente puede convertirse en millonario? ¿No es un sueño imposible? «Las personas que se hacen millonarias no son herederos de fondos fiduciarios», me
dijo Hogan. «Son personas normales, que trabajan mucho todos los días». De los 10.000 millonarios a los que encuestó,
las tres principales profesiones eran ingeniería, contabilidad
y docencia. «Son personas que, de promedio, no ganan sueldos de seis cifras; son personas junto a las que vives o trabajas,
y no alardean [de su riqueza ganada con tanto esfuerzo]». No
obstante, Hogan y yo estuvimos de acuerdo en que el objetivo
no es tener un millón de dólares en el banco. «El objetivo es
alcanzar la libertad económica, para poder vivir mejor y contribuir más que nadie», dijo. Lo que se busca es que nuestro
dinero trabaje para nosotros y así no tener que seguir trabajando por dinero al jubilarnos.

Hogan sudaba entre bastidores y no porque estuviera ner-
vioso, sino todo lo contrario. Su tono jovial, su amplia sonrisa
y algo difícil de calificar –lo que algunas personas llamarían
aura– denotaban que era un hombre apasionado y lleno de
energía, y que estaba listo para animar a la multitud, no con
un discurso motivacional cursi, sino con la actitud paternal de

quien se preocupa por nuestro futuro. En su primer libro, *Retire Inspired*, Hogan ayudaba a la gente a entender que «tenga veinticinco o cincuenta y cinco años, no tiene por qué jubilarse arruinado, estresado y trabajando hasta mucho después de lo que desea». Para demostrar esta tesis, creó el R:IQ (cociente inspirado en la jubilación), un cálculo de jubilación disponible en chrishogan360.com que acompaña al libro, que sirve para no hacerse conjeturas al planificar la jubilación.

«Jubilarse no es una edad, es una cifra económica», afirma Hogan. «La mayoría de las personas no invierten en sus sueños, pero sí invierten voluntariamente en tazas de café de cinco dólares, zapatillas deportivas de doscientos dólares, pantalones tejanos de trescientos dólares, teléfonos de mil dólares, ordenadores de tres mil dólares y coches de cincuenta mil dólares que están anticuados al cabo de dos años, o usados en dos minutos». Sin embargo, el 60% de los estadounidenses tiene menos de 25.000 dólares ahorrados para su propia jubilación.[72] Para Hogan, esas cifras son más que estadísticas; ha dedicado miles de horas a hablar con miles de personas normales que batallan con el dinero, especialmente con los ahorros para su futuro. «Detrás de cada estadística hay personas reales con nombres reales, rostros reales y familias reales. Caminé, reí y lloré con ellas. He visto el miedo en sus ojos, la angustia de las personas que llegan a la vejez sin dinero y de repente ya no pueden trabajar.» Si esta situación le resulta familiar, Hogan tiene un mensaje para usted: «Quiero que usted cambie. De hecho, ha llegado el momento de que cambie».

El cambio que propone comienza con un cambio de mentalidad. «La jubilación no es cosa de personas mayores», dijo Hogan. «Quiero que piense en la jubilación como en el momento en que "usted es libre de hacer lo que quiera", sin la carga de los problemas de dinero que tiene la mayoría de la gente.» Después de varias décadas trabajando en la industria bancaria y financiera, Hogan entró en Ramsey Solutions y ha sido asesor financiero de algunos de los nombres más importantes de Hollywood, del mundo del deporte profesional y del entretenimiento. Sorprende saber que muchos de los llamados ricos también tienen problemas con el dinero. «Te costaría creer "las estupideces" que he visto hacer a la gente con el dinero», dijo.

¿Por qué? Porque, según Hogan, estas personas no sueñan en mayúsculas o sueñan los sueños de otros. Por lo tanto, el primer paso de Hogan hacia la independencia económica en la jubilación es soñar en mayúsculas: «Quiero que sueñe en alta definición». Dice que es importante hacer una lista de sueños y que sea lo más completa posible. Si uno tiene muy claro lo que quiere hacer cuando se jubile, hasta el último detalle, incluyendo dónde vivirá, a qué dedicará sus días y cómo contribuirá a su comunidad, entonces podrá averiguar cuánto dinero necesita para alcanzar todo eso. Por el contrario, si no sabe a dónde se dirige, no llegará a ninguna parte.

«Todos estos años trabajando codo a codo con personas de todos los ámbitos de la vida me han enseñado una verdad fundamental: la mayoría de estas personas no tienen un plan.»

Hogan a menudo repite un dicho: «Tener un sueño sin un plan, solo es tener un deseo». Sabe que tener un plan parece fácil, pero «es la única omisión flagrante que muchos de nosotros parecemos pasar por alto». Entonces, ¿en qué consiste un buen plan de jubilación? «No se trata de quedarse sentado en el sofá *esperando* que lloverá dinero; se debe comenzar haciendo un presupuesto.»

Aunque al principio del capítulo hemos esbozado en qué consiste la idea de presupuestar, ampliemos ahora el concepto utilizando los «tres pasos clave para hacer un presupuesto» de Hogan. Primero, hay que comenzar con los ingresos. «Se tiene que empezar con lo que se gana, con todo: trabajos extras, bonificaciones, cada céntimo», dice Hogan. En segundo lugar, hay que separar las necesidades de los deseos (se puede utilizar como guía la «Regla de nada innecesario» en el capítulo sobre la relación con las cosas). Finalmente, hay que hacer un plan por cada dólar que se gane (se puede usar la aplicación de presupuesto gratuita EveryDollar como modelo para elaborar el presupuesto).

Una vez que se tiene un presupuesto, hay que dirigir todo el esfuerzo a eliminar la deuda. «Uno no se puede jubilar endeudado», dice Hogan a la gente a la que asesora y entrena. Eso significa: sin préstamos, sin pagos del coche, sin hipotecas, completamente libre de deudas. De hecho, Hogan recomienda cancelar todas las deudas, excepto la de la casa, antes de invertir dinero en planes de jubilación. «Una vez saldadas todas las deudas, excepto la de la casa, y de crear un fondo de emergencia totalmente financiado, se debe presupuestar para invertir el 15% de los ingresos en los planes de jubilación». Para invertir el dinero, Hogan recomienda los planes de ahorro e inversión para la jubilación –planes 401 (k) o 403 (b)–, cuentas IRA Roth y fondos mutuos. Personalmente, dado que trabajo por mi cuenta, pongo el 20% de mis ingresos, todos los meses, en una SEP-IRA (acuerdo simplificado de jubilación) y en fondos indexados de S&P, ambos de Vanguard.

Si bien cualquiera de estos medios de inversión –401 (k), fondos mutuos, IRA y fondos indexados– son los que ofrecen mejores oportunidades para llegar a la jubilación de manera segura, no todas las inversiones son «buenas» inversiones.

Cinco inversiones a evitar

Independientemente de que se utilice la estrategia de inversión de Chris Hogan y la mía, sería negligente por mi parte si no advirtiera sobre las inversiones que evito personalmente, para que la gente también pueda evitarlas. Desde luego no soy un profesional de la administración de patrimonios, pero mi consejo coincide perfectamente con el de los expertos que he entrevistado, incluidos Hogan, Ramsey y otros. Algunas de las llamadas inversiones pueden parecer oportunidades interesantes, pero si depositamos nuestro dinero en lugares equivocados, será como tirar montones de dinero en efectivo a una trituradora de papel.

Seguros de vida de valor en efectivo. Los planes de valor en efectivo, como el de vida entera o el de vida universal, son inversiones fatales. ¿Verdad que usted no «invierte» en seguros de automóvil o de salud? Entonces, ¿por qué tendría que invertir en seguros de vida? Si tiene personas que dependen de usted, entonces sí, necesita un seguro de vida (a menos que sea lo bastante rico para autoasegurarse), y su mejor opción es siempre un seguro de vida temporal. Personalmente, tengo una póliza de vida a veinte años que equivale a diez veces mis ingresos anuales. De esa manera, si yo muriera inesperadamente, mi esposa y mi hija no tendrían que preocuparse por el pago de las facturas. Tengo el mismo seguro para mi negocio, una política de «hombre clave» de veinte años, por lo que, si estiro la pata, Ryan tendrá suficiente dinero para administrar nuestro negocio y continuar compartiendo nuestro mensaje después de que yo me haya ido.

Acciones individuales. A menos que sea un experto en *trading* intradiario, las acciones individuales significan un riesgo excesivo para el inversor medio. Incluso si nuestro empleador nos ofrece una tarifa «especial» por sus acciones, yo no invertiría mi dinero en ninguna acción individual, ni siquiera en empresas famosas como Apple, Google o Tesla; es sencillamente demasiado arriesgado para mi gusto. Quiero que mi dinero crezca con el tiempo, prefiero «hacerme rico lentamente» que «hacerme rico rápidamente»; lo último, por lo general, acaba resultando peligroso.

Oro, plata y metales preciosos. Al igual que las acciones individuales, estos metales comportan demasiado riesgo en comparación con los fondos indexados. Peor aún, el oro y la plata son materias primas, y suele ser la especulación, y no la oferta y la demanda, la que determina los precios de las materias primas.

Rentas vitalicias. Las rentas vitalicias variables, o para el caso cualquier renta vitalicia, suelen ser malas inversiones, sobre todo porque hay muchas otras opciones sólidas disponibles. La mayoría de las veces, las rentas vitalicias están plagadas de tarifas, sanciones y períodos de cancelación, por no hablar de las bajas tasas de rendimiento. ¡No, gracias!

Inversiones de bajo interés. Si invertimos durante más de cinco años, las inversiones con bajo rendimiento de intereses, como los certificados de depósito, los bonos individuales y similares, son malas inversiones porque los intereses devengados generalmente no superan la inflación. Sin embargo, son opciones excelentes si estamos ahorrando durante menos de doce meses porque reducen el riesgo general.

Siete mitos de inversión desmentidos

Sé que planificar la jubilación es una carga que nos pesa, y cuando nos sentimos abrumados por ese peso, empezamos a inventar historias sobre por qué no podemos invertir o por qué debemos esperar. Bien, se *puede* ahorrar para la jubilación y no hace falta esperar. Me gustaría disipar su miedo abordando algunas de las preocupaciones –no, mitos– que he oído durante los años que he ayudado a otras personas a establecer cuentas de jubilación.

Mito 1: Soy demasiado mayor para ahorrar para la jubilación. Durante mi etapa laboral en el mundo empresarial, muchas veces contrataba empleados que eran mayores que yo –a menudo tenían veinte o treinta años más– y que carecían de un plan de ahorro para su jubilación. Tenían miedo desde hacía mucho tiempo, y pensaban que ya era demasiado tarde. Estaban atascados; habían perdido su oportunidad. No es verdad. Aunque está claro que es preferible comenzar a los veinticinco años que a los cincuenta, también es cierto que será mejor comenzar a los cincuenta que, digamos, a los setenta. Aun así, setenta es un mejor comienzo que noventa, ¿no le parece? El pasado es el pasado. Debemos dejar de mirar por el retrovisor y dirigir la mirada hacia el horizonte. Mientras sigamos respirando, nunca es demasiado tarde para empezar. Tampoco es demasiado pronto.

Mito 2: Soy demasiado joven para ahorrar para la jubilación. ¿Demasiado joven? ¡De ninguna manera! Si tiene menos de treinta años, ¡eso está hecho! Los jóvenes, sin importar su categoría impositiva, tienen una gran oportunidad de llegar a ser ricos gracias al poder del interés compuesto. Alguien que invierta 25.000 dólares a los veinticinco años con una tasa de rendimiento del 12% tendrá más de 2 millones de dólares a los sesenta y cinco años, incluso si después de los veinticinco años no agrega un dólar más. Por el contrario, si esa misma persona espera hasta los treinta años, tendrá que aportar más del triple para obtener el mismo resultado. ¿La lección? El interés compuesto es la mejor manera de hacer crecer su dinero a largo plazo, así que comience cuando sea joven.

Mito 3: No gano suficiente dinero para ahorrar para la jubilación. En realidad, no hay ninguna razón por la que no deba jubilarse millonario. Así es: prácticamente todo el mundo, incluso quienes ganan el salario mínimo, tienen la oportunidad de ser millonarios cuando se jubilen. Suena demasiado bueno para ser verdad, pero las matemáticas demuestran lo contrario: un joven de veinticinco años que aparta solo 23 dólares a la semana se jubilará con más de un millón de dólares si invierte el dinero adecuadamente (tasa de rendimiento del 12%). De acuerdo, tal vez usted ya no tenga veinticinco años, ¡yo tampoco! Y quizás no contemos con una tasa de rendimiento del 12% cada año. No pasa nada, simplemente tenemos que ajustarnos a lo que haya.

Mito 4: La inflación perjudicará mis ahorros para la jubilación. Este es el único mito parcialmente cierto. Sin embargo, es irrelevante. Si bien es cierto que 100 dólares dentro de diez años probablemente tendrán menos poder adquisitivo que 100 dólares hoy, la otra cara de esta moneda también es cierta, y bastante más importante: los 100 dólares dentro de diez años valdrán infinitamente más que los 0 dólares invertidos por su vecino. De hecho, las inversiones sólidas son la única manera de superar la inflación. Es mejor invertir 100 dólares que guardarlos en un banco o debajo del colchón.

Mito 5: Prefiero gastar mi dinero en otra cosa. Cuando las intenciones son buenas, esta excusa a veces parece la razón más convincente para evitar ahorrar para el futuro. Es cierto que a veces nos aferramos egoístamente al dinero y empleamos nuestros ingresos para comprar un montón de cosas que tienen un éxito aparente: coches nuevos, aparatos de última generación y todos los accesorios del consumismo, pero con frecuencia queremos dar a nuestro dinero un uso que sirva para contribuir más allá de nosotros mismos: organizaciones benéficas, organizaciones sin fines de lucro y seres queridos necesitados. Es indudable que ayudar a los demás es admirable, y quiero que todos contribuyamos a ello generosamente, pero he descubierto que la mejor manera de hacerlo es ayudándonos a nosotros mismos primero; la mejor manera de dar generosamente es tener más para dar. En todo caso, invertir primero en uno mismo ayuda a mantener el músculo en forma para poder dar.

Mito 6: El mercado de valores no es seguro. Traducción: usted no entiende el mercado de valores. La verdad, yo tampoco lo entiendo del todo. Las únicas personas que deben de tener un conocimiento avanzado de las complejidades del mercado son los corredores de bolsa, los *traders* intradiarios y los administradores de fondos. En lugar de dedicar varias horas al día a captar los matices de los fondos mutuos, los fondos indexados y el S&P 500, prefiero utilizar un servicio de inversión como Vanguard que elimina las conjeturas a la hora de invertir. Es cierto que cualquier inversión introduce riesgo en la ecuación, pero la inversión a largo plazo en el mercado de valores ha demostrado ser la mejor manera de aumentar nuestros ahorros para la jubilación. Durante los últimos treinta años, incluida la fuerte caída de 2008 y la posterior gran recesión,[73] el mercado ha dado de promedio una tasa de rendimiento de casi el 11%. Incluso cuando se tiene en cuenta la Gran Depresión de 1929, el mercado ha tenido un promedio de crecimiento superior al 9% durante los últimos 100 años. Invertir en el mercado es la inversión de crecimiento positivo más estable que se puede hacer a largo plazo.

Mito 7: No tengo tiempo ni conocimientos suficientes para administrar mis ahorros para la jubilación. Es verdad, es probable que usted y yo nunca tengamos tanta sabiduría financiera como los expertos, pero esa es precisamente la razón por la que debemos buscar herramientas desarrolladas por expertos acreditados y que merezcan nuestra confianza. Aunque por lo general soy un tipo de persona partidaria del hacérmelo yo mismo, no he aplicado este método en mi estrategia de inversión. Pero sí que he investigado y he encontrado herramientas de inversión en línea que me permiten controlar mi dinero sin tener que estar demasiado encima. No quiero estar escudriñando constantemente mis inversiones, ajustando y reaccionando con miedo cada vez que el mercado sube o baja, pero tampoco quiero volar a ciegas. En lugar de pilotar el avión yo mismo, he buscado al mejor piloto posible para la cabina de pilotaje. Para mí, eso significa confiar en Vanguard en relación con mis cuentas de jubilación. Para los de Ramsey Solutions, significa encontrar un proveedor local avalado –un agente local «con corazón de maestro» en endorsedlocalprovider.com–, y darle permiso para que administre nuestras cuentas de jubilación.

REGLA MINIMALISTA PARA VIVIR CON MENOS

Regla de la fecha límite de venta

¿Alguna vez ha intentado vender algo y no lo ha conseguido? Quizás lo publicó en eBay, Craigslist o Facebook, pero no hubo suerte. Tal vez no hizo unas buenas fotos ni acertó en la descripción, aunque lo más probable es que fijara un precio demasiado alto, ya que a todos nos cuesta aceptar que algo ya no vale lo que en su día pagamos por ello. Todos somos víctimas de la falacia del costo hundido. Por eso creamos la regla del plazo de venta, que actúa como una especie de alarma para deshacernos de cosas que ya no nos sirven. Siempre que intente vender un artículo, dese treinta días para hacer todo lo que pueda: subastarlo en línea, venderlo en el patio de casa o en tiendas de segunda mano, propagarlo a gritos desde el tejado. Durante ese mes, vaya bajando el precio. Si no ha conseguido venderlo al cabo de treinta días, dónelo a una organización benéfica.

El dinero no es la raíz del mal

El dinero parece ser el mayor tema de discusión en la mayoría de las relaciones humanas. Discutimos, reñimos y peleamos por los gastos del hogar. Y aunque no tenga ninguna lógica, cuanto más tenemos, más polémico se vuelve el asunto.

Hace unos años leí un estudio observacional sobre las diferencias entre nuestros antepasados primates más cercanos: los bonobos y los chimpancés.[74] Ni unos ni otros usan dinero, pero se comportan de una manera muy diferente cuando se trata de uno de sus recursos más preciados: la comida. Al igual que los bebés humanos, a los bonobos y los chimpancés más jóvenes les encanta compartir sus plátanos con los demás, pero sus inclinaciones se desvían a medida que crecen. Los bonobos siguen siendo generosos y continúan compartiendo sus plátanos con el resto de la familia y los amigos hasta bien entrada la edad adulta. Sin embargo, los chimpancés acaparan sus plátanos e incluso emplean la violencia para luchar contra quienes intentan quedarse con uno.

Lo que es aún más fascinante es que incluso cuando los humanos persuaden a los bonobos para que acaparen, estos siguen siendo generosos. Los investigadores les dieron a los bonobos la oportunidad de quedarse con un montón de plátanos mientras un compañero bonobo observaba desde detrás de una puerta. Pero los altruistas bonobos siempre optaron por abrir la puerta y compartir todo lo que tenían con amigos. Según los investigadores, los chimpancés no lo harían nunca. Prefieren discutir y reñir e incluso pelear si es necesario. ¿Le suena?

Los humanos adultos tendemos a actuar más como chimpancés cuando se trata de nuestra economía. El dinero destruye los matrimonios, acaba con las amistades y rompe las asociaciones comerciales. Por eso el dinero tiene mala reputación. Pero no tiene por qué ser un ogro. A diferencia de nuestros antepasados primates, podemos *elegir* cómo nos comportamos con nuestros recursos. En lugar de aferrarnos a todo, podemos personificar a nuestro bonobo interior.

El dinero no es malo ni perjudicial, es solo un amplificador. El dinero no necesariamente mejorará nuestra vida, pero sí amplificará nuestro comportamiento ya existente. Si usted tiene malos hábitos, más dinero empeorará bastante su vida. (Piense en todas las personas que ganan la lotería y que acaban peor de lo que estaban antes de ganar). Si usted es una persona generosa, entonces puede que más dinero le ayude a ser más bondadosa, atenta y solidaria. Independientemente de su comportamiento pasado, hoy la elección es suya: ¿piensa ser un chimpancé o un bonobo? Elija con cuidado, sus relaciones dependen de ello.

El pobre mito minimalista

«Crecí minimalista, entonces se decía ser pobre.» Si me hubieran dado cualquier baratija cada vez que he oído a alguien repetir como un loro esta frase tan manida, tendría un almacén lleno de cacharros inútiles. No sé si estos detractores son unos cínicos de mala fe o simplemente confunden pobreza con minimalismo, pero, sea como sea, es una línea de pensamiento que me parece extraña, especialmente porque estos mismos críticos a menudo afirman que el minimalismo es solo para personas ricas o que solo resuelve problemas del primer mundo, por lo que no es aplicable a las personas que viven por debajo del umbral de la pobreza. No estoy seguro de qué hacer con este tipo de razonamiento bipolar, así que abordémoslo desde ambos lados para aclarar cualquier confusión que pueda haber.

Ya hemos establecido que el minimalismo, en su esencia, implica usar intencionalmente nuestros limitados recursos. ¿Es posible que alguien no se beneficie de ello? Yo también crecí pobre, igual que Ryan, y ciertamente no éramos minimalistas, pero qué duda cabe de que nos habríamos beneficiado de haber sido más reflexivos respecto a nuestros (muy) limitados recursos. De hecho, mi yo pobre de la infancia se habría beneficiado incluso más que mi yo adulto, supuestamente rico, que tropezó con el minimalismo a los veintiocho años. Lo mismo ocurre con Ryan.

Pero dejemos eso a un lado de momento. Permítame que haga como si no recibiéramos correos electrónicos, cartas y tuits muy a menudo de aspirantes a minimalistas, desde Kalamazoo hasta Kenia, que no tienen casi nada, pero que todavía luchan contra el deseo y el incesante tirón del consumismo. Supongamos que el minimalismo no ha ayudado a esas personas como dicen que ha hecho. Y supongamos que el minimalismo solo resuelve los problemas del primer mundo.

De acuerdo.

¿Hay algo de malo en ello? ¿Los problemas del primer mundo no merecen ser resueltos? ¿Las personas adineradas no pueden cuestionarse lo que tienen? ¿Se supone que debemos alienar y dividir a las personas en función de sus ingresos?

Veamos, el minimalismo no es para todo el mundo, es para toda persona que esté descontenta con el *statu quo*. Me parece que al 50% del mundo occidental no le molesta el consumismo y los excesos de la modernidad, y no me corresponde a mí convencer a nadie de que se desprenda de sus cosas. Pero la mitad restante de la población tiene una gran oportunidad frente a ese porcentaje. Sea una persona rica o pobre, joven o vieja, negra o blanca, hombre o mujer, cualquiera que se sienta vacío por la búsqueda interminable de siempre más tiene la posibilidad de vivir mejor con menos.

Reflexiones finales sobre el dinero

El dinero no lo es todo, pero tampoco es nada. Como minimalista, no me parece mal tener dinero, me parece mal tener problemas de dinero. No le diré a nadie cómo tiene que vivir su vida, pero he expuesto mis propios errores financieros y mis malas decisiones para que se pueda aprender de todo ello. Tiendo a evitar soluciones radicales y sin personalizar, pero cuando se trata de dinero, la cosa cambia; este es el único capítulo de este libro en el que se prescriben recetas universales que valen para todo el mundo.

Tenga un presupuesto.

Cree un fondo de emergencia.

Gaste menos dinero del que gana.

Salde sus deudas en cuanto pueda.

Aparte de una hipoteca, nunca más se endeude.

Invierta en su yo futuro ahorrando para la jubilación.

Utilice sus recursos para contribuir al bienestar de los demás.

Si necesita un préstamo para comprarse un coche, es que no puede pagar ese coche.

Si tiene que usar una tarjeta de crédito, es que no puede pagar eso que quiere comprar.

Si está endeudado, la mayoría de las compras no son razonables.

Ni siquiera si necesita obtener un título es necesario que
se endeude pidiendo préstamos para estudiar.

Enseñe a los niños a ahorrar, a dar y a gastar cuando son
pequeños.

No se puede comprar una vida con sentido, solo puede
vivirse.

Aunque todos tenemos diferentes edades y géneros y pro-
venimos de distintos orígenes, no se me ocurre ni una sola
persona que no se beneficiaría de aplicar estos principios en
su vida. Ya llevo diez años comprando a cajas el libro de Dave
Ramsey *The Total Money Makeover* para regalárselo a amigos y familiares, e incluso a personas desconocidas que me
preguntan sobre cómo eliminar sus deudas. Demasiado a menudo esperamos que alguien nos libere, que el Gobierno haga
borrón y cuenta nueva, que nuestro yo futuro gane más dinero,
que un pariente muera y nos deje suficiente dinero en efectivo para pagar nuestras deudas. Pero incluso si pudiéramos
hacer desaparecer las deudas de todos, y todos comenzára-
mos de cero mañana después de hacer borrón y cuenta, al final, si no cambiásemos nuestro comportamiento, volveríamos
a un mundo de deudas, porque con dinero no se compran mejores hábitos. No hay salvadores financieros por ahí, así que
es mejor que no esperemos que nadie nos salve. Cuanto más
rápido nos liberemos de las deudas, antes experimentaremos
la libertad.

Conclusión: dinero

Buenas, soy Ryan, y aquí me tiene otra vez. Joshua nos ha dado mucho en qué pensar en cuanto a cómo manejamos nuestra economía. Ahora exploremos cómo le va a usted respecto a esta importante relación. Tengo algunos ejercicios preparados y listos para que los haga a continuación.

PREGUNTAS SOBRE EL DINERO

1. Describa su relación con el dinero. ¿Es una relación sana o no lo es? ¿Por qué?
2. ¿Qué tipo de estrés experimenta con respecto al dinero (si es que experimenta alguno)?
3. ¿Qué gastos no esenciales cree que desbaratan su presupuesto?
4. ¿Qué planes ha hecho para la jubilación (si es que ha hecho alguno)?
5. ¿Qué cambios hará para mejorar sus hábitos de gastos y su relación con el dinero?

LO QUE SÍ HAY QUE HACER CON EL DINERO

A continuación, ¿qué ha aprendido sobre su relación con el dinero en este capítulo? ¿Con qué se queda de este capítulo? ¿Qué lecciones cree que animan a saldar las deudas e invertir en el futuro? Aquí tiene cinco acciones inmediatas que puede poner en práctica hoy mismo:

- **Ajustar el enfoque.** En su cuaderno, describa brevemente lo que significa el dinero para usted: ¿Qué le proporciona el dinero? ¿Qué quiere que le proporcione? ¿Qué control ejerce el dinero en su vida? ¿Cuánto dinero cree que necesita para ser feliz? ¿Qué podría hacer por los demás con dinero? Una vez que haya escrito sus pensamientos, considere si su enfoque actual requiere algún ajuste y luego escriba qué acciones cree que afectarán esos cambios positivos.

- **Tener claras las influencias.** ¿Cómo se formó su actitud respecto al dinero? Para explorar este aspecto, primero escriba los errores que ha visto que cometen con su economía las personas de su alrededor, y luego escriba buenas decisiones que haya visto que toman las personas. ¿Cuál es su primer recuerdo relacionado con el dinero? ¿Qué entretenimiento está consumiendo que pueda influir en su visión del dinero?

- **Localizar su libertad.** Escriba cómo ve usted la libertad económica. Sea claro sobre cuándo saldará sus deudas, cuándo se jubilará, dónde vivirá, a qué dedicará sus días y cómo contribuirá a su comunidad.

- **Elaborar su presupuesto.** Elabore un presupuesto hoy mismo. No gozará de libertad económica si no tiene uno. Así es como se crea un presupuesto:
  – Cree una hoja de cálculo o descargue una herramienta para presupuestar (puede usar la aplicación gratuita EveryDollar).

- Identifique todas las fuentes de ingresos del mes: cheques, bonificaciones, trabajos paralelos, ventas en el patio de casa y cualquier otra forma en que gane dinero.
- Anote lo que es esencial, lo que no es esencial y lo que es innecesario. (Si necesita orientación, consulte la regla de nada innecesario en el capítulo sobre la relación con las cosas. Luego comience a presupuestar teniendo en cuenta solo lo que necesita. Las cosas no esenciales se pueden incluir más adelante, pero solo si puede pagarlas.
- Utilice la herramienta de presupuestar para asignar cada dólar que entre en su hogar a un asunto concreto. Cuando asigne su dinero, utilice los Siete Pasos del Bebé de Dave Ramsey para guiar las asignaciones.

- **Simplificar gastos.** Empiece a gastar el dinero como un minimalista. Cuando los minimalistas compran cosas nuevas, lo hacen intencionalmente. Para ello, debemos hacernos mejores preguntas: ¿Esto aportará valor a mi vida? ¿Puedo permitirme comprarlo sin endeudarme? ¿Este es el mejor uso que puedo dar a este dinero?

LO QUE NO HAY QUE HACER CON EL DINERO

Para finalizar, analicemos los obstáculos que se interponen en el camino. Aquí tiene cinco cosas que deberá evitar, a partir de hoy, si quiere mejorar su relación con el dinero:

- No siga con los malos hábitos de ahorro y gasto.
- No asuma cargas económicas que no pueda pagar.

- No se convenza de que debe endeudarse.
- No se prive permanentemente de «elementos no esenciales» que aporten valor a su vida. Puede incorporarlos a su vida presupuestando y ahorrando para comprarlos de manera adecuada.
- No renuncie a su salud financiera a largo plazo por ganancias a corto plazo; sacrificará la seguridad futura por un placer momentáneo.

Relación 6. La creatividad

Conseguí mi primer trabajo *real* a los trece años, en el verano entre la primaria y el instituto, y consistía en hilar nubes de algodón en Americana, un parque de atracciones con descuentos en las afueras de Middletown, Ohio. Pero mi primer trabajo fue diez años antes, a mediados de los años ochenta. Acabábamos de mudarnos a American Village, un anodino complejo de apartamentos con docenas de edificios de ladrillos marrones separados por estrechas franjas de césped seco, treinta kilómetros al sur de Dayton. En nuestro piso de un solo dormitorio todo era beige; la alfombra, las paredes y los electrodomésticos tenían todos los tonos de la monotonía.

Un par de semanas antes de cumplir cuatro años, pedí que me compraran un muñeco de acción G.I. Joe en los grandes almacenes de la cadena Hills. Mamá me explicó que no teníamos suficiente dinero para pagar las facturas y comprar el muñeco de plástico que yo quería, así que tendríamos que esperar hasta el viernes para tener el soldado de juguete. Como solo tenía cuatro años y no entendía nada de dinero, de comercio o de gratificación aplazada, se me ocurrió una manera de cola-

borar. Esa tarde, me dirigí a la oficina principal de los apartamentos y les dije que necesitaba un trabajo. Cuando se dieron
cuenta de que no era una broma, la mujer detrás del mostrador
sonrió y luego le susurró algo a su compañera antes de volverme a mirar con ojos bondadosos.

–De acuerdo, si recoges todos los papeles y botellas vacías
que veas alrededor de los edificios, te daremos un dólar a la
semana –dijo.

–Dos –le dije yo.

–¿Cómo dices?

–Que lo haré por dos dólares a la semana.

Ninguna de las dos mujeres pudo contener la risa. ¿Ese niño
estaba negociando su salario?

–Así que dos dólares, ¿eh? –dijo ella.

–Uno para que mi mamá pague las cuentas, el otro para que
me pueda comprar juguetes.

–Bendito sea tu corazón –dijo, y luego me estrechó la mano
para sellar el trato.

Todos los fines de semana de ese verano tiraba a la basura
una bolsa llena de docenas de botellas de vidrio, envoltorios
de comida y papeles, y todos los fines de semana regresaba
a casa con un dólar para mi madre y un dólar para mí.

Ignoremos el hecho de que me pagaban muy mal y de que
probablemente infringíamos varias leyes sobre trabajo infantil,
y centrémonos en cambio en la sabiduría que adquirí aquel
verano. Aunque recoger papeles no me enseñó nada sobre presupuestos, inflación o principios financieros sólidos, aprendí

muchas lecciones valiosas que formaron la base de mis aspi-
raciones. Supe cuál era el pago de una tarea ingrata. Aprendí
que es imposible tener picos sin valles. Aprendí a generar ingresos creando valor. Y aprendí a no quedarme sentado y confiar en que los demás solucionarían mis problemas.

Lo más importante es que aprendí lo importante que era
preguntar. Veamos, si no hubiera estado dispuesto a pedir ese
primer «trabajo», no solo me habría perdido la primera oportunidad de obtener ingresos, sino que además me habría perdido el conocimiento que adquirí gracias a la experiencia
misma.

Resulta que cualquier esfuerzo creativo –ya sea escribir un
libro, abrir un estudio de yoga o hacer un pastel– solo consiste en última instancia en una serie de preguntas. Toda la creatividad nace de un cuestionamiento continuo, y nuestras creaciones simplemente responden a esas preguntas.

¿Quién se beneficiará de esto?

¿Qué hace que mi solución sea interesante o única?

¿Dónde está la mayor necesidad de mi perspectiva?

¿Por qué todavía nadie ha resuelto este problema?

¿Cómo puedo prestar un mejor servicio a los demás con
   mi creatividad?

¿Qué es lo que no puedo hacer?

Todas las grandes obras de arte, así como todo gran líder,
intenta responder estas preguntas (y muchas otras). La creati-

vidad es más eficaz, poderosa y genuina cuando responde a preguntas. Por supuesto, las respuestas adoptan diferentes formas según el tipo de creatividad. Algunos creativos resuelven problemas con películas, libros y programas de radio y televisión, otros con negocios, voluntariados o simplemente escuchando. No importa cómo se emplee la creatividad para resolver problemas, las preguntas siempre ocuparán un lugar central. Y a medida que creamos, y que nuestras creaciones van despegando capas de preguntas, surgen mejores preguntas.

Todo es creativo

El minimalismo no necesariamente nos ayuda a ser más creativos, pero eliminar el exceso de la vida a menudo nos ayuda a descubrir nuestro lado creativo. Durante mucho tiempo, llevé dos vidas separadas: JFM profesional y JFM personal. Estaba mi yo empresarial, formal y correcto, aparentemente impecable. Y luego estaba mi yo creativo, totalmente defectuoso. Los dos se mezclaban tan bien como el agua y el aceite. Así que los mantenía bien separados: mi yo empresarial no hablaba de su amor por la escritura, y mi yo creativo se detestaba por ocultar su creatividad al mundo. Era casi como si uno se avergonzara del otro.

Sin embargo, no me di cuenta de que ambos eran creativos. A medida que ascendía por la escalera vocacional, mi yo empresarial aprendió sobre liderazgo y gestión empresarial, oratoria y un sinfín de habilidades que servirían para mis creaciones futuras. Aunque en aquel momento no parecía que fuera creativo, estaba *creando* una versión con más conocimientos de mí mismo y ayudaba a las personas a resolver problemas. ¿Qué hay más creativo que eso?

Cuando pensamos en la típica persona «creativa», pensamos en artistas famosos como Agnes Martin o Miguel Ángel, o en escritores como Mary Karr o F. Scott Fitzgerald, pero yo sostengo que la mayoría de las actividades tienen, de una u otra manera, algo de creativas. Jerome, mi hermano, por ejemplo, fabrica encimeras en una fábrica de Cincinnati; puede que no sea un artista tradicional, pero sin duda es un creador. Mi esposa, Rebecca, es dietista y trabaja con personas individualmente para desarrollar planes de nutrición personalizados que mejoren su vida; no crea un bien físico, pero es una creadora. Mi amigo «Podcast Shawn» Harding edita los libros, ensayos y episodios de los pódcasts de Los Minimalistas; aunque no es el autor de nuestro trabajo, desempeña un papel importante en el proceso creativo y, por lo tanto, también es un creador.

En pocas palabras: se es creativo si se crea algo que resuelve problemas o aporta valor a los demás. Tan sencillo como eso. Y es importante, porque la creatividad es una parte esencial de una vida con sentido. Sin embargo, para crear algo que valga la pena, no basta con hablar de crear, debemos hacer el trabajo. Lamentablemente, en el camino de nuestra creatividad se interpone una gran cantidad de obstáculos. Es entonces cuando el minimalismo entra en escena, para ayudarnos a quitar de en medio los obstáculos que entorpecen el camino y así poder crear.

No pospongamos las cosas

Durante muchos años fui aspirante a escritor. No escribía mucho, pero *aspiraba* a ello todos los días. Los albañiles, carpinteros y muchos otros creativos saben que tienen que trabajar –literalmente ladrillo a ladrillo– si quieren construir algo notable. Pero por alguna extraña razón la escritura es una de las pocas profesiones en las que la gente espera aprender a base de algún vago proceso paranormal, sin ponerse a trabajar de verdad. Tal vez sea porque los escritores tenemos una simpatía poco realista por la perfección, y cuando vemos las oraciones sobre la página nunca nos parecen tan geniales como los perfectos rollos que nos pegamos mentalmente.

Así que posponemos las cosas.

Cuando tenía veintitantos años, era un campeón posponiendo temas. Utilizaba todas las excusas que podía y más: demasiado ocupado, demasiado cansado, demasiado temprano, demasiado tarde, demasiado distraído y muchos otros «demasiados». Era como si tuviera una agenda llena de disculpas, siempre preparada para evadir la ardua tarea de la creación. Tenía buenas excusas, realmente estaba ocupado, realmente tenía otras cosas que hacer, pero incluso la mejor excusa no deja de ser una excusa.

Algunos escritores llevan las excusas aún más lejos y recurren al «bloqueo del escritor». Para mí este fue un recurso. Pero no deja de ser una justificación peculiar, ¿no? Piénselo. Nunca he oído hablar de una enfermera que no vaya a trabajar debido al «bloqueo de la enfermera». No, las enfermeras, los médicos y tantas otras personas que trabajan simplemente se presentan al trabajo, incluso cuando están cansadas y sin ánimos, porque es lo que hay que hacer. Ahora bien, se podría argumentar que esos no son campos creativos, pero yo sostengo lo contrario. Estos profesionales ayudan a las personas a resolver problemas, que es el núcleo de la creatividad.

Otros creativos también deben presentarse al trabajo si quieren crear. A ver, al igual que el «bloqueo de la enfermera» o el «bloqueo del albañil», el «bloqueo del escritor» no existe, a menos que lo forcemos a que exista. Por supuesto, escritores, artistas y creadores profesionales, las personas que se ganan la vida con su oficio, saben que solo hay un remedio eficaz contra la procrastinación.

Sentarse en la silla. Esas cuatro palabras cambiaron mi vida creativa. El problema no es un bloqueo, es la voluntad de sentarse y ponerse a trabajar. Tuve que aprender a ir al trabajo todos los días. Tanto literal como figurativamente, tuve que aprender a sentarme en la silla, sin distraerme, todos los días, hasta que desarrollé el hábito. Hay días buenos y hay días malos. Algunos días encuentras oro, pero la mayoría solo encuentras arena. Sin embargo, eso no importa. Lo único que importa es que cada mañana me siento y escribo. No aprendemos por ósmosis, hay que trabajar. Lo mismo ocurre con cualquier actividad creativa.

Cuando tenía veintitantos años, quería crear algo importante, pero solo me interesaba el resultado final y no quería lo que es imprescindible para lograrlo. El trabajo monótono. Así que lo postergué. Era lo opuesto al minimalismo. En lugar de simplificar y llegar a la esencia de la creatividad, llené mis días con diversiones. Mis manos y mi mente estaban ocupadas, pero no creaban. Me distraía para evitar el trabajo.

Evitar las distracciones

No podemos hablar de creatividad sin hablar de las distracciones, porque nuestra relación con la creatividad es inversamente proporcional a nuestra relación con las distracciones. Con una mirada superficial, tendemos a ver el minimalismo como una manera de poner orden, pero tal vez deberíamos pensar en él como una manera de evitar las distracciones. Las cosas que poseemos no solo obstaculizan el camino de una vida más creativa, sino que, una vez que nos deshacemos del exceso, comenzamos a darnos cuenta de la cantidad de tiempo que hemos perdido apaciguándonos con distracciones. Y en el mundo moderno, no podemos hablar de distracciones sin hablar de la mayor arma de distracción masiva: la tecnología.

«Sin duda, me quedé colgado buscando lo último y lo mejor en lo que respecta a la tecnología», dijo Jerome Yost, participante del estudio de caso de la Fiesta del Embalaje y procedente de Emmaus, Pensilvania. «El teléfono inteligente más nuevo nunca acababa de ser lo bastante nuevo para mí. Y siempre había una función o una capacidad nueva que me hacía sentir que mi teléfono era inadecuado, a pesar de que cumplía todas las funciones necesarias e incluso más.» A lo largo de su experimento de desembalaje, Yost comenzó a darse cuenta de que había utilizado la tecnología para distraerse, no para interactuar mejor con el mundo que lo rodeaba, sino para evitar el mundo real, para que lo sintético lo apaciguara.

No es un problema nuevo. Hace dos mil años, a los estoicos les preocupaba distraerse leyendo demasiado y no interactuar con el mundo físico. Hoy, leer un libro parece una extravagancia. De hecho, estoy encantado de que usted haya llegado tan lejos. Seis de cada diez personas leen solo un titular antes de comentar un artículo en línea;[75] imagínese cómo se desploma esa estadística cuando hablamos de leer un libro entero. Es usted una de las miles de personas que han comprado este libro, pero una de las pocas que han superado una gran cantidad de distracciones para llegar tan lejos. ¿Por qué? Porque Jerome Yost no es una anomalía. Nuestras brillantes pantallas se han interpuesto en todo y somos adictos a las distracciones. Desplazarse por la pantalla es la nueva manera de fumar.

Imagínese que está cenando con un amigo en su restaurante favorito. En medio del ruido de utensilios y platos y de su propia masticación, oye el timbre amortiguado del teléfono móvil en el bolsillo de su amigo. La mayoría de la gente no detendría la conversación para contestar la llamada sin levantarse de la mesa. Incluso si fuera una urgencia, se alejarían de la mesa para atender la llamada. Entonces, ¿por qué no hacemos los mismo cuando se trata de mensajes de texto, correos electrónicos y publicaciones en redes sociales?

Fíjese en la gente la próxima vez que haga cola en Chipotle, Whole Foods o 7-Eleven (verá cómo se exhiben nuestras adicciones). Hace una generación, casi todo el mundo fumaba cigarrillos con normalidad durante el día. Hoy, fumar en interiores parece una locura, pero lo hemos sustituido por el brillo cautivador de nuestras pantallas de seis pulgadas.

Mire de nuevo a la gente.

Observe el espacio, respire.

¿Por qué nadie sonríe?

Acaso sea porque revisamos nuestros teléfonos inteligentes 150 veces al día.[76] O tal vez porque tocamos y clicamos la pantalla de nuestro teléfono 2.617 veces,[77] lo que hace que usemos nuestros dispositivos hasta doce horas al día de promedio.[78] Para empeorar las cosas, el 86% de los usuarios de teléfonos inteligentes revisan sus móviles mientras hablan con amigos y familiares,[79] y el 87% de los milenistas dice que su teléfono inteligente siempre está a su lado.[80]

Si el objetivo de nuestra tecnología es la conexión, ¿por qué dejamos que nuestros dispositivos creen una cortina de humo entre nosotros? Últimamente se ha hablado mucho de «construir un muro», pero quizás ya lo hayamos construido: una barrera entre nosotros y las personas que nos rodean en nuestra vida cotidiana. O, como observó recientemente el actor Ronny Chieng,[81] «cada noche en Estados Unidos es como un concurso para ver cuántas pantallas podemos colocar entre nuestra cara y la pared».

Personalmente, para derribar esta barrera que brilla, últimamente he intentado algo diferente: cada vez que tengo que responder a un mensaje, desde casa, desde la oficina o desde el restaurante del barrio, simplemente digo: «Por favor, disculpe mientras salgo para ver este mensaje», lo mismo que haría si tuviera que hacer una llamada.

Al principio parece tonto, pero esta decisión me obliga a priorizar lo urgente frente a lo importante. Cuando se examinan con detenimiento, nuestras tareas urgentes rara vez son importantes. Además, mis amigos respetan mis buenos modales y casi siempre me responden con la misma cortesía. Este tipo de intencionalidad es un paso importante para reducir las distracciones, pero, a decir verdad, puede que no sea suficiente. Muchos de nosotros debemos ir más allá para poner orden en nuestra vida digital.

Orden digital

Eliminar las distracciones es más fácil de decir que de hacer. En su libro *Digital Minimalism*, Cal Newport, profesor de informática en la Universidad de Georgetown, pidió a 1.600 personas que participaran en un experimento de «orden digital». «Según mi experiencia», escribe Newport, «cambiar gradualmente los hábitos, de uno en uno, no funciona: la atracción diseñada de la economía de la atención, combinada con la fricción de la conveniencia, disminuirá nuestra inercia hasta que retrocedamos hasta el punto en el que comenzamos». Lo que recomienda es una transformación rápida: «Algo que ocurre en un período corto de tiempo y se ejecuta con la suficiente convicción de que es probable que los resultados se mantengan». Intro: orden digital.

Newport pidió a los participantes en su experimento que reservaran treinta días para «tomarse un descanso de las tecnologías opcionales». Aunque cada individuo tenía que determinar sus propias reglas, las tecnologías opcionales incluyen «aplicaciones, webs y herramientas digitales relacionadas que vemos en una pantalla de ordenador o en un teléfono móvil y que están destinadas a entretener, informar o conectar». Según Newport, las redes sociales, Reddit, los videojuegos, YouTube e incluso los mensajes de texto son ejemplos de los tipos de «nuevas tecnologías» que debemos evaluar cuando nos preparamos para poner orden; no están incluidos los microondas, las radios y los cepillos de dientes eléctricos. En resumen, ¿qué nos distrae? Lo retiramos durante un mes.

Durante ese retiro de un mes, sabiendo que la abstinencia tecnológica puede resultar desagradable, Newport rogó a los participantes que exploraran y redescubrieran actividades y comportamientos analógicos que fueran satisfactorios y significativos. «Para que este proceso tenga éxito», escribe Newport, «también debe dedicar este período a tratar de redescubrir lo que es importante para usted y aquello de lo que disfruta fuera del mundo de lo digital con pantallas brillantes y siempre activo». Newport afirma que los participantes tienen más probabilidades de tener éxito si «cultivan alternativas de alta calidad a la distracción fácil que ofrece [la tecnología]». Estas alternativas pueden consistir en leer libros, tomar un café con amigos, escribir, pintar, asistir a actos comunitarios, planificar salidas familiares, escuchar música, ir a conciertos, practicar deportes y descubrir otros pasatiempos que se han quedado en el camino desde que su vida se ha visto inundada por un aluvión de interminables alarmas, notificaciones, alertas, actualizaciones y otras interrupciones.

Después del receso, Newport hizo que los participantes reintrodujeran tecnologías opcionales comenzando por una pizarra en blanco: «Para cada tecnología que reintroduzca, determine qué valor tiene en su vida y cómo la usará en concreto para maximizar este valor». Para hacerlo de una manera efectiva, recomienda plantearse una pregunta importante: ¿Esta tecnología apoya directamente algo que valoro profundamente? Si no es así, no la vuelva a incorporar. «El hecho de que ofrezca *algún* valor es irrelevante: el minimalista digital implementa tecnología para que esté al servicio de las cosas que considera más importantes en su vida y está feliz de perderse todo lo demás».

La experta en productividad Tanya Dalton llama a esta eliminación de lo superfluo «alegría de perdérselo». En su libro del mismo nombre, escribe: «Hacer menos puede parecer contradictorio, pero hacer menos es más productivo porque uno se concentra en el trabajo que realmente quiere hacer». Para mí, este es el argumento más convincente para el minimalismo digital. Cuando dejamos de mezclar la distracciones y el trabajo ajetreado con la productividad y la eficiencia, podemos lograr algo profundo y significativo con nuestra creatividad.

La tecnología nos tiene tan ocupados con *hacer* que rara vez buscamos el tiempo para *ser*. Intentamos rellenar cada zona intersticial con más trabajo. Todas las escenas del centro de las ciudades son iguales: cabezas inclinadas hacia abajo, rostros perdidos en pantallas brillantes, tecnología que convierte a las personas en zombis. Vivimos en un mundo ajetreado, en el que nuestro valor a menudo se mide por índices de trabajo, producción, rendimiento: la carrera de ratas. Estamos inundados de reuniones, hojas de cálculo, actualizaciones de estado, tráfico en las horas punta, tuits, conferencias telefónicas, viajes, mensajes de texto, informes, mensajes de voz, multitareas y todas las trampas de una vida ocupada. ¡Venga! ¡Venga! ¡Venga! Ocupado, ocupado, ocupado. Resultados. Ya.

Los americanos trabajan más horas que nunca,[82] pero en realidad ganan menos. *Estar ocupado* se ha convertido en la nueva norma. Y si uno no está ocupado, sobre todo en el puesto de trabajo actual, a menudo es considerado perezoso, improductivo, ineficiente: una pérdida de espacio.

Pero para mí, «estar ocupado» es un insulto. Cada vez que alguien me acusa de estar ocupado, mi rostro se contorsiona y hace una mueca por un dolor fingido. Siempre respondo a su acusación de la misma manera: «No estoy ocupado, estoy concentrado».

Henry David Thoreau escribió: «No basta con ser muy trabajador; también son trabajadoras las hormigas. ¿En qué somos tan trabajadores?». Si tuviera que resolver su dilema, diría: «No basta con estar ocupado; lo está todo el mundo. ¿En qué estamos centrados?». Hay una gran diferencia entre estar ocupado y estar centrado. Lo primero implica los típicos tropos de productividad: lo que sea para mantener nuestras manos en movimiento, para seguir adelante, para mantener la cinta transportadora en marcha. No es por casualidad que nos referimos a las tareas rutinarias como «trabajo pesado». El trabajo pesado va bien para los robots de fábrica y otros autómatas, pero no tanto para las personas que intentan hacer algo que valga la pena durante sus horas de vigilia.

Estar centrado, sin embargo, implica atención, conciencia e intencionalidad. A veces la gente confunde el tiempo en que estoy concentrado con el tiempo en que estoy ocupado, porque el estar completamente concentrado comparte muchas de sus características superficiales con el estar ocupado. Es decir, la mayor parte de mi tiempo la ocupo. La diferencia, pues, es que no me entrego a muchas cosas, sino que las tareas y las personas a las me dedico son las que reciben toda mi atención. Estar centrado no me permite abarcar tanto como estar ocupado; por lo tanto, el número total de tareas que llevo a cabo ha disminuido a lo largo de los años. Sin embargo, la importancia de cada labor que emprendo ha aumentado mucho. Este año, por ejemplo, solo alcanzaré un par de metas creativas importantes: publicar este libro y dar una clase de escritura,* pero me entregaré por completo a esos dos tareas. Y todo lo demás que haga será un apoyo a esas labores, directa o indirectamente.

Quizás lo anterior no muestre unos buenos resultados en un diagrama de pastel si lo interpretan quienes analizan métricas, y requiere decir «no» a casi todo lo demás, pero ciertamente uno se siente mejor que estando ocupado porque sí. Desde luego, a veces tengo un desliz; a veces vuelvo a caer en la trampa del ajetreo que impregna nuestra cultura. Pero cuando me ocurre, trato de esforzarme para darme cuenta del desliz, y luego corrijo el rumbo hasta que vuelvo a centrarme en los aspectos valiosos de la vida creativa. Es una batalla constante, pero es una batalla que vale la pena pelear.

REGLA MINIMALISTA PARA VIVIR CON MENOS

Regla de no actualizar

En cuanto al consumo de productos electrónicos (teléfonos inteligentes, ordenadores portátiles, tabletas), un día sí y otro

---

*   Encontrará más detalles en howtowritebetter.org.

también nos presentan la versión más «actualizada». Los anunciantes gastan millones de dólares para que babeemos ante sus nuevas versiones. El dispositivo que tenemos hoy –el que se suponía que respondía a nuestras necesidades– se ha convertido en el objeto de nuestro descontento. Pero podemos negarnos a jugar a ese juego. No hace falta que actualicemos nada. Sí, claro, a veces las cosas se rompen o se desgastan y, cuando eso sucede, tenemos al menos tres opciones: prescindir de ello, repararlo o reemplazarlo. La primera opción es, en nuestra cultura, casi tabú. Sin embargo a veces es la mejor porque es la que nos obliga a preguntarnos si necesitamos ese objeto, y, de vez en cuando, descubrimos que, en realidad, la vida es más satisfactoria sin él. Desde luego, no siempre podemos prescindir de algo, pero sí podemos repararlo sin necesidad de comprar otro. No adquirimos un automóvil nuevo solo porque se tengan que cambiar los frenos, ¿verdad? Lo mismo ocurre con muchos artículos para el hogar. Y, como último recurso, podemos reemplazar los dispositivos. Pero incluso en estos casos, podemos hacerlo de manera responsable comprando artículos usados; podemos «bajar de categoría» y seguir disponiendo de lo necesario para vivir una vida plena. Este enfoque no solo es mejor para el medio ambiente, también suele ser mejor para las personas.

Eliminar distracciones

Aunque no soy un estoico, y mucho menos un ludita, disfruto haciendo experimentos estoicos. Ocurre que la creatividad requiere cierta cantidad de tiempo libre de distracciones, o «trabajo profundo», como lo llama Cal Newport, y para ello, muchas veces lo que hago es eliminar las distracciones potenciales durante un período de tiempo para así determinar si me aportan un valor real o imaginario. Entonces, si decido reintroducir un obstáculo en mi vida, puedo usarlo más conscientemente. Repasemos algunas de las distracciones que he eliminado durante los últimos diez años y cómo esas eliminaciones han beneficiado mi creatividad.

Televisor. Poco después de que terminara mi primer matrimonio, me mudé a un apartamento recién reformado en Dayton. Cada vez que Ryan me visitaba en mi nuevo hogar, señalaba el soporte vacío en la pared y me preguntaba: «¿De qué tamaño vas a comprarte el televisor?». Al principio, respondía con un «no lo sé» y me preguntaba si uno de cincuenta y cinco pulgadas sería lo bastante grande. Pero a medida que los días se convirtieron en semanas, me di cuenta de que no echaba de menos el televisor y, de hecho, estaba mejor sin él porque todas las noches, cuando volvía a casa del trabajo, no podía poner en marcha mi mayor distracción y distraerme hipnotizado por su brillo titilante. En cambio, tenía que dedicarme a algo más productivo, como escribir, leer o hacer ejercicio, o tenía que recurrir a otros entretenimientos. Eso es lo curioso de las distracciones: cuando eliminas una, las otras adquieren relevancia. Y en el mundo actual, lleno de intrusiones, tenemos innumerables diversiones a las que recurrir.

Internet en casa. Después de vivir sin televisor durante un año, me mudé a un apartamento más pequeño en un esfuerzo por destinar cualquier ingreso adicional a pagar deudas. Ryan me ayudó a trasladar todos mis muebles un viernes, y cuando llamé a la compañía telefónica esa tarde para transferir mi servicio de internet, me dijeron que no tendrían un técnico disponible hasta al cabo de varios días. «De acuerdo», dije, «les volveré a llamar cuando tenga mi agenda delante». Entonces sucedió algo inesperado: viví el fin de semana más productivo de mi vida adulta. Después de desembalar mis pertenencias y limpiar mi nuevo apartamento, escribí durante varias horas todos los días, llamé a algunos miembros de la familia para ponerme al día e incluso leí un libro. Sin las obstrucciones de la televisión ni internet en casa, por fin hacía las cosas que aspiraba a hacer, las que requerían rigor o disciplina para llevarse a cabo. Resulta que la disciplina aparece cuando desaparecen las distracciones. Así que nunca llamé a la compañía telefónica. Si necesitaba usar internet, lo hacía en el trabajo, en las cafeterías o en la biblioteca que había al cabo de la calle. De esa manera, tenía que planificar mis actividades en línea con anticipación, lo cual me dejaba poco tiempo para hacer el tonto. E incluso cuando quería desahogarme, o sea, ver vídeos en YouTube o navegar por las redes sociales, también tenía que planificarlo con anticipación.

Teléfono móvil. Después de eliminar la interferencia de la televisión e internet de mi vida hogareña, la cantidad de tiempo que dediqué a crear aumentó exponencialmente, tanto que finalmente comencé la carrera de escritor que siempre había dicho que quería emprender. Después de crear un blog y terminar la novela en la que había estado trabajando desde los veinticuatro años, ahora escribía todos los días, a primera hora de la mañana, después del trabajo, incluso los fines de semana, lo que finalmente me dio la confianza para correr el mayor riesgo creativo de mi vida: dejé mi carrera empresarial para dedicarme a la escritura a tiempo completo.

A los pocos meses, descubrí otra distracción que me seguía a todas partes: a las cafeterías, a las casas de mis amigos, incluso a mi cama por la noche: el teléfono móvil. Era como si llevara una máquina de distracción en el bolsillo. Sí, había eliminado la televisión e internet de mi casa, pero ¿realmente era así? ¿O ahora llevaba en el bolsillo otras versiones de esas distracciones? Entonces guardé mi móvil en un cajón durante dos meses durante los cuales aprendí mucho sobre mis hábitos.

Además de aprender que los teléfonos públicos son prácticamente inexistentes en estos días, aprendí sobre un tipo especial de soledad. Ocurre que, cuando uno elimina la televisión, internet y un teléfono de su vida, ha eliminado sus chupetes principales y al final se ve obligado a enfrentar el tirón que activa muchos de sus impulsos. Sin las pantallas brillantes para entretenerme y divertirme, me enfrenté a un silencio ensordecedor. Aprendí cómo chillan los pensamientos cuando bajamos el volumen de todo lo que nos rodea.

«Cuando usted se compró el primer teléfono inteligente, ¿sabía que se pasaría más de 1.000 horas al año mirándolo?».[83] Seth

Godin, autor de diecinueve libros superventas, hizo esta pregunta en su popular blog. «Meses después, ¿recuerda cómo pasó todas esas horas?» Godin concluye que, «si desperdiciáramos el dinero igual que desperdiciamos el tiempo, todos estaríamos arruinados».

Dos meses sin el constante zumbido de un teléfono también me ayudaron a entender que nosotros, como sociedad, tenemos extrañas expectativas. Antes de deshacerme de mi móvil, vivía bajo la presión constante de responder a los mensajes de texto, el correo electrónico y las redes sociales durante todo el día.

Todos tenemos expectativas diferentes. Puede que una persona espere una respuesta al cabo de una hora, otra persona al cabo de diez minutos y otra a lo largo del mismo día. Son expectativas arbitrarias, y cuando eliminé la posibilidad de responder inmediatamente, pude formarme mis propias expectativas, en lugar de dejar que el mundo dictara mi tiempo de respuesta. Al cabo de poco, sin la banalidad que acompaña las conversaciones de texto superficiales, mis conversaciones cara a cara tenían más contenido. Cuando estaba con mis amigos más cercanos y seres queridos, tenía más temas serios de qué hablar y, como esas conversaciones eran más profundas, las disfrutaba más de lo habitual.

Sin el teléfono metido en el bolsillo, también aprendí que «tiempo muerto» es un término inapropiado. En otros tiempos, disponíamos de momentos preciosos que nos proporcionaban un alivio momentáneo: aeropuertos, colas para pagar, salas de espera y otros santuarios de tránsito. Ya no es este el caso. Ahora parece que todo el mundo está pegado al teléfono durante estos momentos fugaces: intentamos ser más *productivos* o *interactivos*, pero quizás pararse y reflexionar sería más efectivo que volver a revisar otra vez el correo electrónico o las redes sociales, especialmente si queremos crear algo significativo.

Finalmente, con distracciones o sin ellas, me di cuenta de que el mundo seguía. Sin teléfono móvil, sin internet, sin televisión, el mundo sigue girando. Se puede probar cualquier cosa durante un período de tiempo corto para ver si es adecuado para nosotros. En aquellos dos meses no hubo ni un solo momento en el que realmente necesitara el teléfono. Pues claro que hubo momentos en los que fue un inconveniente, y entonces tuve que luchar contra la frustración, pero fue un pequeño precio a pagar por desprogramar el tirón.

Reintroducir herramientas, no distracciones

Debido a que el minimalismo no es privación, reintroduje el teléfono en mi vida al cabo de dos meses. Pero volvió con una finalidad diferente. Hoy lo uso como GPS, para llamar por teléfono y buscar palabras en los diccionarios en línea, utilizo también el bloc de notas y un montón de aplicaciones útiles. Y sí, sigo enviando mensajes de texto de vez en cuando, pero no mientras estoy con otras personas, y nunca cuando estoy frente a un urinario. (Hay un momento y un lugar para todo.)

Además, para evitar las distracciones superficiales más comunes cuando estoy solo, tengo desactivadas todas las notificaciones, he eliminado todas las redes sociales así como las aplicaciones de entretenimiento, y todo lo que no haya usado en los últimos noventa días. Regularmente pongo mi móvil en modo de «no molestar» a menos que necesite usarlo explícitamente, y participo en «Los Sábados sin Pantallas de Los Minimalistas», durante los cuales mi esposa y yo guardamos nuestros teléfonos en un cajón y pasamos el día juntos sin pantallas. Incluso he configurado la pantalla del teléfono en escala de grises[84] porque, según Tristan Harris, un exespecialista en ética del diseño en Google, el cambio de color hace que las aplicaciones del teléfono sean menos atractivas, lo cual evita que miremos y toqueteemos el móvil sin parar. Imagínese todas esas fotos de Instagram y vídeos de YouTube desprovistos de sus cautivadoras explosiones de color.

¿Se ha preguntado si vivimos en un futuro distópico cuando Gopi Kallayil, un evangelista con un cargo directivo en Google, se refiere a nuestros teléfonos inteligentes como nuestro «septuagésimo noveno órgano»? ¿Es aún más aterrador ahora que las resonancias magnéticas han revelado que la materia gris del cerebro de un adicto al teléfono cambia físicamente de forma y de tamaño[85] y se vuelve parecida al cerebro de la persona que consume drogas? Personalmente, si tengo un teléfono, prefiero tenerlo como una herramienta, no quiero que sea un apéndice que me modifique el cerebro.

Por supuesto, las herramientas que usamos son tan buenas (o malas) como quien las usa. Una motosierra puede cortar un árbol podrido del jardín y evitar que se caiga sobre la casa de un vecino. Pero esa misma motosierra puede usarse para lastimar a nuestro vecino, para cortarlo en pedazos diminutos. Un bote de pintura puede embellecer la fachada de una casa. Pero se podría usar para manchar las paredes en un parque público que de otro modo estarían pulcras y limpias. Lo mismo ocurre con la tecnología. Podemos usar Twitter, Reddit y YouTube para enriquecer nuestra vida y la vida de los demás, para comunicarnos y compartir como nunca antes habíamos podido hacerlo. Pero podemos quedarnos atrapados en el Triángulo de las Bermudas de las redes sociales, pasando de Facebook a Instagram y a TikTok, perdidos en el brillo sin sentido de nuestras pantallas.

Podemos usar nuestro teléfono móvil para fotografiar paisajes hermosos, enviar mensajes a las personas que amamos o trazar un mapa para llegar a un parque nacional alejado (o, ¡no me diga!, para llamar por teléfono). Pero podemos usar ese mismo dispositivo para toquetearlo nerviosamente: revisar sin parar el correo electrónico, hojear un flujo interminable de actualizaciones de estado, colgar innumerables selfis o participar en un montón de actividades superfluas que no aportan ningún valor, cualquier cosa mientras ignoramos el hermoso mundo que nos rodea.

Balance final: depende de nosotros decidir cómo usamos las motosierras, los botes de pintura y la tecnología. Nuestras herramientas son solo herramientas y es nuestra responsabilidad hacernos preguntas importantes sobre cómo y por qué las usamos. Porque convertirse en ludita es dar la espalda a todo un mundo de posibilidades, un mundo mejor que se enriquece con las herramientas de la tecnología. Si las usamos intencionalmente, podemos cambiar el mundo con estas herramientas. O podemos causar mucho daño. Es una elección individual, el mundo está a nuestro alcance y depende de nosotros actuar consecuentemente.

Durante la última década, he reintroducido algunas de mis antiguas distracciones en mi vida en varios intervalos, pero el tiempo que he pasado sin ellas me ha ayudado a recuperarlas de manera más reflexiva, no como distracciones, sino como herramientas. Viví sin televisor durante nueve años, hasta que el apartamento al que me mudé en Los Ángeles tenía uno montado en la pared. Para ser franco, hubiera preferido que no fuera así. Pero debido a que está ahí, mi familia y yo lo usamos de vez en cuando. Sin embargo, tengo tres reglas que hacen que incluso ver la televisión sea más intencional: programar la visualización al menos con veinticuatro horas de anticipación, no mirarla más de tres horas a la semana y nunca mirarla solo.

Estos días me enfrento a un reto parecido con internet en casa. Después de cinco años sin acceso a la red, mis circunstancias cambiaron, y mi esposa y mi hija decidieron que lo necesitaban más que yo. Pero, por suerte, podemos tener las dos cosas: todo lo que tengo que hacer es pedirles que me oculten la contraseña de Wi-Fi, y ¡puf!, se acabó internet para mi (pero Ella sí puede disfrutar de *Wild Kratts* en su tableta todos los fines de semana).

¿Y usted? ¿Qué distracciones le impiden crear lo que quiere crear? Si no lo sabe, vuelva atrás y revise sus valores imaginarios en el capítulo sobre la relación con los valores. Por lo general, esas son nuestras mayores distracciones. ¿Qué pasaría si las apartara de su vida durante un día, una semana, un mes? Solo hay una manera de saberlo con certeza.

Creadores, no consumidores

Muchas veces pensamos en nosotros mismos como consumidores, lo cual es verdad hasta cierto punto, pero ante todo somos creadores. Hemos creado herramientas, estructuras y obras de arte durante milenios. Pero nuestra sociedad consumista moderna nos ha condicionado a pensar que solo somos clientes, compradores y consumidores, y, como resultado, muchos de nosotros hemos dejado que nuestros músculos creativos se atrofien.

Los humanos creamos por dos razones: expresarnos y comunicarnos. Eso significa que cuando dejamos de crear perdemos la capacidad de expresarnos con eficacia y no podemos comunicarnos con éxito con los demás.

Cuando se hace con esmero, la creatividad es un acto de amor. De hecho, hay pocos actos tan llenos de amor como crear algo significativo para los demás. Según Ken Coleman, locutor de radio de redifusión nacional, entrenador personal de carrera y autor de *The Proximity Principle*, las creaciones hechas con amor logran tres cosas: dotar, estimular y entretener. Coleman llama a estos pilares de la creatividad las tres E.* «Ya sea una obra de arte o un libro de autoayuda, nuestras creaciones tienen que *entretener* a las personas lo suficiente como para que quieran seguir experimentándolas», me dijo Coleman. «También deberían *estimular* a la gente a realizar algún tipo de acción, no importa que sea de mayor o de menor envergadura. Y deben *dotar* a las personas de conocimientos o experiencia, ayudándolas a que, una vez vista la pintura o la película, o lo que sea la creación, se marchen con información más útil de la que tenían al llegar.»

Personalmente, llevo diez años ganándome la vida como escritor, pero durante este mismo período también me he vuelto tecnológicamente agnóstico. Cuando comencé a escribir ficción a los veinte años, lo único que quería era convertirme en autor, escribir libros y basta. Luego me convertí en autor y descubrí que también disfruto con otras actividades creativas: blogs, pódcasts, hablar en público, hacer películas. A ver, ser un apasionado de la escritura no significa que solo me apasione escribir. De hecho, muchas habilidades son transferibles. A menudo, la escritura es el mejor medio para comunicar o expresar

---

* En el original, *equipping*, *encouraging* y *entertaining*, de aquí las tres E. *(N. de la T.)*

una idea o un sentimiento; es la mejor manera de dotar, estimular y entretener a los demás. Sin embargo, la mayoría de las veces, es preferible encontrar el canal más apropiado para el mensaje. Todavía escribo la mayoría de los días, pero *creo* todos los días, porque crear me hace sentir vivo. Cuando fluye, es como si lo sintiera en mis terminaciones nerviosas.

Crear valor, no contenido

Parece que hoy en día todo el mundo es «creador de contenido». Pero ¿por qué? Aunque soy defensor de la creatividad, no soy un fanático de crear por crear porque sí, eso no sería muy minimalista de mi parte. *Lo* que creamos es tan importante como el acto de crear, y puesto que el volumen no es indicativo de mérito, le sugiero que evite crear «contenido». Opte en su lugar por crear valor, resolver los problemas de las personas, entretener, comunicar algo que valga la pena, expresar algo visceral, producir algo con sentido, lograr que resista el paso del tiempo. Del mismo modo que es importante tomar decisiones conscientes como consumidor, es igualmente importante crear conscientemente. De lo contrario, no hacemos más que aumentar el ruido.

Pensemos en los ejemplos más ilustres de creadores de ruido: anunciantes, emisoras de noticias por cable, «influenciadores» de las redes sociales, ¿qué tienen en común? Dos cosas: la vacuidad y el afán de lucro. Ahora bien, como ya sabrá por lo dicho en el capítulo anterior, no estoy en contra del dinero, pero el resultado no tiene por qué ser ingresos. De hecho, obligarnos a ganar dinero con una afición es una excelente manera de matar nuestro amor por esa búsqueda creativa. Este hecho quedó bien patente cuando hablé con Paul Johnson, un cantautor conocido por el nombre artístico de Canyon City, sobre su experiencia de dedicarse a la música como aficionado hasta convertirlo en su carrera.

Johnson tocaba la guitarra desde que era un niño, pero cuando se mudó de Fargo a Nashville a los dieciocho años en busca de cumplir su sueño, no tardó en descubrir que estaba comprometiendo su integridad creativa para complacer a los responsables de las decisiones en la industria de la música. «Al final pagaba mis facturas gracias a la música», me dijo. «Firmé un contrato discográfico y componía música comercial para empresas, pero no era la música que quería hacer.»

Al cabo de unos años de grabar anuncios y «contenido» sin alma, el trabajo soñado de Johnson se convirtió en una pesadilla. «Se apoderaba de toda la alegría de la música», dijo. «Era como si lo que más amaba hubiera muerto y yo fuera responsable de haberlo matado.» Entonces Johnson hizo algo inesperado: dejó de dedicarse a la música profesionalmente, consiguió un trabajo transportando madera en Home Depot y comenzó a tocar de nuevo como aficionado. «Cuando eliminé la presión de tener que ganar dinero con mi música, el amor finalmente regresó», «y ahí es donde nació Canyon City», me dijo. No fue por casualidad que, tras retomar su oficio por el amor de crear, y no por amor a un cheque, Johnson por fin logró ganarse la vida a jornada completa con la música. La diferencia es que ahora lo hace poniendo sus propias condiciones, y el dinero no es el motivo, es una consecuencia.

Las buenas empresas generan dinero; los grandes negocios marcan la diferencia. Lo mismo ocurre con quienes crean. Aunque no busco ingresos con mis actividades creativas, el dinero tiende a aparecer cuando empleas tu creatividad para entretener o resolver con decisión los problemas de otras personas. Al final, si eres lo bastante bueno, la gente tiene ganas de pagar por el valor que creas. Puede que el artista Shepard Fairey lo expresara mejor: «Cobro tres centavos por mis dos centavos». Por supuesto, eso solo puede hacerse cuando la gente considera que nuestras creaciones tienen un valor.

Estar preparado para las críticas

Cuando llegue el momento de compartir sus creaciones con el mundo, encontrará a personas a quienes les encantará su perspectiva única, pero también encontrará a quienes no les gustara. Le guste o no, su creatividad será sometida a revisión, análisis y evaluación. Es natural. Cuando esto suceda, quiero que entienda que hay una diferencia entre la crítica y la retroalimentación: la crítica pone de manifiesto los problemas; la retroalimentación brinda soluciones. Por lo tanto, debemos buscar la retroalimentación de personas de confianza porque eso mejora nuestro trabajo, pero debemos evitar las críticas de nuestros detractores porque entorpecen el camino hacia la creatividad.

Siempre que cree algo significativo, lo criticarán. Y por muy cerca de la perfección que esté su creación, igualmente será juzgada.

«Esa iluminación es espeluznante.»
«Este libro es una estupidez.»
«No dejes tu puesto de trabajo.»

El juicio no es más que un espejo que refleja las inseguridades de la persona que juzga. La mayoría de las críticas no son más que una descarga no solicitada de preferencias personales. Y como usted no las solicitó, no está obligado a responderlas. Mejor aún, es preferible no devolver el disparo. En vez de eso, haga clic en eliminar, silencie o bloquee y pase a la siguiente creación. Si hace esto lo bastante a menudo, se le van a formar unos callos que le ayudarán a dar forma a su próxima creación sin preocuparse por cómo va a ser recibida. Este tipo de creatividad atrevida, combinada con una rigurosa retroalimentación confiable, es fundamental para construir una obra de la que nos podamos sentir orgullosos.

Al fin y al cabo, ¿qué otra alternativa nos queda? ¿Responder a cada objeción, queja y codazo? Si hacemos eso, perderemos de vista lo que originalmente esperábamos crear y acabaremos por alimentar a las gaviotas. ¿Gaviotas? Sí. Ryan y yo nos referimos a los críticos de internet no como troles, sino como gaviotas, porque llegan volando, se cagan encima de ti y de tu trabajo, y luego se largan volando. Y lo mismo que las gaviotas, suelen ser demasiado ingenuos para comprender las implicaciones de sus propias acciones. A decir verdad, la mayoría de los críticos no aportan nada: simplemente proyectan sus propias inseguridades y no proporcionan valor a la conversación. Y si los escuchamos, su toxicidad impregna nuestros pensamientos, y eso hace difícil crear algo que valga la pena. Así pues, tenemos dos opciones: crear y ser criticados, o esconder un buen trabajo porque tenemos miedo de la caca de un pajarito. Personalmente, prefiero taparme la cabeza y elaborar algo que valga la pena criticar.

No obstante, es importante decir que hay críticos profesionales que aportan valor. Pero incluso una crítica bien fundamentada de nuestro arte no suele ser para nosotros; es para los consumidores de la creación. Mis creaciones han sido objeto de las efusivas alabanzas de innumerables medios de comunicación, y muchas veces también de críticas. Eso es positivo: no tenemos que esperar que a todo el mundo le guste todo lo que hacemos. Lo que he aprendido en diez años de estar en la palestra pública lo resumió magistralmente el popular presentador de radio Charlamagne tha God: «Nunca somos tan buenos como dicen; ni tampoco tan malos». Téngalo en cuenta cuando esté creando. Evite las críticas, porque no van para usted. Busque comentarios de personas que quieran ser de ayuda para mejorar su trabajo.

Los instrumentos de la creatividad

A veces confundimos los instrumentos de la creatividad con la creatividad misma. Intentamos localizar el lápiz que Hemingway utilizaba para escribir sus historias, la cámara que Coppola manejaba para dirigir sus películas, la guitarra que Hendrix tocaba para grabar sus canciones. Pero tener la guitarra de Jimi Hendrix no nos convierte en Jimi Hendrix. Lo mismo ocurre con los utensilios de Hemingway y Coppola. Sí, muchas actividades creativas requieren herramientas, pero las herramientas concretas no son tan importantes como se podría pensar, e incluso pueden llegar a obstaculizar el trabajo si hacemos demasiado hincapié en ellas. Este es uno de los ámbitos en los que el minimalismo amplía nuestra creatividad.

En lugar de buscar la libreta, el bolígrafo y el teclado perfectos para escribir mis libros, ensayos y listas de la compra, sencillamente escribo, con independencia de las herramientas de las que disponga. Muchas de mis mejores líneas las he garabateado en una servilleta con un lápiz sin punta. De hecho, diría que las limitaciones generan creatividad. ¿No recuerda algún director cinematográfico que haya hecho una obra maestra o algún músico que haya grabado un álbum que se ha convertido en un clásico pero cuyas siguientes obras son un fracaso creativo? Al tener pocos recursos a su alcance durante el primer proyecto, se veían obligados a confiar en su talento y habilidades, pero, en cuanto se les dio un presupuesto funcionalmente infinito, recurrieron a trucos elaborados y arrojaron el dinero sobre sus problemas en lugar de resolver esos problemas creativamente. Esto sucede en muchas actividades creativas. Cuando empezamos a buscar soluciones financieras a problemas creativos, nuestra creatividad se resiente.

Los recursos ilimitados pueden ahogar la creatividad. Por lo tanto, cuando creamos, primero debemos buscar las herramientas más poderosas, esas herramientas que están en la caja de herramientas de toda persona creativa: preguntas. No hay nada como hacerse preguntas para estimular la creatividad. Por lo tanto, si desea alimentar su creatividad, hágase preguntas con frecuencia.

¿Qué intento expresar?

¿Qué trato de comunicar?

¿Qué problemas quiero resolver?

¿Qué preguntas espero responder?

¿Qué aportará mi creación a otras personas?

¿De qué dotará a los demás? ¿Cómo los estimulará y entretendrá?

No hay duda de que estas preguntas darán pie a más preguntas, y esa es una buena noticia porque será su curiosidad, más que cualquier artilugio nuevo y reluciente, lo que impulsará su creatividad.

REGLA MINIMALISTA PARA VIVIR CON MENOS

Fiesta del escaneo fotos

Como la mayoría de la gente, probablemente hace años que no mira sus fotos, y ahora esas cajas y álbumes llenos a tope de fotografías acumulan polvo en el sótano o dentro de un armario. ¡Parece que ha llegado el momento de celebrar una fiesta para escanearlas! Primero, invite a algunos amigos, encargue algo para picotear y luego siéntense todos a la mesa de la cocina. Pase revista a todas las fotos y hable de los recuerdos que desencadenan. Separe sus fotos favoritas. Segundo, con un escáner portátil guarde sus fotos favoritas en una tarjeta de memoria. Tercero, suba sus fotos a la nube. Así, si su casa sufriera un accidente (inundación, incendio, robo), todas estarán seguras en línea. Si se siente lo bastante animado, destruya las fotos físicas una vez cargadas. Finalmente, en lugar de guardar otra vez las fotos en el trastero o en el garaje, expóngalas por toda su casa en diferentes marcos de fotos digitales.

Para más detalles sobre escanear fotos, escuche el episodio 272, «Hidden Clutter», de The Minimalist Podcast.

La cuna de la creatividad

«¿De dónde saca sus ideas?» es una pregunta común entre los aspirantes a crear. Es una pregunta que siempre me ha parecido graciosa porque evoca imágenes de tiendas, taquillas o instalaciones gubernamentales ultrasecretas que albergan conceptos creativos. Cuando me plantean esta pregunta, respondo de la manera más sincera que puedo: «De la vida».

La experiencia engendra creatividad. Escribí ficción entre los veinte y los treinta años, probablemente porque mi propia vida era tan banal, tan notablemente anodina, que no valía la pena escribir nada sobre la vida que vivía. El resultado fue que la mayoría de las historias que escribí, incluso las que eran completamente inventadas, no valía la pena leerlas. Sin embargo, con el tiempo, creé algunos cambios en mi propia vida que valía la pena compartir: alejarme de una carrera empresarial, divorciarme, deshacerme de la mayoría de mis posesiones, fomentar nuevas relaciones, explorar nuevas aficiones, y observé estos cambios llenando páginas con esas lecciones de vida. Si yo fuera un actor, probablemente habría encontrado maneras de contar chistes sobre mi dolor y mi tristeza. Si fuera arquitecto, quizás hubiera empleado mis luchas personales para dar forma a los diseños de mis casas. Lo mismo ocurre con cualquier profesión creativa: usamos lo que nos pasa en nuestra vida y los acontecimientos del mundo que nos rodea para dar forma a nuestras creaciones, tanto directa como indirectamente.

No, eso no significa que Martin Scorsese perteneciera a la mafia o que Jim Carrey fuera un verdadero detective de mascotas. Significa que estos creativos expresaron las profundidades de la vida a través de su trabajo y utilizaron diferentes enrejados donde colgar su creatividad. Cada creador manifiesta su habilidad y su visión de manera diferente, pero el resultado final es el mismo: las luchas de la vida tienden a abrirse camino en cada creación.

Todos aspiramos a crear, es una necesidad humana, pero no podemos crear en el vacío. Como alternativa vivamos una vida que valga la pena compartir. No una vida sin tacha o perfecta, sino una vida en la que salgas a la cancha a darlo todo, una vida de la que aprendamos para que otros puedan adquirir conocimiento a partir de nuestra experiencia. En resumen, escribir es genial, pero nunca hay que escribir historias en lugar de vivirlas.

El perfeccionismo es el villano perfecto

Fue un consejo de Voltaire: «No dejes que lo perfecto sea enemigo de lo bueno». Es cierto que, al crear, todos queremos dar lo mejor de nosotros. Queremos mirarnos en el espejo y poder proclamar sinceramente: «Lo he hecho lo mejor que he podido, dados los recursos que tenía a mi alcance». Pero nuestra expectativa no tiene que ser la perfección.

Lo mejor que uno puede hacer cambia con el tiempo. Mis mejores escritos de hace veinte años hoy serían mediocres, aunque no habría llegado a lo que hago hoy sin años de mediocridad. Tal vez suene desalentador al principio, pero me gustaría plantear lo contrario: tiene usted permiso para ser «suficientemente bueno» hoy. O, como escribe la autora Becky Beaupre Gillespie, «suficientemente bueno es el nuevo perfecto».

En este sentido, crear es muy parecido a ir al gimnasio. Seguramente queremos estar en forma y musculados, pero la única manera de lograrlo es seguir yendo al gimnasio, día tras día, y aprovechar el progreso de los días anteriores. Quizás nunca desarrollemos el físico «perfecto», al igual que nunca haremos la pintura perfecta o crearemos la aplicación perfecta para el teléfono inteligente, pero nuestra mejor marca personal seguirá mejorando a medida que le dediquemos horas.

Hacer el trabajo real es mejor que la idea perfecta que está atrapada en nuestra cabeza. «Da igual cuántas horas dediques a intentar hacer algo impecable», escribe Elizabeth Gilbert en su libro *Big Magic: Creative Living Beyond Fear*, «siempre habrá alguien que le encontrará fallos. (Hay personas que todavía consideran que las sinfonías de Beethoven son un poco demasiado, cómo decirlo..., ruidosas.) Llega un momento en que tenemos que dar por acabada nuestra obra y dejarla tal como está, aunque solo sea para poder continuar haciendo otras cosas con un espíritu alegre y decidido. En esto consiste todo. O en eso debería consistir».

Celebrar y compartir creaciones

Bien. Supongamos que ha llegado a ese momento en el que está listo para compartir su música, sus dibujos o su *software* con el mundo. Ha dedicado horas y ha superado el trabajo más monótono, ha pedido la opinión a personas de su confianza y ha utilizado lo que le han dicho para mejorar su creación, y se ha mirado al espejo y ha reconocido que, aunque su obra acabada no es perfecta, es lo mejor que se ve capaz de hacer en este momento de su vida. Eso es maravilloso. ¡Felicidades!

Dedique un momento a pensar en lo que eso significa. Mire a su alrededor: ¿Cuántas personas conoce personalmente que hayan escrito un libro, grabado un álbum o pintado un cuadro? ¿Cinco? ¿Menos de cinco? Si usted es como la mayoría de las personas, lo más probable es que sea la única en su círculo más próximo que haya hecho lo que usted ha hecho y que haya llegado hasta el final. Eso es algo de lo que puede estar orgulloso. Su nueva creación tiene la capacidad de ser un activo para el resto de su vida. Nada ni nadie se lo va a quitar, ni si pierde el trabajo, ni una urgencia familiar, ni tiempos económicos difíciles. Lo que hemos creado siempre será nuestro, un activo para toda la vida, incluso si se quedara metido en un cajón durante los próximos diez años, lo cual no pasará. Porque la creatividad merece ser compartida.

El virus de la viralidad

Entonces, ¿qué piensa hacer con eso nuevo que ha creado? Lo ideal sería compartirlo con personas que estén interesadas en ello, ¿no? Pero ¿cómo encontrar a esas personas? ¿Cómo conectar con un público? ¿Cómo hacer saber al mundo que su creación existe?

Para responder a estas preguntas, primero debemos abordar uno de los conceptos más equivocados que tenemos como sociedad: para compartir nuestra obra con el mundo, tenemos que llegar a «ser virales». En el mundo actual movido por internet, la viralidad es tan atractiva que casi todas las personas creativas suspiran por ella. El éxito de la noche a la mañana. La fórmula secreta. La píldora mágica. El camino más fácil es endémico en nuestra cultura actual. Pero quiero animarle a luchar por algo más.

El deseo de ser viral es contradictorio. Evitamos los virus en todos los demás aspectos de la vida, nos lavamos las manos, tosemos en el codo y evitamos a las personas contagiosas, pero cuando se trata de llegar a un público, buscamos el momento viral, sin darnos cuenta de que este tipo de atención también es una enfermedad. El contenido viral no es más que un titular bien elaborado, que, por definición, carece de sustancia. Los titulares tienen un atractivo inmediato, pero carecen de carácter de permanencia.

Piense en ello.

¿Qué es viral en realidad?

Fotos de traseros de Instagram.

Vídeos de peleas de Worldstar.

Choques de automóviles en YouTube.

Tuits incendiarios.

Polémicas vacuas.

Argumentos inútiles.

Titulares de *TMZ*.

La mayoría de los contenidos virales que presenciamos desaparecen tan rápido como llegaron, y su efímera huella no contribuye para nada al bien común. E incluso las raras veces en que un libro o un álbum de muy buena calidad o una TED Talk se vuelve viral, nunca acaba siendo relevante. Su difusión fue simplemente una consecuencia de una artesanía excepcional.

¿En algún momento se ha parado a pensar por qué nos esforzamos para convertirnos en virales? ¿Hay alguna razón por la que intentamos crear el vídeo viral, el blog supercompartido, el tuit retuiteado? ¿O somos perros de Pavlov, que babeamos cuando se nos ordena por un bocado de atención?

Puede que sea alérgico a la píldora mágica, pero mi propio éxito de la noche a la mañana no sucedió, ejem..., de la noche a la mañana. Primero fue una creación y luego otra, la combustión más lenta entre las lentas. En lo que a mí atañe, nunca he hecho nada que sea viral. Y, no obstante, no necesito para nada serlo, y usted tampoco. Sí, claro, si nos volvemos virales tendremos un alud de personas a nuestra puerta (clics, visitas y comentarios), pero ¿es ese el tipo de atención que deseamos? ¿Es esa una audiencia comprometida? ¿Se van a quedar? ¿Es una relación recíproca? ¿O será viral al estilo de las fiestas con barra libre? Por supuesto que la gente hará acto de presencia, pero ¿qué los mantendrá allí cuando la bebida gratis se haya terminado?

Pero existe una alternativa. En lugar de volverme viral, me centro en una cosa y solo en una: aportar valor. Normalmente, antes de cada tuit que envío, de cada pódcast que grabo, de cada libro que escribo, me pregunto: «¿Aportará valor?». Si no es así, no vale la pena compartirlo, da igual si capta mucha o poca atención. Las personas genuinamente creativas no crean para llamar la atención, crean porque tienen algo que vale la pena compartir con el mundo.

En cuanto a llegar al público, aportar valor es la única manera de ganar aceptación a largo plazo y una de las pocas maneras de generar confianza. Cuando la gente confía en nosotros, tiene ganas de compartir nuestro mensaje con la gente a la que quiere, porque los seres humanos están intrínsecamente programados para compartir valores con los demás. La confianza, no la viralidad, es la mejor estrategia para difundir nuestro trabajo. Sin ella, la salida está a solo un clic de distancia.

Creativos como empresarios

Este tiempo nuestro es el momento más emocionante de la historia para ser una persona creativa. Ya no hay que estar pendiente de los porteros que controlan las puertas de acceso; ya no tenemos que acabar transigiendo con nuestras obras. Por primera vez en la historia, gracias al mundo en línea, *nosotros* tenemos el control. Lo sé por propia experiencia. Cuando a mis veintitantos años no me satisfacía el panorama editorial, tomé las riendas del asunto: me negué a esperar el permiso de otros para publicar mi trabajo.

Cuando los porteros dijeron que no, yo me dije que sí. Durante los últimos diez años, Ryan y yo hemos publicado cuatro libros por nuestra cuenta, tres de los cuales fueron superventas, hemos hecho giras internacionales y tenemos un público más numeroso que el de la mayoría de los autores que publican de manera tradicional. Y, hasta hace poco, lo hicimos todo sin ayudas. Eso se debe a que no somos *solamente* creativos, usted tampoco.

Verá, hubo un tiempo en que un creativo era solo un creativo. Durante esa época, un autor como yo se centraba únicamente en escribir el mejor libro que pudiera escribir. Otra persona lo revisaba, lo maquetaba, lo diseñaba, lo comercializaba, lo vendía y lo publicaba, lo cual era un trato con el que la mayoría de los autores estaban de acuerdo, al menos parcialmente, porque era la única opción disponible, era la única manera de llegar a un público.

Hoy en día existen otras opciones, e incluso los creativos que se mueven dentro del sistema tradicional se beneficiarían de tomar las riendas a la hora de promocionar sus obras. No hace falta decir que en el caso de los creativos que promocionan sus obras por su cuenta esto es doblemente cierto. Para tener éxito –aparte de la posibilidad externa de ser «descubierto» y de que te llueva el dinero–, es mejor considerarse un emprendedor, un empresario creativo. Si se adopta esta perspectiva, las personas creativas verán cada reto empresarial como una oportunidad para mejorar su trabajo y llevarlo hasta las personas adecuadas. Las tareas administrativas, como actualizar las redes sociales y las ventas, pasan a ser una parte más del proceso creativo, que lo son, si se hacen bien.

Al principio quizás suene aterrador, pero en realidad es empoderador. Basta de excusas, basta de esperar a ser seleccionado, basta de culpar del fracaso a otra persona. Cada cual es responsable de su calidad, su diseño, su distribución, su destino. Primero tenemos que crear y luego encontrar a nuestro público, porque nadie más lo hará por nosotros.

Conclusión: la creatividad

Aquí Ryan, listo para una inmersión más profunda. Espero que la exploración de la creatividad de Joshua le haya servido como estímulo para descubrir qué le satisface desde el punto de vista creativo. ¿Lo averiguamos? ¡Estupendo! Repasemos los ejercicios que he preparado para encontrar lo que alimenta su pasión.

PREGUNTAS SOBRE LA CREATIVIDAD

1. ¿Cómo afecta a su vida el hecho de postergar las cosas?
2. ¿Cómo obstaculizan las distracciones a su creatividad?
3. ¿Se considera una persona *ocupada* o *centrada*? ¿Por qué?
4. ¿En qué le gustaría centrarse más? ¿Por qué?
5. ¿Con qué frecuencia sale de su zona de confort?

LO QUE SÍ HAY QUE HACER CON LA CREATIVIDAD

A continuación, ¿qué ha aprendido sobre su relación con la tecnología y la creatividad en este capítulo? ¿Con qué se quedará de este capítulo? ¿Qué lecciones cree que animan a evitar distracciones y crear algo significativo para el mundo? Aquí tiene cinco acciones inmediatas que puede poner en práctica hoy mismo:

- **Encontrar la creatividad.** Es importante tener claro lo que se quiere crear en la vida. Escriba cinco cosas que le gustaría crear. Las siguientes preguntas le servirán de ayuda:
  - ¿De qué manera puede prestar un mejor servicio a los demás?
  - ¿Qué problemas quiere resolver?
  - ¿Dónde está la mayor necesidad de una solución?
- **Centrar la creatividad.** Ahora conviene que explore más sus ideas para poder delimitar mejor la creación en la que se centrará. Junto a cada idea que haya escrito, anote ahora la respuesta a estas preguntas:
  - ¿Qué hace que esta creación sea interesante o única?
  - ¿Cómo aportará valor a los demás?
  - ¿Qué pasos son necesarios para implementar su solución o creación?
- **Cultivar la creatividad.** Es el momento de elegir una labor creativa para convertirla en pasión. Si ninguna de las cinco ideas creativas que ha anotado destaca por encima

de las demás, métalas en un sombrero y elija una al azar. (Antes de escoger una, piense cuál espera que salga del sombrero, esa es la que debe elegir.)

• **Eliminar las distracciones.** Ahora que ha elegido una creación en la que trabajar, es hora de centrarse en ella. Para hacerlo, debe poner límites entre usted y cualquier cosa que se interponga en el camino de la creación. Para ayudar a establecer estos límites, escriba las distracciones que ocupan la mayor parte de su tiempo (compromisos, tecnología, redes sociales, etc.). Responda con sinceridad. Luego, junto a cada distracción, escriba las respuestas a estas preguntas:

  – *¿Necesita* esta distracción en su vida? Si es así, ¿por qué?

  – ¿Cuánto tiempo dedica a esta distracción actualmente? ¿Cuál sería una cantidad de tiempo más apropiada?

  – Si dice *no* a esta distracción, ¿a qué puede decir *sí* entre lo que realmente importa?

• **Poner en práctica la creatividad.** Habiendo liberado tiempo al eliminar las distracciones de su entorno, ahora debe llenar ese tiempo con la creación. Para crear más y mejor, hace falta tener un plan. Responder a las preguntas siguientes le ayudará a establecer ese plan:

  – ¿Con qué frecuencia piensa trabajar en la creación? ¿Puede comprometerse con una práctica diaria?

  – ¿Ante quién rendirá cuentas?

  – ¿Cuándo empezará?

LO QUE NO HAY QUE HACER CON LA CREATIVIDAD

Para finalizar, analicemos lo que se interpone en el camino. Aquí tiene cinco cosas que tendrá que evitar a partir de hoy si quiere mejorar su relación con la creatividad:

- No intente cultivar una pasión considerando el dinero como objetivo principal.
- No se centre en llegar a ser viral, sino en ganarse la confianza de las personas y en aportar valor.
- No permita que la perfección se convierta en enemiga de la creación. Ninguna creación es perfecta, ni siquiera las de los expertos.
- No se preocupe por la marca de las herramientas que utiliza para crear. Las herramientas son tan buenas como el usuario.
- No se centre en las críticas, sino en crear.

Relación 7. Las personas

Usted no puede hacer que *cambien* las personas que le rodean, pero sí puede rodearse de otras personas. Si pudiera viajar en el tiempo y darle un consejo a mi yo joven, le daría una hoja de papel con esa frase escrita.

De niños, entendemos el papel indispensable de los demás seres humanos: nuestra madre nos alimenta, nuestro padre nos atiende, nuestros hermanos nos enseñan, nuestros amigos interactúan con nosotros, nuestras familias nos quieren. Pero con cada año que pasa aparecen nuevos deseos y búsquedas que levantan barricadas entre nosotros y las personas que nos rodean. Seamos realistas, el distanciamiento social lo empezamos mucho antes de la pandemia de 2020. Más o menos hacia la pubertad, comenzamos a desear coches, ropa y productos prohibidos, y poco a poco nos vamos alejando de nuestros compañeros y familiares. Hacia los veinte, nos matriculamos en carreras que crean aún más distancia, y nos ponemos a trabajar arduamente para evitar el arduo trabajo de vivir adecuadamente. A medida que envejecemos, acumulamos chismes y artilugios, y nos aislamos en más metros cuadrados.

Llenamos nuestras casas de cosas, pero en medio de la acumulación nos sentimos solos.

Para llenar los agujeros que nosotros mismos hemos hecho en el queso suizo de nuestro corazón, ansiamos relaciones nuevas y emocionantes que tal vez no compartirán nuestros valores y nos rodeamos de gente que saca lo peor de nosotros. Antes de que nos demos cuenta, ya somos adultos, pero no hemos madurado mucho. Desconcertados, miramos a nuestro alrededor (hacia los treinta, los cuarenta, los cincuenta o más) y nos preguntamos por qué nos hemos encarcelado con posesiones y personas que inundan nuestras vidas vacías. Si queremos salir del barrizal, debemos evaluar con honestidad las relaciones que hemos establecido, también las tóxicas.

De ahí la primera línea de este capítulo.

Tratamos de hacer que *cambien* las personas demasiado a menudo, intentando convertirlas en otras, en alguien que no son, en alguien que se ajusta a nuestra versión ideal de un amigo, amante o familiar, en lugar de buscar nuevas relaciones que nos den su apoyo, que nos empoderen y que nos permitan crecer y mejorar, y ser la mejor versión de nosotros mismos. Naturalmente, esta tensión conduce a disputas que dejan poco espacio para la compasión y el afecto, y mucho menos para mejorar. Con el tiempo, la toxicidad impregna toda la relación, y las pequeñas riñas y el comportamiento pasivo-agresivo aumentan hasta que, un día, después de demasiadas escaladas innecesarias, ya no podemos más de esa relación tóxica y entonces decimos o hacemos algo de lo que no podemos retractarnos. No es por casualidad que muchas relaciones románticas terminan con una intensidad bélica. Las palabras de enojo se convierten en gritos, que a su vez se convierten en paredes golpeadas y objetos lanzados por los aires.

El lector sagaz se habrá dado cuenta de que cada uno de los capítulos de este libro comienza con una frase en primera persona. Es decir, hasta este capítulo, que comienza enfáticamente con un «usted». Fue una decisión deliberada: quería que el formato del libro imitara nuestra propia vida. Me explicaré, planeé escribir un libro sobre relaciones humanas, pero me di cuenta de que lo que arruina nuestras relaciones interpersonales suele ser la relación con nosotros mismos. Antes de poder centrarnos en cultivar relaciones significativas con los demás, primero debemos reconocer nuestros propios problemas.

Esa no es una excusa para no tratar bien a las personas hasta que dominemos las seis relaciones internas de nuestra propia vida. Todo lo contrario. El minimalismo nos permite eliminar el exceso de cosas para poder organizar el exceso de equipaje en nuestra mente y en nuestro corazón. A medida que mejoramos nuestras relaciones con la verdad, con nosotros mismos, con nuestros valores, con el dinero y con la creatividad, comenzamos a configurar la mejor versión de nosotros mismos, lo que crea la base para mejorar nuestra relación con los demás. Si no lo hacemos, si no trabajamos para entendernos a nosotros mismos, sin darnos cuenta castigamos a las personas que nos rodean, pues no estamos a la altura de nuestro potencial.

Diferentes personalidades

Según la teoría de las diferentes personalidades de Carl Jung, publicada por primera vez en su libro de 1921, *Tipos psicológicos*, las personas se caracterizan por su «preferencia por la actitud general».[86] En 1962, Isabel Briggs Myers, fundadora de la Fundación Myers & Briggs, publicó el inventario tipológico de Myers-Briggs (MBTI), una prueba estandarizada para hacer que la teoría de Jung sea «comprensible y útil en la vida de las personas».

Isabel Briggs Myers y su madre, Katharine Briggs, desarrollaron esta prueba para identificar y describir los «dieciséis tipos de personalidades distintivos que resultan de las interacciones entre las preferencias». Es decir:

Mundo favorito: ¿Prefiere centrarse en el mundo exterior o en su mundo interior? Esto se denomina extroversión (E) o introversión (I).

Información: ¿Prefiere centrarse en la información básica que recibe o prefiere interpretar y añadir significado? Esto se denomina sensación (S) o intuición (N).

Decisiones: Al tomar decisiones, ¿prefiere mirar primero la lógica y la coherencia o primero a las personas y las circunstancias especiales? Esto se denomina pensar (T) o sentir (F).*

---

* En inglés, *thinking* y *feeling*. *(N. de la T.)*

Estructura: Al tratar con el mundo exterior, ¿prefiere que las cosas se decidan o prefiere permanecer abierto a nueva información y opciones? Esto se denomina juzgar (J) o percibir (P).

Simplemente leyendo estas descripciones, usted puede identificar su tipo de personalidad; no obstante, para más seguridad, puede hacer la prueba completa en myersbriggs.org.

Si tuviera que simplificar esta teoría, la presentaría así:

Hay personas introvertidas (I) y personas extrovertidas (E).

Hay personas que se orientan hacia los detalles (S) y personas que se orientan al panorama general (N).

Hay personas que son pensadoras (T) y hay personas que son intuitivas (F).

Hay personas que son planificadoras (J) y hay personas que son espontáneas (P).

Cuando determine su preferencia en cada una de las cuatro categorías, obtendrá su tipo de personalidad, que generalmente se expresa como un código de cuatro letras.

Personalmente, soy un ISTJ (un planificador de pensamiento introvertido, orientado a los detalles). Ahora, ¿significa eso que debería buscar la compañía solo de personas que comparten rasgos de personalidad similares? De ninguna manera. Ryan, la otra mitad de Los Minimalistas, es literalmente mi opuesto: ENFP (una persona espontánea, extrovertida, que atiende al panorama general). Mi esposa, por su parte, tiene una personalidad más parecida a la mía: INTJ (planificadora introvertida, con visión de conjunto y pensadora).

Ninguno de estos rasgos de personalidad son «buenos» o «malos», pero, independientemente de que demos importancia al MBTI en sí, es útil comprender *nuestra* predisposición porque nos ayudará a interactuar mejor con los demás. De una manera parecida, reconocer la personalidad única de los demás, en lugar de tratar de configurar su personalidad para que se ajuste a la nuestra, nos ayudará a apreciar sus perspectivas y hará que nuestras relaciones sean más ricas y sólidas. Para mí, este aspecto es especialmente cierto con la introversión y la extroversión.

Introvertidos y extrovertidos

Durante años, no comprendí mi propia inclinación a la soledad, así que dejé que las normas sociales dictaran mis interacciones. Aunque soy un introvertido extremo, mi comportamiento durante la adolescencia y hasta los treinta fue el de un extrovertido. La carrera que elegí me obligó a tener «don de gente», y me pasé casi todas las horas que estaba despierto activamente comprometido con reuniones, llamadas telefónicas y en la planta de ventas. El único tiempo que tenía para mí era en el baño, con la puerta cerrada y escondiéndome de un mundo caótico, aunque solo fueran por un rato. Para rematarlo, soy socialmente competente, una característica que la gente tiende a confundir con la extroversión. Esto es tan común que incluso hubo un período de tiempo en el que me convencí a mí mismo de que, en realidad, era extrovertido. Pero eso es como si un salmón de Alaska se quisiera convencer a sí mismo de ser un pastor alemán; el pez no ladrará ni con el collar de perro más bonito. No está en su naturaleza, al igual que la extroversión no está en la mía. En consecuencia, las incesantes interacciones me dejaban agotado.

Seguro que no me equivoco si digo que a Ryan le pasaba lo contrario. Si Ryan tuviera que vivir una vida solitaria, se sentiría miserable por no tener decenas de personas con las que hablar, interactuar y entablar amistades constantemente. Eso no significa que no aprecie un momento de tranquilidad de vez en cuando, pero la tranquilidad no es su configuración predeterminada. Un pastor alemán puede nadar, pero no puede respirar bajo el agua.

Por supuesto, nadie es introvertido o extrovertido al cien por cien. Ambos rasgos de personalidad existen en un continuo. Los introvertidos son, en general, tranquilos, reservados, tímidos, pasivos, callados, confiables y estrictos, mientras que los extrovertidos suelen ser habladores, sociables, extrovertidos, animados, susceptibles, optimistas, activos y asertivos. Pero la verdad es que a mí se me puede describir con características de ambos tipos: soy reservado, confiable y rígido como un introvertido típico, pero para nada soy tímido o pasivo. Y aunque no soy muy hablador y tampoco soy extrovertido, a menudo soy optimista y asertivo como el extrovertido medio. Resulta que no hay nadie que encaje perfectamente en un tipo de personalidad específico. Pero si nos conocemos a nosotros mismos lo suficientemente bien, podremos ajustar nuestra vida y nuestras interacciones con los demás para adaptarnos mejor a su personalidad, en lugar de intentar forzar su personalidad para que se ajuste a las expectativas de otros.

Francamente, siempre pensé que me pasaba algo. Entre los veinte y los treinta años, seguí las normas sociales, haciendo todo lo que se supone que hay que hacer para ser un miembro normal y funcional de la sociedad: salir con compañeros de trabajo tras la jornada laboral, pasar todas las noches y los fines de semana con amigos, pasar el rato de cháchara. Siempre ocupado. Siempre en marcha. Nunca solo. Pero, como esta interacción constante me agotaba, mi compañía no es que fuera muy agradable. Me sentía extrañamente solo estando siempre acompañado.

Luego, cuando llegué a los treinta, descubrí que era más afable si tenía tiempo para mí. Hoy en día, paso mucho tiempo solo. De hecho, no conozco a nadie que pase más tiempo a solas que yo: caminando, escribiendo, haciendo ejercicio, leyendo, cavilando. En este proceso, he aprendido a disfrutar del sonido del silencio, a sentarme en silencio y escuchar lo que sucede no solo a mi alrededor, sino dentro de mí. Pero el mayor beneficio de esta soledad prolongada es que, cuando decido sumergirme en situaciones sociales, ya sea una cena con amigos, una cita con mi esposa o una presentación de algún libro con miles de lectores, soy una compañía más agradable. No solo yo me beneficio de mi tiempo a solas, sino que todos los que me rodean también se benefician, porque todos obtenemos la mejor versión de mí.

Sin embargo, no recomiendo a nadie más tiempo a solas o más tiempo en compañía. Lo que funciona para mí puede no funcionar para usted. Sé que Ryan sufriría si le impusieran mi rutina. Es el alma de la fiesta: carismático, divertido y agradable por naturaleza. Como extrovertido, obtiene su energía de otras personas y el tiempo a solas lo agota. Obviamente, lo contrario es cierto para mí. Por lo tanto, clasificar su enfoque, o el mío, como bueno o malo es un error. Depende de la personalidad de cada cual. Además, incluso con rasgos de personalidad extremos, no hay absolutos. Incluso yo, un asceta en el límite, detestaría el confinamiento solitario perpetuo. Al igual que Ryan, con toda su encantadora extroversión, de vez en cuando necesita descansar un poco de su estilo de vida social.

Las tres relaciones

La gente a veces usa la palabra «relación» para referirse a una relación física o íntima. Pero, en lo que concierne a este capítulo, consideramos relaciones todas las que se establecen con cualquier persona con la que se interactúe: amigos, socios, cónyuges, amantes, compañeros de piso, compañeros de trabajo, conocidos. Todas estas personas pueden considerarse *relaciones*, y ya sean sanas, neutrales o tóxicas, cada persona tiene tres grupos diferentes en su vida: principales, secundarias y periféricas.

Nuestras relaciones *principales* son las más cercanas. En este grupo probablemente esté la pareja, los familiares próximos e inmediatos y los amigos muy íntimos. Son aproximadamente cinco personajes principales de la película de nuestra vida y constituyen, con diferencia, las relaciones más importantes.

En las relaciones *secundarias* se sitúan personas similares a las principales, excepto que estas relaciones son menos significativas por una serie de razones. Las relaciones secundarias pueden incluir a amigos cercanos, al jefe, a los compañeros de trabajo favoritos y a los miembros del círculo familiar, es el reparto de apoyo.

Lo más probable es que la gran mayoría de las personas en nuestra vida se sitúen en el tercer grupo, en las relaciones *periféricas*, donde están la mayoría de los compañeros de trabajo, vecinos, conocidos, parientes lejanos, algunos amigos de Facebook y similares. Son los personajes secundarios del reparto de nuestra vida.

Pero el hecho de que alguien se ubique en uno de estos grupos no significa que la relación sea inherentemente sana. De hecho, algunos de los mayores obstáculos para vivir una vida con sentido son las personas tóxicas que se han infiltrado en nuestro reparto. Por lo tanto, es fundamental entender qué rol

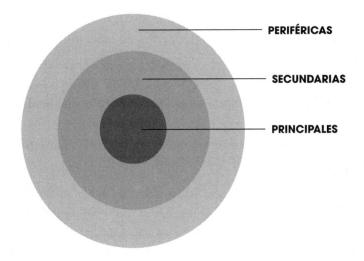

desempeñan las personas en nuestra vida para poder priorizar de nuevo nuestras relaciones y rodearnos de personas que den su apoyo a esa persona en la que deseamos convertirnos, no arrastrarnos hacia *su* versión ideal de nosotros.

Si usted hace una lista de todas las personas que tiene en su vida y etiqueta cada relación como *sana*, *neutral* o *tóxica*, es muy probable que encuentre a decenas de personas en los niveles de relaciones principales y secundarias que seguramente no deberían estar en esos grupos. Depende de usted decidir qué papel desempeñan estas personas en su vida (o si desempeñarán alguno).

Lamentablemente, tendemos a priorizar las relaciones basándonos en la proximidad y la conveniencia. Eso significa que terminamos pasando la mayor parte de nuestro precioso tiempo con personas del grupo periférico. No es que sean personas «malas» necesariamente, pero solo tenemos veinticuatro horas al día, y si pasamos la mayor parte de esas horas con compañeros de trabajo y conocidos, abandonamos a las personas más cercanas, lo cual no es justo para ellas y, al final, no nos satisface.

Es importante recordar que las relaciones no son estáticas. Las personas entran y salen de nuestra vida y cambian los grupos de relación a medida que nos hacemos mayores, nosotros y ellas. Muchas personas que eran especialmente importantes hace diez años hoy lo son mucho menos, ¿verdad? Del mismo modo, las relaciones futuras continuarán variando, cambiando y desarrollándose. Se hacen nuevos amigos, las relaciones actuales se desvanecen o se fortalecen, y algunas terminan por completo. Es importante que desempeñemos un papel activo en este proceso; tenemos que participar en la selección de nuestras relaciones. En los apartados siguientes, exploraremos cómo buscar nuevas relaciones de empoderamiento, cómo reparar y fortalecer las relaciones actuales, y cómo poner fin a las relaciones tóxicas para dejar espacio a las personas que nos ayudarán a vivir una buena vida.

Encontrar relaciones de empoderamiento

Vi a mi esposa desnuda por primera vez unos dos minutos después de nuestra primera cita. Como era mi cumpleaños y Rebecca sabía que yo era minimalista, pensó que un masaje en pareja sería un regalo experiencial apropiado. (Las otras opciones eran montar a caballo y remar en kayak, y las rechacé porque es falso fingir que me gustan cosas que en realidad no me gustan.)

Cuando los dos entramos en la sala de masajes, nos recibieron dos terapeutas, un hombre robusto y una mujer pequeña, ambos con los uniformes blancos de rigor, de pie junto a camillas de masaje gemelas en medio de una habitación donde no había nadie más. La música zen y el aire acondicionado central llenaban el espacio de una fresca serenidad.

–Adelante, desnúdense hasta donde se sientan cómodos –dijo la mujer–. Volvemos en dos minutos.

En cuanto salieron, miré a Bex con una sonrisa inocente que expresaba: «Bueno, tú eres quien preparó esto», y a continuación me quité los zapatos. Ella respondió con una mirada que denotaba cierta incomodidad y encogiéndose de hombros, como diciendo: «No pensé que nos íbamos a desnudar en la misma habitación». Levanté las cejas para expresar un: «¡Pero sabías que era un masaje para *parejas*!». Bex volvió a encogerse de hombros y se quitó la blusa. Y luego me desnudé hasta *mi* nivel de comodidad (desnudo), tratando de no quedarme boquiabierto mientras Bex se desnudaba hasta *su* nivel de comodidad (en bragas). Estaba tan deslumbrante que si hubiera captado la expresión contraída de mi rostro, puede que la hubiera confundido con una reacción a quien sabe qué ataque.

Este es a la vez un mal y un buen ejemplo de cómo conocer a gente nueva. Si bien en general no es buena idea desnudarse la primera vez que salimos con alguien, es importante ser sincero acerca de nuestras preferencias desde el principio. Podría haberme hecho pasar por un hombre a quien le gusta montar a caballo o remar río abajo, pero eso habría creado un sentido artificial de quién soy, lo que habría llevado a falsas expectativas a Bex y, en última instancia, a una conexión ficticia. En cambio, fui franco sobre mis preferencias y le pedí lo mismo a ella, que fuera sincera sobre quién era y qué quería. De esa manera, si nuestras preferencias chocaban, no tendríamos que experimentar el lento declive de una alianza artificial.

En estos tiempos, en nuestro mundo perennemente conectado, no existe una «manera mejor que otra» de conocer gente nueva. Aunque conozco a Ryan desde la escuela secundaria y a mi amigo Podcast Shawn desde que trabajábamos en la empresa, he establecido casi todas mis relaciones principales y secundarias en los últimos diez años, e incluso esas relaciones varían ampliamente en términos de cómo nos conocimos. Meses antes de nuestra cita por mi cumpleaños, Rebecca y yo nos vimos por primera vez en una tienda de comestibles en Missoula, Montana, donde ambos vivíamos en ese momento. A mi amigo y socio comercial Colin Wright lo conocí gracias a Twitter. Con Joshua y Sarah Weaver, el dúo de marido y mujer con quien Ryan y yo ahora compartimos la propiedad de una cafetería en Florida, entramos en contacto después de que leyeran nuestro libro *Everything That Remains*. Quedé por primera vez con el filósofo T.K. Coleman después de escucharlo en un extraño pódcast. Además he iniciado muchas otras relaciones importantes en aplicaciones de citas y en grupos de encuentro y congresos, y como amigo de «amigos» en Facebook o Instagram. El mundo moderno nos brinda más maneras que nunca de conocer gente nueva.

Lo más común entre todas mis nuevas relaciones tiene poco que ver con *cómo* nos conocimos, y mucho que ver con *por qué* nos conocimos y *por qué* nos aproximamos: compartimos valores parecidos. No, no es que seamos copias al papel carbón uno de otro; en realidad, la mayoría de mis amigos tienen diferentes religiones, ideas políticas y estilos de vida, así como diferentes orígenes, etnias, géneros, orientaciones sexuales y estatus socioeconómicos, pero nos hemos acercado porque tenemos una base sólida sobre la cual hemos podido construir una relación fértil. Es así a pesar de que muchas de estas personas viven en otros estados o incluso en otros continentes y no nos veamos asiduamente. He descubierto que la clave para establecer y fomentar relaciones nuevas y fortalecedoras es triple.

Primero, las relaciones más enriquecedoras se forman en torno a valores compartidos, no en torno a creencias, ideologías o intereses. Es positivo que haya parecidos al margen de los valores, pero las diferencias suelen fortalecer la relación porque esas diferencias son un estímulo para incentivarnos mutuamente, de buena fe, lo que nos ayuda a solidificar nuestros propios puntos de vista o a cambiarlos por completo.

En segundo lugar, la calidad siempre supera la cantidad. Es posible tener una relación estrecha con alguien a quien solo vemos una o dos veces al año, siempre que el tiempo compartido tenga un contenido. Por el contrario, es posible estar atrapado en una relación anodina con alguien con quien nos encontramos todos los días. Incluso se podría decir que estas relaciones mediocres son más probables porque solemos suponer que las personas que tenemos eternamente cerca siempre estarán allí. No es que esto suceda siempre –se puede ser intencional en cualquier relación–, pero a veces resulta más difícil apreciar a la persona que damos por hecho que siempre estará ahí. Por eso, Bex y yo pasamos más de la mitad de nuestro tiempo separados. La distancia nos acerca.*

Para finalizar, toda relación requiere reciprocidad. Es decir, si deseamos que la relación crezca debe aportar valor a la otra persona y obtener valor de ella. Toda relación, de amistad, romántica o de otro tipo, consiste en dar y recibir. Sin embargo, en lugar de considerar las relaciones como una simple reciprocidad, me gusta imaginar cada relación como algo que llamo «Nuestra Caja». Para que la relación funcione, ambas personas deben contribuir a esa caja y obtener algo de ella. Si damos pero no recibimos, nos sentimos explotados. Y si solo tomamos, pero no damos, somos unos aprovechados. En cambio, si ambas personas dan lo que pueden, la relación crecerá, aunque es posible que nunca se divida. Una relación no es una transacción, por lo que no es necesario comportarnos como si

---

*   Bex y yo profundizamos en los detalles de nuestra relación, poco convencional, en nuestro pódcast privado, «How to Love», al que se puede acceder visitando howtolove.show.

lo fuera. Más bien, contribuimos a ella con lo que podemos, y eso a lo mejor no es lo mismo que lo que la otra persona puede dar. A veces, dependiendo de nuestras circunstancias, tenemos la capacidad de *dar* más a la relación. Otras veces necesitamos *obtener* más. La respuesta es ser francos en cuanto a qué necesitamos de la relación y en qué podemos contribuir a ella. Si somos capaces de hacerlo, si establecemos las expectativas adecuadas y luego las cumplimos con nuestras acciones, nuestras relaciones progresarán.

Ha habido momentos en mi vida en los que he podido ser el principal contribuyente de una relación, o de una parte concreta de una relación. Este libro es un buen ejemplo de dicha dinámica. Aunque Ryan y yo somos socios por igual de Los Minimalistas, yo soy responsable del 90% del blog y de escribir los libros de Los Minimalistas. Por su parte, Ryan llena los vacíos en otros ámbitos de nuestro negocio, ámbitos que no son necesariamente mi fuerte. No llevamos un registro de responsabilidades, ni contamos exactamente nuestras contribuciones individuales, pero al final todo funciona porque ambos estamos dispuestos a contribuir lo mejor que podamos.

Sin embargo, hay otras situaciones en las que no he podido ser el principal contribuyente. Años después de empezar a salir con mi esposa, mi salud empeoró. En aquel momento, no podía contribuir a la relación como antes: no podía trabajar la jornada completa y, por lo tanto, tenía menos ingresos, mi capacidad como padre disminuyó y no podía participar en actividades normales como viajar, asistir a eventos y hacer las compras. Como resultado, Bex tuvo que tomar las riendas para compensar parte de mi inactividad, y eso es exactamente lo que hizo. E incluso más. Pero mientras yo estuve enfermo, Bex no solo fue el sostén sino que contribuyó en mayor proporción de la que le correspondía, ya que hizo todo lo posible para cuidarme, buscando médicos y posibles soluciones y, acaso lo más importante de todo, tomándose el tiempo para *entender* qué me pasaba. Comprendió que mis déficits no los había elegido yo, que no era que descuidase nuestra relación, sino que durante aquel período concreto no era la mejor versión de mí mismo. Gracias a su apoyo, mi salud ha mejorado enormemente. Desde el momento más duro, en el verano de 2019, es como si hubiera trepado por la pared interior de un profundo cráter en medio del desierto. Ahora que he salido de nuevo a la superficie, quizás sigo estando en el desierto con una gran distancia por delante, pero al menos voy en la dirección correcta. Mi enfermedad fue una lección de humildad y, sin el apoyo de Rebecca, puede que siguiera arrastrándome por el fondo de aquella cuenca vacía. A medida que mi salud va mejorando, puedo contribuir más a la relación, tal vez no tanto como antes, al menos por ahora, pero cada vez más con el paso de los meses.

Cómo ser uno mismo

Bien, puede que ahora usted esté pensando: «Pues claro que quiero personas que me empoderen en mi vida, pero ¿cómo sé si una relación es buena o mala, si es un apoyo o es tóxica, si está creciendo o se está muriendo?».

La respuesta breve es:

Probablemente ya lo sepa.

Si se pregunta si una relación es tóxica, probablemente lo sea.

Una relación es tóxica
cuando es muy nociva o desagradable
de una manera invasiva o insidiosa.

¿La relación hace que constantemente sienta
tristeza, inquietud o enojo,
ansiedad, enfado o miedo,
un sentimiento de culpabilidad, escarmiento o arrepentimiento?
Entonces son muchas las posibilidades de que sea tóxica.

Pero cuando una relación se sale de lo ordinario,
uno no se pregunta nada.
Lo sabe.
Sale de lo ordinario.
Literalmente es extraordinaria.

Pero ¿por qué? ¿Qué hace que una relación valga la pena y cómo se llega a ella? Es tentador buscar un atajo. Tomarse la píldora mágica. Dejar que el algoritmo decida. Deslizar el dedo a la derecha. Pero, por supuesto, no hay atajos, solo hay rutas directas.

La ruta más directa hacia una relación sólida es una que ya ha sido demostrada que es la verdadera: ser uno mismo. Sí, lo sé, suena a consejo trillado de envoltorio de chicle. Pero así es como funciona. Queremos que la gente nos ame, o nos odie, por quienes *somos*, no por cómo nos presentamos ante los demás. Una relación no es un producto y nosotros no somos vendedores, que, durante mucho tiempo, es lo que yo pensaba que era. Pensaba que tenía que convencer a los demás de que les gustara, de que me quisieran y de se preocuparan por mí pretendiendo ser una versión diferente de mí mismo. Con el tiempo, me he dado cuenta de que eso no solo es falso, sino que además es inútil. En lugar de hacerme pasar por un chico sociable, amante del aire libre y de las multitudes, podría haberme limitado a ser mi yo agradable, afable y cálido.

En el fondo, los demás nos verán tal como nos vemos a nosotros mismos. Si no me gusto a mí, ¿cómo voy a gustar a los demás? Sí, podemos engañarlos durante un tiempo, incluso podemos engañarnos a nosotros mismos, pero, al final, la verdad saldrá a flote. Y nos comerá vivos.

Para ser uno mismo, primero uno se debe conocer a sí mismo. Hoy ya no hago ver que me gusta acampar (o montar a caballo o remar en kayak). Hago las cosas de otra manera, con since-ridad, presentándome a mí mismo como lo que soy, no como la figura idealizada que los otros quieren que sea. Nunca le pediría a nadie que hiciera cosas que no le gustan, y si esa persona fuera mi amiga o mi amante, esperaría lo mismo de ella. Esto solo funciona si la sinceridad es mutua.

Si usted está agotado por la perspectiva de seguir siendo quien no es, aquí tiene la solución: sea la mejor versión de usted, su yo sin exageraciones, y luego rodéese de personas que le quieran por lo que es, en la enfermedad y en la salud.

Las personas de las que nos rodeamos contribuirán en gran medida a nuestra alegría. Es posible que nuestras relaciones no nos cambien, pero seguro que sacarán lo mejor y lo peor de nosotros. Por eso debemos elegir sabiamente. Se acabó compartir el tiempo con personas solo porque «nos conocemos desde siempre» o porque compartimos una serie de aventuras de la infancia o un interés común. No, las relaciones más fuertes se construyen sobre una base de valores compartidos. Para llegar allí, hay que aprender a establecer límites y a comunicarse de manera efectiva.

Límites y comunicación

Al principio, puede parecer que poner límites es una de las últimas cosas que querríamos hacer para fomentar relaciones interpersonales íntimas y abiertas, como si establecer límites significara no estar dispuesto a permitir la entrada a la gente. Pero se pueden establecer límites sin poner vallas.

El doctor Henry Cloud, coautor del libro *Límites: cuándo decir sí, cuando decir no. Tome el control de su vida*, dice que «tener límites claros es fundamental para un estilo de vida saludable y equilibrado». Según el doctor Cloud y el doctor John Townsend, coautor del libro mencionado, «los límites definen quiénes somos y quiénes no somos», y muestran a los demás de qué somos responsables personalmente. Es como tener claro el límite de nuestra propiedad alrededor de nuestro bienestar.

Así como el mundo físico está lleno de diferentes límites (las divisiones en una oficina o las paredes del piso, por ejemplo), también es importante construir límites físicos, mentales, emocionales y espirituales en nuestras relaciones. Según Cloud y Townsend:

- Los **límites físicos** nos ayudan a determinar quién puede tocarnos y bajo qué circunstancias.
- Los **límites mentales** nos dan la libertad de tener un pensamiento y una opinión propios.
- Los **límites emocionales** nos ayudan a lidiar con nuestras propias emociones y a desconectarnos de las emociones manipuladoras y perjudiciales de los demás.
- Los **límites espirituales** nos permiten asombrarnos de nuevo ante los misterios del mundo.

Se pueden establecer límites sin alejar a las personas de nuestro lado. En realidad, los límites son una manera de traer las personas a nuestro mundo, de hacerles saber educadamente qué es aceptable y qué no. Necesitamos límites para evitar contratiempos, errores de comunicación y malentendidos. Los límites saludables con padres, pareja, hijos, amigos, compañeros de trabajo e incluso con uno mismo son necesarios para proteger nuestras relaciones de daños innecesarios. Así pues, igual que no nos sentimos culpables por tener una puerta de entrada en casa, no tenemos que sentirnos culpables por nuestros límites. Lo mismo que la puerta de entrada, los límites bien construidos mantienen fuera lo que no deseamos para poder dar la bienvenida a relaciones más apropiadas.

Posiblemente, la mejor manera de establecer límites adecuados es a través de una comunicación constante y eficaz. No obstante, antes de poder comunicar nuestros límites, tenemos que definirlos. Si estuviéramos construyendo una casa nueva, necesitaríamos especificaciones precisas para llevar a cabo la obra. Del mismo modo, debemos identificar las especificaciones de nuestros límites personales respecto a cada relación en la vida.

¿Cuáles son sus límites físicos? Tal vez le gusta abrazar a la gente, o tal vez ni siquiera le guste estrechar la mano. Ninguna de las dos opciones es «correcta» o «incorrecta».

¿Cuáles son sus límites mentales? Tal vez prefiere guardarse sus opiniones, o tal vez quiere compartir sus opiniones políticas en YouTube. Una vez más, un límite no es más «correcto» que el otro.

¿Cuáles son sus límites emocionales? Quizás usted es una persona educada y receptiva, o quizás tenga la necesidad de hablar con franqueza, incluso si eso ahuyenta a algunas personas. Solo usted sabe lo que es más natural para usted.

¿Cuáles son sus límites espirituales? Tal vez su religión, o la falta de ella, sea una experiencia privada, o tal vez se incline por el proselitismo. O ambas cosas.

Conocer nuestros límites nos ayuda a comprender lo que estamos dispuestos a aceptar, así como lo que tenemos que rechazar, para vivir coherentemente.

Ahora bien, vale la pena tener en cuenta que sus límites cambiarán con el tiempo. Así como no ha tenido los mismos límites de propiedad toda su vida, tampoco mantendrá los mismos límites a medida que sus relaciones cambien y crezcan. Además, sus límites se irán concretando a medida que los comunique a los demás.

Marshall Rosenberg, autor de *Comunicación no violenta*, dice que «gran parte de la manera en que nos comunicamos, juzgando a los demás, intimidando, teniendo prejuicios raciales, culpando, señalando con el dedo, discriminando, hablando sin escuchar, criticando a los demás o a nosotros mismos, insultando, reaccionando irreflexivamente cuando estamos enfadados, usando retórica política, poniéndonos a la defensiva o juzgando quién es "bueno/malo" o qué es "correcto/incorrecto", podría clasificarse como "comunicación violenta"». En lugar de comunicarnos a través de estos medios, Rosenberg recomienda un proceso de cuatro pasos de «comunicación no violenta», que incluye nuestras observaciones, sentimientos, necesidades y solicitudes:

- **Conciencia:** un conjunto de principios que ayudan a vivir una vida de compasión, colaboración, coraje y autenticidad.
- **Lenguaje:** entender cómo las palabras contribuyen a la conexión o a la distancia.
- **Comunicación:** saber cómo pedir lo que queremos, cómo escuchar a los demás incluso si no estamos de acuerdo con ellos y cómo avanzar hacia soluciones que funcionen para todos.
- **Maneras de influir:** compartir el «poder con los demás», en lugar de utilizar el «poder sobre los demás».

Con el tiempo, a medida que implementamos este proceso en nuestra propia vida, descubrimos que ya no tenemos necesidad de juzgar o convencer a las personas y que, en cambio, optamos por comunicarnos desde el corazón. Y a medida que aprendemos a comunicarnos mejor, también aprendemos a fortalecer nuestra conexión con los demás.

Reparar y fortalecer las relaciones

Un jueves sí y otro no, mi esposa y yo nos tomamos el día libre, solos nosotros dos, juntos. A veces tenemos grandes planes como pueden ser museos, caminatas y excursiones por la costa, pero por lo general lo que hacemos es simplemente llevarnos un par de libros a nuestra cafetería favorita para desayunar, y allí leemos, conversamos y pasamos tiempo juntos, sin que nos interrumpa el trajín cotidiano de la vida. Es una especie de reinicio. Y espero con ilusión esos jueves más que cualquier otro día. La actividad en sí no es tan importante como la intención, que no es solo pasar tiempo juntos (recuerde: la calidad es más importante que la cantidad), sino que es un recordatorio de que nuestra relación es la prioridad. No *una* prioridad, sino *la* prioridad. Con este recordatorio constante y quincenal, la relación entre Bex y yo continúa profundizándose de una manera que no es posible con las relaciones superficiales. Con solo algunas de estas relaciones profundas y principales en nuestra vida, combinadas con la cantidad adecuada de relaciones secundarias y periféricas, es casi imposible que nos sintamos solos.

¿Sabía que ahora hay una asignatura llamada «Amistad 101» en la Universidad de California Meridional (USC)?[87] ¿Se imagina una clase en la que se enseñe amistad? Pues sí. Para empezar, en el momento de escribir estas líneas, tiene la lista de espera más larga de todos los cursos que se imparten en la USC. ¿Por qué? Porque hay una epidemia de soledad que se extiende por todo el mundo. Nos hemos convertido en expertos en hacer «amigos» en línea, pero hemos perdido el contacto con la gente. La clase en la USC simplemente trata de corregir esa desconexión.

Resulta que la amistad tiene beneficios evolutivos. «Nuestra capacidad para entablar relaciones con personas que no están relacionadas con nosotros... es una habilidad fundamental que nos ayudó a convertirnos en humanos. Es una parte fundamental de quienes somos»,[88] escribió Shane Parrish en un reciente ensayo en *Farnam Street*.

Estupendo. Así pues, los amigos son importantes. Pero eso ya lo sabíamos, ¿no? Entonces lo que debemos determinar es cómo reparar y fortalecer las amistades existentes. Primero, debemos identificar las cualidades que definen las relaciones profundas. En nuestro primer libro, *Minimalismo: para una vida con sentido*, Ryan y yo identificamos los ocho elementos de las grandes relaciones, y si hoy tuviera que describir esos elementos, los redefiniría de la siguiente manera:

Amor. Un afecto profundo y una devoción infinita hacia otra persona. Cuando amas a alguien, estás dispuesto a priorizar los intereses de esa persona sobre tus propios y pasajeros deseos. El amor genera más amor, lo que aparta a un lado el interés propio en beneficio del fortalecimiento de la relación.

Confianza. La disposición a confiar en otra persona sin cuestionar sus motivos ni exigirle pruebas. Cuando somos capaces de confiar en alguien, nos convertimos en la mejor versión de nosotros mismos, porque la confianza genera más confianza, lo cual fomenta que la sinceridad sea lo habitual por ambas partes.

Sinceridad. Sinceridad libre de engaños o coacciones. Cuando uno se niega a mentir, se compromete a evitar los atajos y a transitar por el mismo camino que la otra persona, incluso cuando el terreno es accidentado. La sinceridad genera más sinceridad, lo cual crea una base sólida para cualquier relación.

Cuidado. Demostrar bondad, compasión y preocupación por otra persona de manera activa. Cuando cuidamos a alguien, ese alguien nos importa lo suficiente como para expresarlo a través de nuestras acciones coherentes. El cuidado genera más cuidado, lo cual alimenta y fortalece la relación a través de la conducta y no de solo de las intenciones.

Apoyo. Una persona solidaria brinda ayuda y ánimo a las demás. Cuando uno da apoyo a la relación, demuestra que es una persona confiable, cariñosa y que se vuelca en la otra persona. El apoyo genera más apoyo, lo cual fortalece el compromiso de ambas partes de una relación.

Atención. La capacidad de estar presentes y centrados en la relación. Cuando somos capaces de centrarnos por completo, toda nuestra atención muestra a la otra persona lo importante que es. La atención genera atención, lo cual aumenta la conexión entre dos personas.

Autenticidad. La capacidad de ser auténtico y genuino. Cuando somos auténticos, mostramos nuestra integridad y coherencia a lo largo de la relación. La autenticidad genera más autenticidad, lo cual aporta legitimidad a la relación.

Comprensión. Tener una conciencia comprensiva y profunda de la otra persona. Cuando comprendemos a alguien, hacemos un esfuerzo por traspasar la superficie y comprender a la persona en su totalidad –sus sentimientos, deseos y acciones– sin juzgarla ni protestar.

Aunque hemos dedicado una buena parte de este libro a focalizar los matices de la mayoría de estos ocho elementos –en capítulos anteriores hemos tratado en profundidad la confianza, la sinceridad, la atención y la autenticidad, y en este capítulo hemos abordado el amor, el cuidado y el apoyo–, me gustaría dedicar una parte de este apartado a ampliar mi manera de comprender la *comprensión*.

Es difícil comprender verdaderamente a los demás, pero la comprensión es como ejercitar las relaciones. Cuanto más ejercicio hagamos en el gimnasio, más en forma estaremos; del mismo modo, cuanto más trabajemos para comprender a los demás, más en forma estarán nuestras relaciones. Las relaciones más fuertes se esfuerzan por evitar malentendidos porque, cuando estos se exageran, la confusión y el desencuentro conducen a mayores desacuerdos, discusiones y riñas. Para evitar esta espiral descendente y fortalecer nuestras relaciones, debemos trabajar en las cuatro etapas de la comprensión: tolerancia, aceptación, respeto y aprecio.

Tolerar. La tolerancia es una virtud débil, pero es un buen comienzo. Si el comportamiento de alguien nos resulta molesto, en lugar de la reacción instintiva de luchar o huir es mejor encontrar maneras de tolerar las diferencias. Por ejemplo, supongamos que usted es un aspirante a minimalista, pero que su pareja es recolector entusiasta: una clara dicotomía de preferencias. Tal vez a su pareja le guste coleccionar figuras de porcelana o guitarras antiguas, mientras que usted cree que todos esos tesoros son trastos inútiles. Así que usted se rasca la cabeza y se pregunta cómo convencer al otro de su punto de vista singularmente válido, algo que puede ser muy frustrante para ambas partes. Pero no se preocupe. No es necesario que estén en la misma página de inmediato; solo debe reconocer que ambos tienen sus razones para estar en páginas distintas. Si toleramos las peculiaridades de alguien y le permitimos vivir felizmente según su propia visión del mundo, al menos estaremos en el camino hacia la comprensión de esa persona, y ese es un gran primer paso, incluso si no comprendemos su obsesión por las estatuillas inanimadas o por los instrumentos musicales que nunca toca.

Aceptar. Para vivir verdaderamente en armonía con los demás, debemos pasar rápidamente de la tolerancia a la aceptación. Una vez que hemos hecho un esfuerzo concertado para tolerar al menos las peculiaridades del otro, esas peculiaridades comienzan a parecernos menos tontas y, con el tiempo, cobran más sentido, no sentido para nosotros, pero sí para la persona a la que amamos. Cuando por fin nos damos cuenta de que la colección de nuestra pareja tiene una *finalidad* es más fácil de aceptar, porque ese deseo de coleccionar es parte de lo que esa persona es como ser humano y, aunque puede que no nos guste un comportamiento en particular, seguimos amando a la persona en su totalidad, con debilidades incluidas.

Respetar. Aceptar –no solo tolerar, sino aceptar verdaderamente– la idiosincrasia de alguien es todo un reto, pero no tanto como respetar a esa persona *por* sus idiosincrasias. Piénselo. A usted le costó años llegar a su credo actual, por lo que no es razonable esperar que la otra persona llegue a ese punto de la noche a la mañana, sin importar lo convincente que sea su contraargumento. De acuerdo, quizás usted nunca acumularía figurillas o guitarras, pero muchas de sus maneras de pensar son, a simple vista, ridículas para el otro. Sin embargo, incluso cuando otras personas no están de acuerdo con nosotros, incluso cuando no *entienden* nuestra postura, queremos que respeten nuestra manera de pensar, ¿verdad? Entonces, ¿por qué no adoptar esa misma actitud de cortesía? Solo entonces nos acercaremos a la comprensión; solo entonces comenzaremos a darnos cuenta de que nuestra cosmovisión declarada no es el axioma único por el que todos han de vivir. Sin duda, es bueno tener una casa ordenada, pero también lo es compartir la vida con las personas que respetamos.

Apreciar. Con respecto al retrovisor, la comprensión está detrás de la curva. Continuando con nuestro ejemplo, supongamos que la colección aporta una gran satisfacción a su pareja. ¿Qué razón hay para cambiar eso? Se preocupa por su bienestar, ¿no? Entonces, si esa colección aporta alegría a la vida de su pareja, y si usted se preocupa por ella, la colección también podría aportarle alegría a usted, porque la alegría es contagiosa, pero eso solo pasará una vez superadas las discusiones, las etapas de tolerancia, aceptación y respeto, y cuando usted aprecie sinceramente los deseos de la otra persona. Muchos de nosotros navegamos por diferentes rutas en busca de la alegría, pero incluso si transitamos por vías distantes, es importante que apreciemos el viaje, no solo el nuestro, sino el viaje de todos a los que amamos. Cuando apreciamos a los demás por lo que son, no por lo que queremos que sean, entonces, y solo entonces, entenderemos de verdad.

Así pues, la próxima vez que llegue a una bifurcación en el camino, recuerde este acrónimo: TARA: tolerar, aceptar, respetar y apreciar. Si recorre este camino con frecuencia, sus relaciones prosperarán y experimentará una riqueza de experiencias que no sería posible sin una comprensión profunda de las personas que le rodean. Este camino no solo funciona con las personas que más nos importan, sino también con amigos, compañeros de trabajo y cualquier persona con la que queramos fortalecer nuestra conexión. Por supuesto, habrá ocasiones en las que los valores entren en conflicto y no podrá apreciar a la persona por lo que es. E incluso habrá raras ocasiones en las que TARA resulte ser el camino menos apropiado: si alguien adopta un comportamiento autodestructivo (drogas, delincuencia, racismo), entonces no hay que tolerar su conducta. A veces está bien decir adiós, alejarse y tomar un camino diferente.

En última instancia, la *comprensión* responde las preguntas importantes sobre las relaciones humanas: ¿Qué impulsa a la otra persona? ¿Qué quiere? ¿Qué necesita? ¿Qué la emociona y anima? ¿Cuáles son sus deseos? ¿Cuáles son sus dolores? ¿Qué le gusta? ¿Qué la hace feliz? Si podemos responder a estas preguntas, en nuestra mochila encontraremos la comprensión necesaria para satisfacer las necesidades del otro. Y si somos capaces de satisfacer las necesidades del otro y este las nuestras, tenemos casi garantizada una relación que nos estimulará, nos apasionará y nos hará crecer.

Trece virtudes sobrevaloradas

Después de haber examinado las cualidades más pertinentes de las relaciones que valen la pena, también debemos revisar las virtudes que nos han hecho creer que son deseables, pero que a menudo están sobrevaloradas.

Lealtad. Sí, es importante ser leal a los seres queridos, pero la lealtad por sí sola suele estar equivocada e incluso puede degradar nuestras relaciones al crear una cortina de humo entre la racionalidad y la realidad. Ser leal es deseable, pero la lealtad a costa de la integridad perjudica las relaciones.

Enaltecimiento. Sí, debemos enaltecer a nuestros padres, vecinos, amigos y familiares. Pero ¿hasta qué punto? Si nuestro mejor amigo se convierte en un delincuente violento, ¿tenemos que quererlo mucho? Mientras que un grado apropiado de enaltecimiento es fundamental, el enaltecimiento desmedido nos puede atar sin que nos demos cuenta a convicciones y convenciones que nos impiden vivir de acuerdo con nuestros valores.

Tener la razón. Todos queremos tener la razón. Pero si constantemente afirmamos que la tenemos, nos verán como unos hipócritas o unos engreídos, y eso nunca es saludable para una relación. En caso de duda, «no lo sé» son las tres palabras más liberadoras que podemos pronunciar.

Transparencia. Queremos ser sinceros y abiertos con los demás, pero no por ello tenemos que dejar que todos los pensamientos que entran en nuestro cerebro nos salgan por la boca sin filtrar. Si no tenemos cuidado, podemos herir a quienes queremos y de paso dañar la relación.

Placer. El placer no es bueno ni malo; un exceso de placer es hedonismo. Nadie ha dicho que nuestras relaciones sean vectores de placer perpetuo. Aunque nuestras interacciones nos procuren placer, este no debería ser la estrella que guía la embarcación de nuestras relaciones. Si este es el caso, es probable que pasemos por alto muchos de los elementos que hacen que la relación valga la pena.

Comodidad. Prima cercana del placer, la comodidad es engañosa. El filósofo estoico Musonius Rufus argumentaba que la persona que trata de evitar todas las incomodidades tiene menos probabilidades de sentirse cómodo que la que periódicamente acepta alguna incomodidad. Así, si buscamos la incomodidad, seremos capaces de ampliar nuestra zona de confort.

Lujuria. Todos nos movemos por impulsos, pero a menudo confundimos los deseos y la pasión con la lujuria. Y cuando la lujuria hace presa de nosotros, perdemos la cabeza. Hoy más que nunca, la lujuria va mucho más allá del deseo sexual: nos consume el ansia por los automóviles, la ropa y los equipos fotográficos, y, por alguna extraña razón, una gran parte de nuestra cultura puritana ha defendido que anhelar cosas es una alternativa aceptable al deseo sexual. Pero ambos deseos, cuando no se persiguen intencionalmente, desembocan en obvias consecuencias negativas.

Amabilidad. La mayoría de nosotros deseamos que la armonía reine entre las personas que amamos. Parece que el camino más rápido para alcanzar dicha armonía sea estar de acuerdo con los demás con la mayor frecuencia posible. Pero se trata de un impulso equivocado. Apaciguar a la gente no solo es hipócrita, sino que cierra la puerta a la individualidad. Se puede estar en desacuerdo con tacto, teniendo en consideración el punto de vista del otro. Ryan y yo no siempre estamos de acuerdo, pero casi nunca discutimos. Si somos capaces de hacer esa distinción, nuestras relaciones mejorarán, porque cuando sí estemos de acuerdo, el otro sabrá que es de verdad y no solo un intento de ganarse su favor.

Empatía. Quizás es la virtud más controvertida entre las virtudes sobrevaloradas. En estos días, oímos a muchos, desde predicadores hasta expertos, proclamar el poder de la empatía. Pero la mayoría de estas personas están hablando de compasión, no de empatía. Si ese es el caso, no tengo nada que decir: la compasión, es decir, la preocupación por los infortunios de los demás, es útil y necesitamos más de ella. Sin embargo, la empatía, es decir, la capacidad de sentir el sufrimiento de los demás, no es un resultado deseable. Paul Bloom, investigador y filósofo de Yale, destaca este punto en su libro *Against Empathy: The Case for Rational Compassion*: «A menudo pensamos que nuestra capacidad para experimentar el sufrimiento de los demás es la fuente última de bondad [...]. Nada mas lejos de la verdad». Bloom continúa diciendo que la empatía es «una de las principales causas de la desigualdad y la inmoralidad dentro de la sociedad [...]. Lejos de ayudarnos a mejorar la vida de los demás, la empatía es una emoción caprichosa e irracional que apela a nuestra estrechez de miras. Confunde nuestro juicio e, irónicamente, a menudo conduce a la crueldad». Según Bloom, «acertamos cuando somos lo bastante inteligentes como para no depender de este sentimiento, sino de basarnos en una compasión que pone más distancia».

Negatividad. Quizás parezca confuso de entrada. ¿En qué sentido la negatividad es una *virtud* sobrevalorada? ¿Hay alguien que realmente piense que la negatividad es «buena»? Si midiéramos la opinión popular, casi todo el mundo reconocería que la negatividad es algo «malo». Entonces, ¿por qué nos pasamos la vida discutiendo, quejándonos y cotilleando? Porque lo percibimos como un atajo. Si nos quejamos de lo mismo que otra persona o criticamos a otra persona, lo que hacemos es fortalecer el vínculo con el compañero de quejas. Hay un antiguo dicho según el cual «persona herida, persona que hiere», y eso es lo que sucede cada vez que caminamos infectando el mundo con negatividad.

Celos. La emoción más despilfarradora, los celos, tiene su origen en la sospecha: la sospecha de que no damos la talla, que no hacemos lo suficiente, que el otro no es tan meritorio como yo. Los celos son una emoción egoísta, que no sirve al bien común en lo más mínimo. El antídoto contra los celos es una virtud poco conocida llamada *compersión*: el sentimiento de alegría que uno tiene al experimentar la alegría del otro, como cuando vemos la alegría de un niño pequeño y nuestra reacción es sentir alegría. Cuando experimentamos la alegría basada en la alegría del otro, en la relación no queda espacio para los celos.

Sentimentalismo. El filósofo griego Zenón creía que los seres humanos fueron diseñados para ser razonables, pero también reconocía que, como seres humanos que somos, nos impulsan las emociones. Por lo tanto, no debemos rechazar la razón o la emoción, sino que debemos evitar el sentimentalismo, es decir, la ternura, la tristeza o la nostalgia en exceso, porque desplazan la razón en favor de las emociones que nos dominan. Cuando sentimos que las emociones nos desbordan, es útil buscar una perspectiva adicional que implique el razonamiento de una parte externa fundamentada.

Solemnidad. Sí, queremos que nos tomen en serio y queremos abordar las relaciones con dignidad, pero hemos de dejar un buen margen para el humor y la trivialidad. De lo contrario, nos sentiremos sobrepasados y finalmente enterrados bajo nuestra propia seriedad. Ergo, dejemos espacio para las bromas, incluso en los momentos más difíciles, sobretodo en esos momentos.

Aunque es mejor evitar por completo algunas de estas supuestas virtudes (los celos, el querer tener siempre la razón y la negatividad), la mayoría pueden sernos útiles cuando encontramos el equilibrio adecuado.

Sobre el sacrificio y el compromiso

Hay otras dos virtudes que solía pensar que estaban sobrevaloradas, pero he cambiado de opinión sobre ambas: el sacrificio y el compromiso. Después de una serie de relaciones tóxicas con jefes, compañeros de trabajo, supuestos amigos, personas importantes e incluso familiares, llegué a la conclusión de que me había sacrificado y comprometido demasiado, y que esa era la razón por la cual esas relaciones se hicieron insostenibles. Quizás esto sea solo parcialmente cierto, pero el problema no fue que me sacrificara o me comprometiera por esas personas, sino que los sacrificios y compromisos que hice fueron los incorrectos en cada una de las relaciones.

Lamentablemente, sacrifiqué mis valores para lograr que las relaciones funcionaran. Como resultado, adopté compromisos absurdos para apaciguar a los demás: evité la verdad porque no quería herir los sentimientos de nadie. Traté de pacificar a la gente con posesiones materiales, en lugar de mostrarles amor real. Abandoné mi propia salud mental, emocional y física para cuidar de los otros.

Pero apaciguar a la gente no sirve de nada. Al menos no más allá del momento. Piénselo. ¿Cómo se sentiría si de repente descubriera que todas las personas que conoce lo único que quieren es apaciguarlo con palabras amables? En medicina, los médicos se refieren a este tipo de tratamiento como «cuidados paliativos», que significa hacer que una enfermedad o sus síntomas sean menos graves o desagradables, pero sin eliminar la causa. En las relaciones, sin embargo, lo llamamos apaciguadores. Son un tipo de sacrificios y compromisos falsos en el mejor de los casos, y la relación termina en lo peor.

No obstante, de vez en cuando, debemos sacrificarnos y comprometernos, porque el mundo no fue creado solo para satisfacer nuestros deseos. Mi vida no se trata solo de mí.

Fundamentalmente, cierto nivel de sacrificio, es decir, renunciar a algo importante o valorado por otra persona, es necesario para que una relación funcione. Las relaciones requieren tiempo, energía y atención, tres de nuestros recursos más valiosos, de los que debemos estar dispuestos a prescindir a cambio de la relación en sí.

El compromiso, es decir, resolver una disputa mediante concesiones mutuas, también es necesario en una relación laboral. Como no hay dos seres humanos que piensen de manera idéntica, lo más probable es que tengamos que encontrarnos en un punto medio en algún momento. Así pues, la clave está en evitar sacrificar nuestros valores en el camino hacia el punto de encuentro.

Criar a los hijos ilustra a la perfección la necesidad de sacrificio y compromiso. Lo veo en mi propia vida. A primera vista, criar a los hijos es una tarea ardua, tediosa y aburrida. Pero los padres atentos están dispuestos a sacrificar sus propias ocupaciones, entusiasmo e intereses por el bien de sus hijos. Es este compromiso, este encuentro en el punto medio, lo que hace que mejore el bienestar de todas las partes.

Naturalmente, esta lección va más allá de criar a los hijos. Piense en las mejores relaciones de su vida. ¿Cuándo ha tenido sentido renunciar a algo importante para mejorar la relación (sacrificio)? ¿Cuándo ha tenido que resolver una disputa haciendo concesiones mutuas (compromiso)? Si fue capaz de hacer ambas cosas y sus valores salieron ilesos del proceso, es muy probable que tomara la decisión positiva para la relación.

Deshacerse de las relaciones tóxicas

«Dicen que el amor es ciego», dijo Marta Ortiz, haciendo una pausa antes de agregar: «Seguro que hay algo de verdad en eso». Ortiz, nuestra fiestera del embalaje de Ciudad de México, no es ajena a las relaciones tóxicas. «Hacia los veintitantos años, hice una buena exploración de las relaciones tóxicas, juntándome con pandillas más bien difíciles. Pero en ese proceso pensé que había encontrado un diamante». Se refería a una relación romántica que surgió. «Al principio, todo fue genial. Me trataba bien y era muy dulce y guapo.»

Marta no sabía que había un lado oscuro. «Hizo muy bien su papel ocultándome sus adicciones químicas durante un tiempo.» Es decir, hasta que comenzaron a expresarse en abusos verbales y, al final, físicos. «Cegada por el amor, lo toleré durante demasiado tiempo», confesó al final de su experimento de desembalaje.

«Las personas tóxicas desafían la lógica», según Travis Bradberry, el coautor de *Emotional Intelligence 2.0*. «Algunas afortunadamente son inconscientes del impacto negativo que tienen en quienes las rodean, y otras parece que obtengan satisfacción creando caos y provocando a los demás. Sea como sea, crean complejidad y conflictos innecesarios y, lo peor de todo, estrés.»[89]

Como Marta Ortiz, todos hemos mantenido relaciones que no merecían ocupar espacio en nuestra vida, y la mayoría de nosotros todavía estamos implicados con personas que continuamente nos agotan: personas que no nos aportan valor. Personas que no son un apoyo. Persona que toman y toman sin dar nada a cambio. Personas que contribuyen poco y nos impiden crecer. Personas que constantemente se hacen las víctimas.

Con el tiempo, las personas que juegan a ser víctimas se convierten en victimarias. Ahí es cuando la relación se vuelve peligrosa. Los victimarios impiden que nos sintamos realizados y que vivamos vidas impulsadas por una finalidad. Con el tiempo, estas relaciones tóxicas llegan a formar parte de nuestra identidad.

Podemos transitar por la vida penosamente con relaciones tóxicas que nos debilitan o, como Marta Ortiz, podemos optar por seguir adelante sin ellas. Cuando lo decimos en voz alta, la elección parece obvia. Sin embargo, repetidamente decidimos quedarnos ahí pegados, esperar que las cosas cambien, posponer lo inevitable para mañana. Entonces llega el mañana, y lo posponemos otro día, otro mes, hasta que, antes de que nos demos cuenta, han pasado varios años y las personas de las que nos rodeamos no son las que elegiríamos si hoy tuviéramos la oportunidad de empezar de nuevo.

¿Por qué permitimos que suceda esto?

Hay dos razones principales: la familiaridad y el miedo.

Primero, nos quedamos con lo que nos es familiar porque el cambio tiene un coste. Una buena relación requiere dedicación, compasión, apoyo y comprensión; una relación mediocre solo requiere proximidad y tiempo.

En segundo lugar, no avanzamos porque tenemos miedo. Si usted tuviera que hacer una lista de todas sus relaciones actuales, todas incluidas, las de los tres grupos, ¿cuántas de ellas volvería a elegir como una nueva relación en su vida hoy? Si elige a una persona otra vez, maravilloso (hablamos de cómo reparar y fortalecer esas relaciones más atrás en este capítulo), pero si no elige esa relación, entonces debe preguntarse por qué se está aferrando a ella ahora. Quizás tenga una buena razón, pero por lo general nos aferramos por miedo. Tenemos miedo de hacer un cambio, de herir los sentimientos del otro, de perder el amor. No obstante, sostengo que el mayor acto de amor que podemos hacer es ser sincero con los demás, incluso si eso significa amarlos a distancia.

Naturalmente, hacer un cambio es difícil. Si fuera fácil, usted ya lo habría logrado. Pero el cambio es imprescindible si quiere que sus relaciones sean lo mejor posible. Aquí tiene algunas consideraciones que ayudan a navegar en el cambio relacional:

Podemos reparar una relación, pero

No podemos «arreglar» a otras personas.

No podemos modificar su naturaleza.

No podemos obligarlas a ser «mejores»

No podemos cambiar su personalidad.

No podemos asignarles nuevas preferencias.

No podemos obligarlas a ser más como nosotros.

Tal vez podamos ayudar a alguien a ver nuestro punto de vista, pero no podemos arrastrarlo al cambio. No importa que quieras modificar a alguien poco o mucho, es un ejercicio inútil. Eso nos deja como mínimo con dos opciones respecto a las relaciones negativas: aceptarlas o seguir adelante. Ambas opciones son una forma de desprendimiento.

Si estamos dispuestos a aceptar a alguien por lo que es, en lugar de por lo que queremos que sea, debemos estar dispuestos a abandonar las expectativas que teníamos puestas en esa persona, y a comunicar nuevos estándares para la relación. A veces, esto se consigue con una sola conversación. Otras veces, cuando una relación ha experimentado una corrosión considerable, la aceptación puede requerir una serie de conversaciones que ayuden a redefinir y remodelar la relación. En el lenguaje de las citas, se conoce como un acuerdo DTR (definir la relación). El mejor momento para definir una relación es al comienzo de esta; el segundo mejor momento es ahora. A medida que avanza una relación, es conveniente actualizar las condiciones durante el camino, teniendo en cuenta las necesidades, los deseos y la perspectiva de ambas partes. Por ejemplo, mi esposa y yo tenemos como mínimo un «debate profundo» cada mes para alinear nuestras expectativas y asegurar que nuestros estándares coincidan cuanto más mejor. Además, una vez al año, revisamos nuestros valores juntos para ver si se ha producido algún cambio significativo.* Es como renovar nuestro compromiso matrimonial, pero es mucho más práctico.

A lo mejor estas medidas parecen muy formales, pero no tienen por qué serlo. Rebecca y yo tenemos conversaciones divertidas y desenfadadas sobre temas difíciles, y nunca sentimos que esas discusiones sean ceremoniales ni secas. Incluso con mis amigos más distantes –mis relaciones secundarias–, me lanzo con cierta regularidad a conversaciones sobre estándares, expectativas, creencias y valores. Estas conversaciones difíciles me ayudan a comprender mejor la vida de mis amigos y me dan la oportunidad de conocer su vulnerabilidad, que es otra manera de fortalecer una relación. En última instancia, la comunicación es la única manera de asegurarnos de que avanzamos juntos en la misma dirección.

Sin embargo, algunas relaciones no merecen la energía, el tiempo o la atención que les dedicamos. El comportamiento de algunas personas es fundamentalmente tóxico. Los signos suelen ser claros; las personas completamente tóxicas suelen ser:

---

*   Nosotros utilizamos la «Hoja de trabajo de valores» de la página 425.

Manipuladoras.
Amenazadoras.
Insultantes.
Rencorosas.
Malintencionadas.
Resentidas.
Crueles.
Violentas.
Fanáticas.
Turbias.

Otras personas son sutilmente tóxicas. Estas pueden ser más difíciles de detectar, pero también es importante filtrarlas, porque basta un poquito de mierda en el recipiente del ponche para que sepa a rayos. Hay que estar atento a las personas que son:

Irrazonables.
Falsas.
Desconsideradas.
Pesimistas.
Impulsivas.
Narcisistas.
Enervantes.

Ya se trate de alguien agresivamente o solo vagamente tóxico, es fundamental poner distancia en este tipo de relaciones, de manera que tengamos margen para desprendernos de ellas. Con el tiempo, podemos optar por tener una última conversación con cada persona tóxica, pero, a menudo, el mejor enfoque es simplemente alejarse, sobre todo si una discusión difícil va a agravar las cosas y empeorar la situación. Es posible perdonar sin enfrentamiento. Concluir es preferible, pero, según mi experiencia, concluir está sobrevalorado porque no arregla las cosas por arte de magia. La realidad es que conseguimos concluir como dijimos que queríamos, pero no se cumple la promesa y no equivale a seguir adelante. Concluir es simplemente un punto de ruptura definido, pero no todo termina con un corte limpio. A veces, el final se produce por un desvanecimiento gradual hasta desaparecer. Entonces, no es necesario sentirnos obligados a devolver llamadas telefónicas o responder mensajes de texto o reunirnos con una persona tóxica para cenar. No tendríamos que sentir el impulso de dar explicaciones. No estamos obligados a mantener un vínculo con nadie. La amistad, el compañerismo y el amor son un privilegio, no un derecho, y si alguien ha desperdiciado ese privilegio, no es necesario que nos quedemos ahí plantados. Las personas tóxicas no tienen derecho a nada.

Hay momentos en que una relación sigue siendo tóxica incluso después de haberse terminado. Puede ser que ignoremos por qué terminó la relación, o puede que la otra persona no quiera darle el fin que anhelamos, y la relación sigue siendo tóxica porque, incluso sin que haya contacto, la otra persona permanece en nuestra mente. Lamentablemente, no todo termina con las condiciones o en el plazo que *nos* gustarían. Y solo hay una manera de desalojar a estas personas de nuestro espacio mental emocional: el perdón. Del mismo modo que dejamos en el suelo el equipaje pesado con el que ya no queremos cargar, perdonamos al otro para poder seguir adelante sin el peso del pasado.

Poner fin a una relación tóxica es como elegir entre la gradualidad y el divorcio. Muchas veces lo mejor es irse cuanto antes en los mejores términos posibles, seguir adelante y estar agradecido por los buenos momentos y las lecciones aprendidas a lo largo de la relación (gradualidad). O podemos esperar y tratar de resistir frente a las discusiones, maniobrando a través de una serie de riñas hasta que, al final, inevitablemente, todo termina roto a pedazos irreparablemente (divorcio). Desprenderse es más difícil ahora, pero menos difícil a la larga.

Desprendernos de alguien no significa que no amemos a esa persona; solo significa que su comportamiento no nos permite seguir participando en la relación. Alejarnos de ella no nos vuelve malas personas o negligentes. Hacemos espacio para una vida mejor. Una vida en la que conversemos, no en la que riñamos. Una vida de calidad, no de peleas. Una vida de cariño, no de choques. Cuando dejamos atrás una relación tóxica, no nos rendimos, comenzamos de nuevo.

REGLA MINIMALISTA PARA VIVIR CON MENOS

Regla de estar dispuesto a caminar

Hay una escena en *Heat* en que el protagonista dice: «No te apegues a nada de lo que no estés dispuesto a deshacerte en treinta segundos». ¡Vaya, qué insensible! Pero ¿y si resulta que estar preparado para alejarse es la forma suprema del afecto? Porque si podemos alejarnos en cualquier momento, significa que si nos quedamos será por algo, ¿no? Pensemos en ello. ¿No sería liberador tener la capacidad de alejarnos de cualquier cosa en cualquier momento? Usted puede hacerlo. Lo llamamos regla de estar dispuesto a caminar. Esta regla pone de relieve la libertad del desapego. Si compra objetos nuevos, no les conceda mucha importancia, porque si son poco importantes podrá alejarse de ellos cuando quiera. Si adopta ideas o hábitos nuevos, no se encadene a ellos, porque cuando ya no le sean útiles, le será más fácil dejarlos atrás. Esta regla también es aplicable a las relaciones: estar dispuestos a alejarnos de las personas tóxicas en realidad fortalece nuestro vínculo con los demás, ya que no es posible crecer adecuadamente en una relación que nace de un apaciguamiento piadoso. Aunque a lo mejor no podemos alejarnos en «treinta segundos», nos iremos cuando estas personas, lugares y objetos afecten negativamente nuestro bienestar.

Disculparse por seguir adelante

Resulta que a veces la persona tóxica en la relación somos no-sotros. Para darnos cuenta de ello, hace falta ser autoconscien-te y fuerte para reconocer cuándo nuestras decisiones han sido inapropiadas, negligentes o incluso tóxicas, y que hemos enve-nenado la relación con nuestro mal comportamiento. Otras veces, el veneno es sutil, solo una microdosis de toxicidad: errores y faltas sin mala intención que manchan nuestras rela-ciones. Sea como sea, tenemos la culpa y se nos presentan dos opciones: seguir en nuestros trece o disculparnos.

Disculparse parece la opción más difícil porque implica admitir que estamos equivocados y tomar medidas para corre-girlo. El ego se interpone en el camino de pedir disculpas. Así que nos mantenemos firmes en nuestra posición, descartamos la racionalidad por querer tener la razón caiga quien caiga y así degradamos el vínculo que nos une con el otro. Pero si somos lo bastante sensatos como para dejar a un lado nuestro ego, te-nemos una oportunidad única de reconstruir el jarrón con los pedazos rotos, y tal vez la relación salga reforzada.

Casualmente, cometí uno de estos errores relacionales en la semana que escribía estas páginas. En el pódcast de Los Mi-nimalistas, divulgué sin darme cuenta información personal sobre un amigo mío, a quien llamaremos «Mike». El error no fue malintencionado; en ese momento, no me di cuenta de que los detalles eran privados. A mí me parecían perfectamente inocuos, hasta que recibí un correo electrónico de Mike que decía lo contrario. Mi primera reacción fue ignorar su frustración. «No es para tanto», pensé. «Está exagerando.» Pero esa era mi proyección. El hecho de que algo no sea tan importante para mí no significa que no moleste al otro. Si actué de una manera que hirió a mi amigo, tanto da lo que *yo* pensara o cómo *yo* me sintiera. Lo que importa es el daño que *yo* causé. Había un solo camino digno a seguir.

Llamé a Mike inmediatamente y le expliqué que, aunque no lo hice con ninguna mala intención, desearía haber pensado en lo que decía antes de decirlo. Luego le dije que lo sentía y me comprometí a dos cosas: aprender de este error para no repetirlo y hacer lo que estuviera en mis manos para solucionar el problema. Aunque ya era demasiado tarde para deshacer el daño por completo, pudimos borrar el error para que a los futuros oyentes no les llegara la información privada de Mike.

Al principio de mi etapa empresarial, un hombre de grandes dimensiones llamado Jim Harr era uno de mis mentores favoritos. Jim, cuya personalidad era incluso de mayores dimensiones que su cuerpo, siempre tenía a punto aforismos llenos de sentido que me influyeron cuando yo era un adulto joven; la sabiduría de Jim me ayudó a evaluarme sistemáticamente y a hacerme mejores preguntas sobre mi propio comportamiento. Pero de vez en cuando sus inspiradores aforismos sufrían una prevaricación idiomática y acababan siendo más profundos que el aforismo que Jim pretendía decir.

Jim pronunció mi Harr-ismo favorito después de que yo arruinara una venta en una de nuestras tiendas minoristas. Me miró muy serio y me dijo: «La retrospección es cincuenta/cincuenta». Usted y yo sabemos que él quiso decir que la retrospección es veinte/veinte, pero la locución resultante era mucho más profunda. Es decir, no sabremos el resultado hasta haber actuado. Por lo menos así es como yo lo interpreté. No estoy seguro de por qué, pero el desliz de Jim me ha acompañado en los últimos veinte años.

Quizás exista un universo en el que a mi amigo Mike le daría igual la información que yo di a conocer en el pódcast, pero en este universo sí le importaba y yo herí sus sentimientos, así que la única respuesta apropiada era disculparse y seguir adelante.

La simbiosis del amor

Tuve la oportunidad de sentarme con el iconoclasta Erwin McManus para hablar sobre lo que pensaba sobre las relaciones interpersonales. A los sesenta años, McManus venció un cáncer de colon en fase 4 y escribió sobre las lecciones de esa batalla en su libro *The Way of The Warrior: An Ancient Path to Inner Peace*. Una de las lecciones fue que, en el amplio esquema de las cosas, las relaciones interpersonales son una de las pocas cosas que realmente importan.

–Solía buscar relaciones que *me* animaran –dijo McManus–. Pero, al ir envejeciendo, me di cuenta de que estaba comprando el narcisismo cultural que dice: «Esta relación solo consiste en mí».

McManus se dio cuenta de que no necesitaba buscar relaciones que lo animaran, sino convertirse en esa persona que *ayuda* a los demás, no que *cambia* a los demás.

–Nos centramos en cómo obtener más para nosotros –continuó–, pero esa es la ironía de las relaciones. Si te pasas todo el tiempo haciéndote las preguntas equivocadas: ¿cómo puedo encontrar *yo* a la persona adecuada para *mí*? ¿Cómo puedo encontrar *yo* lo que necesito? ¿Cómo puedo *yo* conseguir lo que quiero?, te pierdes lo más importante de las relaciones: que no se trata de *ti*; se trata de cómo puedo invertir en los demás, cómo puede ser un regalo para los demás.

McManus cree que las relaciones más sanas y profundas son «aquellas en las que te preocupas más por la otra persona que por ti mismo».

De entrada puede parecer que McManus contradiga gran parte de lo que he escrito en este capítulo. Pero él no sugiere que debamos socavar nuestros valores. No, McManus quiere que nos conozcamos tan bien que entendamos cómo animar a los demás sin debilitarnos. «No fuiste diseñado para "transitar por la vida" solo», dijo. «Aunque uno sea la persona con más talento, dotada, inteligente, apasionada y creativa del planeta, e incluso si uno tiene una comprensión absoluta de su intención, de su propósito en la vida, de su razón de vivir, ni siquiera así está diseñado para vivir solo». Y siguió diciéndome:

Sé lo que estás pensando:

«¿Qué hay de *mis* sueños?»
Sea cual sea tu sueño
no lo puedes cumplir tú solo.

«¿Qué pasa con *mi* propósito?»
Sea cual sea tu propósito,
no fuiste diseñado para alcanzarlo solo.

De hecho, si persigues un propósito
en el que no necesitas a la gente,
ese no es el propósito de tu vida.

Si tienes un sueño
en el que las personas son simples herramientas
para ser utilizadas para alcanzar tus objetivos,
eso no es un sueño en absoluto. Es una pesadilla.

Todos necesitamos a los otros, dice McManus, porque todos necesitamos ayuda. Asimismo, también todos tenemos la necesidad de ayudar a los demás. No de *usar* a los demás, ni de ser usados, sino de sernos útiles mutuamente. Esa es la interacción de las relaciones. Esa es la simbiosis del amor.

Cuando estamos rodeados de las personas equivocadas, quizás deseamos estar solos. Pero cuando estamos realmente solos, nos damos cuenta de que necesitamos a la gente. La alternativa es el confinamiento solitario, que es el peor tipo de encarcelamiento. El aislamiento entraña algo tan malo que muchos seres humanos preferirían estar junto a asesinos peligrosos y criminales violentos que estar solos.

REGLA MINIMALISTA PARA VIVIR CON MENOS

El juego de 30 días minimalistas

La manera más sencilla de organizar nuestras cosas es deshacernos de la mayoría de cosas que hay en ellas. Si considera que una Fiesta del Embalaje es demasiado radical, le sugiero el juego de los 30 días de minimalismo, que ha ayudado a decenas de miles de personas a poner orden en sus hogares, automóviles y oficinas. Ordenar suele ser aburrido, pero este juego lo hace más divertido al inyectar un poco de competencia amistosa en la mezcla. Así es como funciona. Busque un amigo, un familiar o un compañero de trabajo que esté dispuesto a jugar con usted a minimizar sus cosas durante el próximo mes. Cada persona se deshace de una cosa el primer día del mes. De dos cosas el segundo. De tres cosas el tercero. Y así sucesivamente. ¡Todo vale! Colecciones, objetos decorativos, utensilios de cocina, aparatos electrónicos, muebles, artículos deportivos, ropa de cama, prendas de vestir, toallas, herramientas, sombreros, ¡lo que sea! Puede darlo, venderlo o reciclarlo, pero todos los días antes de la medianoche todas las posesiones materiales deben estar fuera de su casa... y de su vida. Gana quien mantiene el reto por más tiempo. Ganan todos si todos llegan al fin del mes.

Controle su progreso. Visite minimalists.com/game y descárguese nuestro calendario gratuito del juego del minimalismo.

El amor es más

Tenemos un problema de idioma. Amo a mi esposa, pero también amo los burritos. Amo a Ryan, pero también amo el nuevo álbum de Mat Kearney. Amo a mi hija, pero también amo los distintos colores de las flores de mi barrio.

Hay un amor que implica una devoción infinita que nace de un afecto profundo. El otro amor implica una afición o preferencia por algo que nos hace disfrutar. Y luego está la distinción entre «amar» a alguien y estar «enamorado» de esa persona. La misma raíz de la palabra, pero dos significados completamente diferentes.

El dialecto inuit que se habla en la región canadiense de Nunavik tiene al menos cincuenta y tres palabras para describir la nieve.[90] Imagínese si solo tuviéramos la mitad para «amar». En cambio, en nuestra cultura, ampliamos el término «amar»* para aplicarlo a personas y camionetas, amigos y pollo frito, amantes y bolsos de Louis Vuitton. Pero cuando forzamos algo más allá de sus límites naturales, pierde su fuerza. Y esto es especialmente cierto con el amor.

¿Qué queremos decir cuando terminamos una llamada telefónica con un «te quiero»? ¿Es solo una manera bonita de despedirnos? ¿O es simplemente otra manera de decir «te amo»? Y cuando eliminamos el «yo»,** ¿alteramos aún más

---

* En inglés *to love* se emplea tanto para las personas como para las cosas. (*N. de la T.*)

** En inglés, *I love you.*

el significado, abdicando de la responsabilidad del amor al alejarnos de la oración?

Todos necesitamos amor. Pero el amor no es todo lo que necesitamos. Necesitamos ser vistos, necesitamos ser escuchados, necesitamos estar en conexión. Necesitamos sinceridad, dicha y bondad. Pero estas características no existen sin amor. ¿Puede siquiera imaginar sinceridad sin amor? ¿Qué me dice de la dicha? ¿Y de la bondad? Demos un paso más: ¿Se imagina conseguir todo lo que siempre quiso, cumplir todos sus sueños, sin amor? Imposible. Es como construir una casa bidimensional o beber de una taza vacía, una vida sin amor es plana y vacía.

Entonces, si el amor abre la puerta de lo mejor de la vida, ¿por qué no buscamos ser amados más a menudo? ¿Por qué preferimos ser sexys o geniales o «gustar»? Porque es más fácil. Podemos manipular nuestra apariencia para elevar nuestro estatus, pero cuando nos fijamos en alguien que se esfuerza demasiado por estar a la moda o ser glamuroso, ¿qué vemos? Una persona que carece de integridad, una persona tan incómoda consigo misma que se esconde del amor ocultándose con adornos rutilantes. Por eso el amor es difícil: no se puede modelar con baratijas o transacciones, solo con fidelidad, apoyo y entendimiento. El atractivo sexual y la simpatía se desvanecen rápidamente ante la incertidumbre. En el amor, sin embargo, hay espacio para el riesgo, el rechazo e incluso el dolor. También deja mucho espacio a la alegría, el placer y la calma. De hecho, lo único que no encaja dentro de los límites del amor es el egocentrismo. El amor es demasiado grande para quedárnoslo solo para nosotros.

Si consulta el diccionario que tenga más a mano, encontrará que amor tiene varios significados: sentimiento intenso de afecto profundo, gran interés y placer en algo, persona o cosa que uno ama, pero mi definición predilecta es una en la que nunca pensé demasiado. La cuarta entrada del *New Oxford American Dictionary* define el amor como un término de tenis: «amor: cero puntos».* En el contexto de un partido de tenis, eso tiene un significado. Pero, como metáfora más amplia, lo significa todo. El amor real, cuando se aleja de los deseos y la mercantilización del mundo moderno, no lleva la cuenta. No hay balance, ni barómetro, ni vara de medir para el amor.

Hace diez años, no conocía a mi esposa, Rebecca. Pero después de conocernos, y mientras cultivamos nuestro amor, no tuve que extraer amor de otras relaciones para configurar la nuestra. Cuando damos amor, no se nos acaba. En todo caso, se multiplica. El amor es totalmente renovable, cien por cien sostenible.

La gente no se «enamora» y ya está, el amor se cultiva. El amor no se puede encontrar. Lo sé porque busqué el amor durante años después de mi matrimonio fallido. Pero cuanto más buscaba, más distante me parecía. Inexplicablemente, encontré el amor solo cuando dejé de buscarlo, cuando, en lugar

---

* Una de las acepciones del término ingles *love* es la puntuación de cero en el juego del tenis.

de estar centrado en enamorarme, me centré simplemente en amar.

Es algo bien extraño que amar quizás sea lo opuesto a enamorarse. Esto tiene sentido retrospectivamente, ya que, cuando estaba obsesionado con enamorarme, mi búsqueda era egocéntrica. Pero cuando mi principal preocupación fue amar a los demás, el amor creció porque ya no se trataba exclusivamente de mí.

Puede parecer paradójico, pero la mejor manera de sujetar el amor es soltándolo. El amor se expande si no lo agarramos con fuerza, de manera que, si queremos que se quede, debemos aflojar la cuerda con el que lo atamos.

Para amar no necesitamos permiso. En momentos difíciles, queremos ayudar, queremos solucionar problemas, pero no siempre es posible. No podemos ayudar a todo el mundo. No podemos solucionar todos los problemas. Pero podemos amar sea cual sea la situación.

De hecho, en medio de un desacuerdo, de una discusión o incluso de un final definitivo podemos amar a las personas. A veces ese amor está cerca; a veces debemos amar desde la distancia. Amar a alguien no significa aprobar sus acciones. Podemos amar a un cónyuge infiel, a un compañero de trabajo cotilla o a un amigo mentiroso, porque amamos a la persona, no su comportamiento. A veces no nos gustan determinadas partes de alguien y aun así las amamos a todas y a cada una de ellas.

A pesar de que el amor es denso, exigente y enigmático, nuestro mayor reto no es el amor en sí mismo, sino cómo combinamos la emoción, la lujuria y la atracción con el amor. En ninguna parte es esto más evidente que en nuestra relación con nuestras posesiones materiales. Decimos que adoramos nuestro televisor, nuestro coche, nuestros cosméticos, pero estamos confundidos, cegados por la propaganda que nos dice que las cosas que tenemos en nuestro hogar son tan importantes como las personas que tenemos en nuestra vida. Es fácil ver lo absurdo de este amor fabricado cuando lo extendemos a artículos menos atractivos. No conozco a nadie que «adore» su dispensador de papel higiénico, su buzón, su llavero. Sin embargo, usamos estas cosas igual que las cosas que creemos amar o puede que incluso más. Cuando nos demos cuenta de ello –que podemos usar las cosas sin amarlas, que podemos tratar nuestro iPhone igual que tratamos el pintalabios, como objetos útiles, pero no dignos de nuestro amor–, entonces comprenderemos mejor el amor real, un amor que está reservado para las personas, no para las cosas que se interponen en el camino. Es posible amar a las personas y usar las cosas, porque lo contrario nunca funciona.

Conclusión: las personas

Hola, soy Ryan, aquí me tiene por última vez. Joshua nos ha dado mucho en qué pensar en lo que concierne a cómo manejamos nuestras relaciones con los demás, y ahora me gustaría dedicar un tiempo a ver cómo fomenta usted esas relaciones.

Las personas que nos rodean configuran la persona que somos así como la persona que seremos. Por eso me gustaría que explorara a fondo cada uno de los ejercicios que le presento a continuación para asegurarse de estar dando lo mejor a los demás, lo cual inspirará a las otras personas a compartir lo mejor de ellas con usted.

PREGUNTAS SOBRE LAS PERSONAS

1. ¿Cuál es su indicador de personalidad Myers-Briggs (MBTI) y qué le dice acerca de sus preferencias?

2. ¿Cómo cree que puede usar la tolerancia, la aceptación, el respeto y el aprecio (TARA) para desarrollar una comprensión más profunda de las personas que están en su vida?

3. ¿Cómo cree que puede ser quien es sin tener que disculparse por ello para ayudar más a los demás?

4. Amor, confianza, sinceridad, cuidado, apoyo, atención, autenticidad y comprensión: ¿cuáles de estos elementos cree que harán más por sus relaciones y cómo los incorporará a su vida?

5. Si hiciera una lista de todas sus relaciones actuales, familia, amigos, compañeros de trabajo, «amigos» de Facebook e incluso las personas que solo ve una o dos veces al año, ¿a cuántas de ellas volvería a seleccionar para incorporarlas hoy como nuevas relaciones en su vida y por qué?

LO QUE SÍ HAY QUE HACER CON LAS PERSONAS

A continuación, ¿qué ha aprendido sobre su relación con las personas en este capítulo? ¿Con qué se quedará de este capítulo? ¿Qué lecciones cree que pueden ser de ayuda para repensar sus prioridades y mejorar sus relaciones? Aquí tiene cinco acciones inmediatas que puede poner en práctica hoy mismo:

- **Describir su propia «Nuestra Caja».** El primer paso hacia relaciones con sentido es tener claro qué quiere dar a sus relaciones y qué quiere obtener de ellas.
  - Identifique las maneras en que le gusta ayudar a los demás. Escriba en qué quiere contribuir.
  - Escriba los límites físicos, mentales, emocionales y espirituales que necesita que los demás entiendan y respeten.
- **Definir sus relaciones.** Ahora es el momento de identificar cada relación personal y cómo encaja en su vida. Para hacerlo, siga estos pasos:
  - Primero, escriba el nombre de todas las personas que se le ocurran a las que dedica su tiempo, su energía y su atención regularmente o semiregularmente.
  - Segundo, junto a cada nombre, adjudique a su grupo de relación un 1 (principal), un 2 (secundaria) o un 3 (periférica). No seleccione el grupo en función de cómo le gustaría que encajaran esas relaciones en uno de estos grupos, sino de acuerdo con el trato que usted les da actualmente.

– Por último, sea sincero e identifique a las personas tóxicas de esta lista agregando una X junto a su nombre.

- **Remodelar sus relaciones.** Revise a las personas de su lista y determine si están en el tramo apropiado. Le ayudará a identificar a esas personas de su vida de las que está lejos, pero a las que se quiere acercar un poco más. Y, a la inversa, le ayudará a identificar las relaciones de las que se quiere distanciar. Por lo tanto, junto a cada persona de su lista, escriba una D para distancia o una A para más acercarse y así verá cómo le gustaría ajustar la relación. Si le satisface la dinámica actual, simplemente escriba «Bien» junto al nombre de la persona.

- **Reparar sus relaciones.** Ahora que tiene claro el lugar donde desea que estén sus relaciones, pensemos en lo que hay que hacer para repararlas o cambiarlas.

  – Primero, veamos quiénes son las personas tóxicas en su vida. Antes de alejarlas, pregúntese si hay alguna manera de reparar la relación. Pregunte a estas personas cuáles son los límites que desean que usted entienda y respete, y luego defina sus propios límites de la misma manera. Si descubre que no están dispuestas a respetar sus límites, entonces lo conveniente es expresar cómo va a comenzar a distanciarse de sus comportamientos tóxicos.

  – En segundo lugar, observemos a las personas de las que desea distanciarse. Estas personas no son necesariamente tóxicas. Puede ser un vecino o un compañero de trabajo pesado, o tal vez alguien con quien ya no comparte intereses mutuos. Si es necesario, utilice la comunicación no violenta para expresar que dedicará menos tiempo a esta persona; explíquele que no le está diciendo que no, sino sí a otra cosa.

– Por último, veamos cuáles son las personas a las que desea acercarse. La próxima vez que tenga la oportunidad de hablar con personas que entren en esta categoría, explíqueles cómo le gustaría acercarlas a su vida. Dirás algo como: «Oye, Stacy, te aprecio y me gustaría que pasáramos más tiempo juntos. ¿Qué te parece?». Si dice que sí (debe ser de mutuo acuerdo), determine cómo podría usted aportar valor a la vida de esa persona.

• **Contribuir más allá de usted mismo.** Ahora llegamos la parte más gratificante de cualquier relación: el acto de dar. Comenzará regalando a los demás su atención, estando presente cuando interactúe con las personas. Estar presente significa escuchar activamente, mostrar compasión, expresar amor. Todas las mañanas durante una semana, repase su lista de personas a las que desea acercarse y elija a una para demostrárselo. No tiene por qué ser un gran gesto, simplemente debe mostrarle amor y apoyo: envíele un mensaje de texto con una imagen simpática, escríbale una carta, deje flores en su porche, córtele el césped. Hay un sinfín de cosas que puede hacer por las personas en su vida para crear relaciones con sentido y duraderas.

LO QUE NO HAY QUE HACER CON LAS PERSONAS

Para acabar, analicemos lo que se interpone en el camino. Aquí tiene cinco cosas que no debe hacer, a partir de hoy, si quiere mejorar su relación con las personas:

- No apacigüe a las personas solo para proteger sus sentimientos.
- No sea agradable por el mero hecho de serlo, ni sacrifique tus valores solo para poder encajar.
- No use «virtudes» como la lealtad o la empatía como excusa para mantener una relación perjudicial.
- No use tácticas como el discurso pasivo-agresivo para discutir un cambio de relación con alguien.
- No renuncie a vivir una vida con sentido en beneficio de las preferencias de otra persona.

Epílogo

Las personas, todas y cada una, somos una amalgama de contradicciones. Por un lado, soy un hipócrita. Soy minimalista, pero tengo una casa, un sofá y más de un par de zapatos. A veces evito la verdad, porque busco el reconocimiento, el elogio o la conveniencia. Rompo las reglas que yo mismo me he impuesto para llevar una vida simple, y se me cae la baba al ver anuncios llamativos de Range Rovers y vallas publicitarias gigantes que muestran un Rolex. De vez en cuando me olvido de meditar, de hacer ejercicio y de comer de manera saludable. Mis acciones no siempre concuerdan con mis valores. Creo en el cambio climático, pero tengo un coche que funciona con gasolina y en casa usamos electricidad procedente de una central eléctrica de carbón. Creo que no se debe explotar a los trabajadores, pero escribo esta oración en un ordenador que ha sido montado por trabajadores mal pagados en China, y me juego cualquier cosa que tengo más de una prenda de vestir fabricada en un taller clandestino. Gasto dinero en cosas que no necesito (concretamente, las chaquetas son una de mis debilidades). De vez en cuando veo la televisión solo y uso demasiado el móvil, lo que asfixia mi creatividad. Amo a mi familia, pero no soy un padre particularmente hábil y no me esfuerzo por ver a mi hermano tanto como me gustaría.

Por otro lado, soy mejor persona que hace diez años. Ahora mi vida es más simple, centrada, sincera y calmada. Mi codicia por las cosas no lleva el timón del barco. Soy más consciente de mi salud y bienestar, estoy más contento, menos estresado, más agradecido, más tranquilo. Y mi salud, aunque está lejos de ser perfecta, ha mejorado notablemente desde la Nueva Gran Depresión de 2019. Sé cuáles son mis valores, así como los obstáculos que se interponen en el camino de vivir una vida con sentido. Entusiasmado y sin ningún complejo, puedo decir que estoy libre de toda deuda y que hago más contribuciones benéficas que cuando ingresaba grandes cheques de la empresa. Soy más creativo y me distraigo menos, incluso cuando el mundo apunta con su cañón informativo a mi cabeza. Más considerado y paciente de lo que solía ser, soy un buen amigo, un socio comercial competente y un esposo amoroso.

Es verdad, soy imperfecto, y por mucho que simplifique no se borrarán todos mis defectos. Todavía cometo errores y el minimalismo no ha demostrado ser una panacea para todos los problemas de la vida. Sin embargo, ha mejorado mi vida enormemente. Y aunque todavía tengo problemas, son problemas mejores, problemas que enriquecen la vida, la matizan y la hacen más vívida. A medida que voy resolviendo problemas, siempre surgen otros nuevos. Nuestras luchas solo acaban cuando nuestro corazón deja de latir.

Tengo cicatrices, pero esas cicatrices constituyen la mejor parte de mí. Cuando este año cumpla los cuarenta, aspiraré a ser mi yo de los cincuenta. Yo, pero mejor. Digo todo esto porque, en muchos sentidos, yo soy *usted*. Puede que usted tenga cicatrices, pero sus cicatrices son las que le hacen ser quien es. Como yo, tiene fallos y problemas y ha cometido errores, pero ahora está en una encrucijada. Está al borde de su próxima mala decisión. De la próxima mentira. De la próxima compra impulsiva. Del próximo hábito perjudicial. De la próxima transgresión de sus valores. Del próximo dólar desperdiciado. De la próxima distracción tecnológica. Del próximo minuto dedicado a consumir en lugar de crear. De la próxima víctima de su juicio. Este aluvión de negatividad es un modelo al que se ha acostumbrado: un ruido blanco y persistente que ha permanecido como música de fondo durante tanto tiempo que ni siquiera se daba cuenta de que sonaba.

Es importante no vivir en el pasado, sino aprender de él para no cometer los mismos errores. Su yo pasado es simplemente un ancestro que le dio a luz, pero no es quien es hoy. Sus faltas y equivocaciones ya no son suyas a menos que decida aferrarse a ellas. Tiene a su alcance las herramientas para romper el molde. Puede crear un nuevo comienzo. No una transformación radical de la noche a la mañana, sino un ligero giro en una dirección nueva que cambiará la trayectoria de todo lo que está por venir. Y para llegar allí, debe deshacerse de algunas cosas que entorpecen el camino.

Agradecimientos

No sabía si alguna vez íbamos a escribir otro libro sobre minimalismo. Después de terminar el primer borrador de nuestras memorias sobre la vida simple, *Everything That Remains*, en 2012, Ryan y yo pensamos que habíamos dicho todo lo que teníamos que decir sobre vivir con menos. Está claro que nos equivocábamos. Después de seis años y cuatro intentos abortados, Ryan y yo nos dimos cuenta: lo principal que había cambiado desde que adoptamos un estilo de vida minimalista eran nuestras relaciones íntimas. Con su esposa, Mariah, Ryan tenía la relación más satisfactoria y feliz de su vida. Lo mismo me ocurre a mí con Bex. Paradójicamente, esas relaciones fueron, en muchos sentidos, las más difíciles. Lo que suscitó las preguntas: ¿Por qué? ¿Y sería posible escribir un libro sobre relaciones minimalistas? Y con esas preguntas, surgieron otras.

¿Qué pasa si algunas de nuestras relaciones más importantes no son con otras personas? ¿Debemos entender primero nuestros propios problemas antes de que nuestras relaciones puedan florecer? ¿En qué sentido Ryan y yo somos diferentes de nosotros mismos? ¿Qué cambios necesarios hicimos durante la última década? ¿Tuvimos que deshacernos de algo o de alguien para seguir adelante? ¿Qué historias son tan personales que nunca las hemos compartido públicamente? ¿Cómo podrían esas historias, si las contáramos con sinceridad, ayudar al bien común?

El resultado es *Ama a las personas, utiliza las cosas*. Este libro está dedicado a Rebecca y Mariah, no solo por su amor, sino porque sin ellas no existiría. (Quiero decir, probablemente hubiéramos escrito otro libro, pero seguro que este no.) Escribí el primer borrador de *Ama a las personas, utiliza las cosas* durante los dos años más difíciles de mi vida. Cuando llega el momento en que se sufre, no hay un segundo lugar cercano. Después de la infección por *E. coli* que sufrí en septiembre de 2018 y hasta que el manuscrito estuvo terminado en 2020, luché a diario. En mis momentos más bajos perdí totalmente mi amor por la escritura y por la vida. Pero Bex siempre estuvo ahí para apartarme del abismo. Allí estaba para ayudarme a curarme y para cuidarme cuando yo apenas podía cuidar de mí mismo. Me tomó de la mano para pasar lo peor y continúa animándome a ser la mejor versión de mí mismo mientras mi salud continúa mejorando. Y aunque, gracias a Dios, Ryan no tuvo que soportar la misma agonía que yo, la verdad es que su vida no ha estado libre de dolor; desde 2013, cuando las cosas fueron mal, Mariah ha estado allí para ayudar a Ryan a recoger los pedazos. Gracias a ambas por existir.

Francamente, tenía miedo de escribir otro libro porque no creía que pudiera superar *Everything that Remains*, que, podría decir que tardé treinta y dos años en escribir y que, hasta ahora, ha sido mi creación favorita. Solo el tiempo dirá si este libro se convierte en mi nuevo favorito y, lo que es más importante, en el favorito de los lectores. Ha sido, con diferencia, el mayor reto al que me he enfrentado en lo que a escribir un libro se refiere, pero también el más gratificante, lo que no creo que sea una coincidencia. He estado a punto de tirar la toalla al menos una docena de veces. Los primeros cuatro intentos nacieron muertos en la primera página. Pero me abrí paso a través de la monotonía, y deseché decenas de miles de palabras en el camino. Vuelta a empezar. Una y otra vez. El libro no tomó su forma actual hasta que nuestro agente, Marc Gerald, me pegó un codazo y me puso en la dirección correcta. Él y nuestros editores, Ryan Doherty y Cecily van Buren-Freedman, me forzaron a salir de mi zona de confort, animándome no solo a escribir sobre las vicisitudes personales de Los Minimalistas, sino a entretejer esos pasajes con percepciones y entrevistas de expertos y con historias de personas que se han beneficiado de simplificar sus vidas. Gracias, Marc, Ryan y Cecily por vuestro aliento.

Cuando me golpeó la enfermedad, me quedé sin inspiración, sin ánimo, sin impulso creativo. No soy de los que incumplen los plazos, pero no pude evitarlo. Muchos días me encontraba demasiado mal para escribir y, a medida que empeoraba, me salté varios plazos. Afortunadamente, mi amigo «Podcast Shawn» Harding estaba allí para arrastrar mis restos destrozados hasta la línea de meta. Sus cientos de sugerencias, investigación en profundidad e innumerables ediciones hicieron que este libro fuera inmensamente mejor. Shawn, gracias por dejar que me apoye en ti cada vez que me quedo sin fuerzas. Y gracias por llevar tan bien tus infinitos sombreros. No solo eres un destacado productor de pódcasts, agente de viajes y director de operaciones, sino que, en mi opinión, eres el mejor corrector de estilo del planeta. Ryan y yo somos afortunados por tenerte en nuestro equipo.

Para todo el resto del equipo de Los Minimalistas, Ryan y yo estamos agradecidos por vuestras contribuciones. Jessica Williams, gracias por comunicar nuestro mensaje de una manera tan hermosa en las redes sociales. Jeff Sarris y Dave LaTulippe, gracias por ser los Mozart del diseño, por elevar los estándares estéticos de todo lo que creamos. Jordan «Know» Moore, gracias por hacer que dos vulgares personajes del Medio Oeste se vean atractivos ante la cámara. Matt D'Avella, gracias por recordarle al mundo que la mayoría de los operadores de cámara son un desastre (y por ser el documentalista con más talento del mundo). A nuestro agente de reservas, Andrew Russell, gracias por hacernos una foto y por elevar nuestros espectáculos y nuestras giras al siguiente nivel. A nuestra publicista, Sarah Miniaci, gracias por ser la primera en aceptar Los Minimalistas y por incendiar los medios con nuestro mensaje. A nuestro gerente comercial, Allan Mesia, y a nuestro contable, Angel Dryden, gracias por organizar los ceros y los unos para que Ryan y yo podamos concentrarnos en producir creaciones con sentido. A Shawn Mihalik, gracias por administrar los cursos de redacción y de elaboración de presupuestos en línea de Los Minimalistas; el trabajo que haces mejora la vida de las personas, incluida la mía.

A Colin Wright, gracias por exponerme al minimalismo en 2009. Si no fuera por ti, todavía estaría agarrado como una lapa a la escalera empresarial. Creo que la cita de David Foster Wallace «Todo lo que he soltado tiene marcas de garras» es una de mis favoritas porque describe perfectamente mi vida antes del minimalismo: la única forma en que estaba dispuesto a soltar algo era si me lo arrancaban de mis húmedas garras. Pero, por supuesto, eso nada tiene que ver con el desprendimiento, y fueron Colin Wright y luego Leo Babauta, Courtney Carver y Joshua Becker quienes me demostraron que no solo podía desprenderme, sino que hacerlo era una especie de superpoder. Juntos, vosotros cuatro me disteis una especie de recetario para vivir con menos, gracias al cual Ryan y yo pudimos prepararnos para una vida con más sentido. Gracias por ayudarme a ayudarme a mí mismo para que luego pueda ayudar a otros.

A Dave Ramsey y su equipo (Elizabeth Cole, Rachel Cruze, Chris Hogan, Anthony ONeal, Ken Coleman, John Delony, Christy Wright, Luke LeFevre, McKenzie Masters, Connor Wangner y todos los de Ramsey Solutions), gracias; sois un modelo de integridad, un estímulo para todos nosotros.

A todos los médicos y profesionales de la salud que me ayudaron a cargar con el peso de mi enfermedad: Christopher Kelly, Ryan Greene, Lucy Mailing, Tommy Wood, Adam

Lamb, Payton Berookim, gracias por sacarme del cráter en el que caí.

A Zana Lawrence, gracias por creer en nuestro mensaje lo suficiente como para convencer a tu equipo de Netflix de compartirlo en 190 países. Eres responsable de la proliferación de este movimiento.

A nuestros socios, Joshua y Sarah Weaver y el equipo de Bandit; Carl MH Barenbrug, Alberto Negro y el equipo de *Minimalism Life*; y a Malcolm Fontier y el equipo de PAKT, gracias por ayudar a Los Minimalistas a trabajar en proyectos con sentido fuera de nuestro ámbito habitual.

A todas las personas mencionadas en las páginas de este libro, gracias por vuestros conocimientos. Sois demasiados para nombraros a todos nuevamente, pero tanto si hemos hablado en persona, por teléfono o por correo electrónico, como si vuestro trabajo ha inspirado algunos de los pasajes de este libro, gracias por vuestra sagacidad.

A mi madre, Chloe Millburn, quiero decirle que lo que más lamento es no haber pasado más tiempo con ella durante su último año en la tierra. Después de una vida azarosa como monja, azafata, secretaria, esposa, madre y una bomba total de mujer, tu muerte no fue en vano: me ayudó a cuestionármelo todo, especialmente el enfoque equivocado de mi vida. Resulta que, al final, tu vida es un recordatorio para todos nosotros: todo es efímero. En lugar de obsesionarnos con la riqueza, el estatus y las posesiones materiales, es mejor dedicar el tiempo del que disponemos a amar, a cuidar y a contribuir. Echo de menos tu amabilidad, tus abrazos, tu cálida sonrisa. Tenías el corazón de quien está al servicio de los demás. Recuerdo cuando me dijiste que un día «entendería la vida», tal vez cuando cumpliera los treinta y cinco, dijiste. Bueno, eso son cinco años si miro hacia atrás, y todavía no la entiendo del todo, pero cada vez me acerco más. Gracias por darme la vida, por ser mi madre y por aparecer regularmente como invitada en mis sueños. Te lo agradezco. Te quiero.

A mi hermano Jerome, gracias por ser una especie de figura paterna durante mi infancia. Eres solo un año mayor que yo, pero, desde que tengo memoria, siempre has sido un hombre. Aspiro a poseer solo el 10% de tu fuerza inquebrantable.

A Adam Dressler, gracias por ser un buen amigo desde que preparábamos las mismas mesas en el mismo restaurante durante nuestros días de escuela secundaria. Las conversaciones que hemos mantenido estos últimos diez años son los mejores episodios de pódcast que *nunca* he grabado.

A Karl Weidner, gracias por ser mentor y amigo. Durante más de la mitad de mi vida, durante nuestros días corporativos y ahora, me has enseñado mucho sobre los negocios, la vida, las propiedades y la perspectiva personal. Sé que nunca te lo podré pagar, así que seguiré devolviéndote el favor.

Annie Bower, ¿te acuerdas de que nos reunimos en esa cafetería en 2011? La conversación para el *Dayton City Paper* fue la primera entrevista impresa de Los Minimalistas. ¿Quién iba a decirnos que ese encuentro se convertiría en una amistad para toda la vida? Gracias por ser como eres. Y gracias por la discusión sobre el *cierre* que se abrió paso en el capítulo de la relación con las personas de este libro.

T.K. Coleman, gracias por todas las conversaciones importantes, tanto en antena como fuera. Somos capaces de disentir ingeniosamente y de cambiar las mentes de los demás sin discutir o cambiarles el corazón.

Keri, Colleen y Austen, gracias por mostrarme lo que es el amor. Lamento mis errores y mis malas decisiones, y haría un millón de cosas de una manera distinta, pero os estoy agradecido. Vuestro amor me guió durante mi vida adulta y hasta hoy.

Queremos dar las gracias a Dayton, Ohio, la ciudad que nos hizo hombres a Ryan y a mí, la principal protagonista de nuestros primeros treinta años; estamos orgullosos de ser sus hijos no pródigos.

Hay muchas personas con las que Ryan y yo tenemos una deuda de gratitud: Dan Savage, Annaka Harris, Lewis Howes, Dan Harris, Jamie Kilstein, Jacob Matthew, Chris Newhart, Tim Frazier, Nate Pyfer, Drew Capener, Justin Malik, AJ Leon, Andre Kibb y muchos otras. A las personas que olvidé mencionar, lo siento. No es vuestra culpa. Es mía.

JFM

Notas

1. Mary MacVean, «For many people, gathering possessions is just the stuff of life», *Los Angeles Times*, 21 de marzo de 2014.
2. Jamie Ducharme, «A Lot of Americans Are More Anxious Than They Were Last Year, a New Poll Says», *Time*, 8 de mayo de 2018.
3. Louis DeNicola, «How many credit cards does the average American have?», *Credit Karma*, 6 de octubre de 2020.
4. Jessica Dickler, «US households now have over $16,000 in credit-card debt», *CNBC*, 13 de diciembre de 2016.
5. Susan K. Urahn et al., «The complex story of American debt», *The Pew Charitable Trusts*, julio de 2015.
6. Jeff Cox, «Consumer debt hits new record of $14.3 trillion», *CNBC*, 5 de mayo de 2020.
7. Peter G. Stromberg, Ph.D., «Do Americans consume too much?», *Psychology Today*, 29 de julio de 2012.
8. Margot Adler, «Behind the ever-expanding American dream house», *NPR*, 4 de julio de 2006.
9. Hillary Mayell, «As consumerism spreads, Earth suffers, study says», *National Geographic*, 12 de enero de 2004.
10. Eleanor Goldberg, «You're probably going to throw away 81 pounds of clothing this year», *HuffPost*, 8 de junio de 2016.
11. John de Graaf et al., *Affluenza,* 1 de septiembre de 2005.
12. *Ibid.*

13. Mark Whitehouse, «Number of the week: Americans buy more stuff they don't need», *The Wall Street Journal*, 23 de abril de 2011.

14. Maurie Backman, «Guess how many Americans struggle to come up with $400», *The Motley Fool*, 5 de junio de 2016.

15. Maurie Backman, «62% of Americans have less than $1,000 in savings», *The Motley Fool*, 28 de marzo de 2016.

16. Maurie Backman, «Guess how many Americans struggle to come up with $400», *The Motley Fool*, 5 de junio de 2016.

17. *Ibid.*

18. Hassan Burke et al., «How do families cope with financial shocks?», *The Pew Charitable Trusts*, octubre de 2015.

19. Robert Dietz, «Single-family home size increases at the start of 2018», *Eye on Housing*, 21 de mayo de 2018.

20. John Egan, «Guess how many U.S. storage facilities there are versus Subway, McDonald's and Starbucks», *SpareFoot Blog*, 11 de mayo de 2015.

21. «Almost 1 in 4 Americans say their garage is too cluttered to fit their car», *Cision PR Newswire*, 9 de junio de 2015.

22. «University of California TV series looks at clutter epidemic in middle-class American homes», *UCTV*, s.f.

23. «Ten-year-olds have £7,000 worth of toys but play with just £330», *The Telegraph*, 20 de octubre de 2010.

24. University of Toledo, s.f.

25. Malavika Vyawahare, «If everyone lived like Americans, we would need five Earths», *Hindustan Times*, 2 de agosto de 2017.

26. Chris Stewart, «Dayton tops lists of drugged-out cities», *Dayton Daily News*, 12 de agosto de 2016.

27. Ferris Jabr, «Step inside the real world of compulsive hoarders», *Scientific American*, 25 de febrero de 2013.

28. David Hume, *A Treatise of Human Nature*, 1740.

29. Heidi Milia Anderson, Ph.D., «Dale's cone of experience», *Queen's University Teaching and Learning Modules*, s.f.

30. Will Rogers, «Too many people», *BrainyQuote*, s.f.

31. Jon Simpson, «Finding brand success in the digital world», *Forbes*, 25 de agosto de 2017.

32. Jasmine Enberg, «Global digital ad spending 2019», *eMarketer*, 28 de marzo de 2019.

33. «Edward Bernays, "Father of public relations" and leader in opinion making, dies at 103», *The New York Times*, 10 de marzo de 1995.

34. David Kushner, «How Viagra went from a medical mistake to a $3-billion-dollar-a-year industry», *Esquire*, 21 de agosto de 2018.

35. «Should prescription drugs be advertised directly to consumers?" *Pro-Con.org*, 23 de octubre de 2018.

36. Emma Lake, «Who was Henry Gadsden?" *The Sun*, 27 de septiembre de 2017.

37. Akira Tsujimura et al., «The clinical studies of sildenafil for the ageing male», *PubMed.gov*, febrero de 2002.

38. Tony Long, «May 8, 1886: Looking for pain relief, and finding Coca-Cola instead», *Wired*, 8 de mayo de 2012.

39. Natalie O'Neill, «The graham cracker was invented to stop you from masturbating», *New York Post*, 13 de septiembre de 2016.

40. Kurt Kohlstedt, «Clean city law: Secrets of São Paulo uncovered by outdoor advertising ban», *99% Invisible*, 2 de mayo de 2016.

41. Steve Patterson, «Non-rationality and psychedelics», *StevePatterson.com*, 8 de septiembre de 2019.

42. Tami Luhby, «The American Dream is out of reach», *CNN Money*, 4 de junio de 2014.

43. Bella M DePaulo y Deborah A. Kashy, «Everyday lies in close and casual relationships», *MIT.edu*, 27 de mayo de 1997.

44. Romeo Vitelli, Ph.D., «When does lying begin?», *Psychology Today*, 11 de noviembre de 2013.

45. Mary C. Lamia, Ph.D., «Shame: A concealed, contagious, and dangerous emotion», *Psychology Today*, 4 de abril de 2011.

46. Sam Harris, «It is always now», *YouTube*, 28 de junio de 2012.
47. Joshua Fields Millburn y Ryan Nicodemus, «Minimalist Diets», *The Minimalists Podcast*, 10 de junio de 2019.
48. Daniel J. DeNoon, «Acne drug Accutane no longer sold», *WebMD*, 8 de julio de 2009.
49. «Nearly half a million Americans suffered from Clostridium difficile infections in a single year», *CDC*, 25 de febrero de 2015.
50. Asa Hakansson y Goran Molin, «Gut microbiota and inflammation», *National Center for Biotechnology Information*, 3 de junio de 2011.
51. Jeanne F. Duffy, MBA, Ph.D., y Charles A. Czeisler, Ph.D., M.D., «Effect of light on human circadian physiology», *Sleep Medicine Clinics*, 1 de junio de 2009.
52. Kristen Stewart, «How to Fix Your Sleep Schedule», *Everyday Health*, 6 de febrero de 2018.
53. N.E. Klepeis et al., «The National Human Activity Pattern Survey (NHAPS): a resource for assessing exposure to environmental pollutants», *PubMed.gov*, mayo-junio de 2001.
54. Mariana G. Figueiro, Ph.D. et al., «The impact of daytime light exposures on sleep and mood in office workers», *Sleep Health Journal*, 1 de junio de 2017.
55. «The pillars of good health», *SEEDS Journal*, s.f.
56. «The first photos: Daylight revealed widespread damage from 2019 Memorial Day storms», *Dayton Daily News*, s.f.
57. Bonnie Meibers, «Oregon District mass shooting: What you need to know», *Dayton Daily News*, 10 de agosto de 2019.
58. «Kenosis», *Merriam-Webster.com*, s.f.
59. Kimberly E. Kleinman et al., «Positive consequences: The impact of an undergraduate course on positive psychology», *ScientificResearch.com*, 25 de noviembre de 2014.
60. Zachary Crockett, «The 2019 drunk shopping census», *The Hustle*, 24 de marzo de 2019.

61. William MacAskill, «Effective altruism is changing the way we do good», *EffectiveAltruism.org*, s.f.

62. Cornelius Frolik, «Grocery targets Dayton food desert: "We've got to do something about it"», *Dayton Daily News*, 16 de mayo de 2018.

63. Zack Friedman, «78% of workers live paycheck to paycheck», *Forbes*, 11 de enero de 2019.

64. Kari Paul, «The "true state" of Americans' financial lives: Only 3 in 10 are "financially healthy"», *MarketWatch.com,* 16 de noviembre de 2018.

65. *Ibid.*

66. «The secret shame of middle-class Americans», *The Atlantic*, mayo de 2016.

67. «Report on the economic well-being of U.S. households in 2018», *FederalReserve.gov*, mayo de 2019.

68. Christopher Maloney y Adam Tempkin, «America's middle class is addicted to a new kind of credit», *Bloomberg*, 29 de octubre de 2019.

69. «Bankruptcy Statistics», *Debt.org*, s.f.

70. Barri Segal, «Poll: Only 7% of U.S. debtors expect to die in debt», *CreditCards.com*, 8 de enero de 2020.

71. Anthony O'Neal, *Debt-Free Degree*, 7 de octubre de 2019.

72. Nanci Hellmich, «Retirement: A third have less than $1,000 put away», *USA Today*, 18 de marzo de 2014.

73. Morningstar.com, s.f.

74. «Some primates share, others (hint, hint) are stingy», *LiveScience.com*, 2 de febrero de 2010.

75. Caitlin Dewey, «6 in 10 of you will share this link without reading it, a new, depressing study says», *The Washington Post*, 16 de junio de 2016.

76. «Smartphone users check mobiles 150 times a day: study», *The Economic Times*, 11 de febrero de 2013.

77. «Cell phone addiction: The statistics of gadget dependency», *King University Online*, 27 de julio de 2017.

78. Nicole F. Roberts, «How Much Time Americans Spend In Front Of Screens Will Terrify You», *Forbes*, 24 de enero de 2019.

79. «Smartphone addiction facts & phone usage statistics: The definitive guide», *Bankmycell.com*, 2020.

80. *Zogby Analytics*, s.f.

81. Scott Simon, «Ronny Chieng on "Asian comedian destroys America!"», *NPR*, 14 de diciembre de 2019.

82. Alan Pearcy, «Most employed Americans work more than 40 hours per week», *Ragan's PR Daily*, 12 de julio de 2012.

83. Seth Godin, «Wasting it», *Seth's Blog*, 23 de febrero de 2020.

84. Shifrah Combiths, «Your Smartest Friends Are Using Their Phone's Black-and-White Setting, Here's Why», *Apartment Therapy*, 8 de abril de 2019.

85. Joe Pinkstone, «How smartphone addiction changes your brain: Scans reveal how grey matter of tech addicts physically changes shape and size in a similar way to drug users», *Daily Mail*, 18 de abril de 2020.

86. Carl Jung, *Psychological Types*, 1 de octubre de 1976.

87. «MBTI Basics», *The Meyers & Briggs Foundation,* s.f.

88. Shane Parrish, «The evolutionary benefit of friendship», *Farnam Street*, septiembre de 2019.

89. Travis Bradberry, «How successful people handle toxic people», *Forbes*, 21 de octubre de 2014.

90. David Robson, «There really are 50 Eskimo words for 'snow"», *The Washington Post*, 14 de enero de 2013.

Hoja de trabajo de valores

Hay dos razones por las que las personas no comprenden sus valores. En primer lugar, no nos preguntamos cuáles son nuestros valores, y deberíamos saber que están influidos por la cultura, por los medios de comunicación y por los demás. En segundo lugar, no entendemos que algunos valores son más importantes que otros, y que muchos, en realidad, ni siquiera son valores, por lo que se interponen en el camino de lo que verdaderamente es importante. Los Minimalistas creemos que la mejor manera de vivir una vida con sentido es armonizar nuestras acciones a corto plazo con nuestros valores a largo plazo; es decir, lograr que nuestro yo futuro esté orgulloso de nuestro yo actual. Por eso creamos esta hoja de trabajo, porque cuando entienda mejor sus valores, también comprenderá mejor el camino hacia una vida intencional. Para una explicación detallada de cada tipo de valor, consulte el capítulo 4 sobre la relación con los valores. Y para descargar una versión imprimible de esta hoja de trabajo, visite minimalists.com.

Valores fundamentales
Valores inquebrantables

_____

_____

_____

_____

_____

_____

Valores estructurales
Mis valores personales

_____

_____

_____

_____

_____

_____

Valores de la superficie
Valores menores que hacen la vida más agradable

_____

_____

_____

_____

_____

_____

Valores imaginarios
Obstáculos que entorpecen el camino

_____

_____

_____

_____

_____

_____

Si la persona que le acompaña está dispuesta a ello, revisen conjuntamente las hojas de trabajo respectivas. Descubrirá enseguida que cuando conozca mejor sus propios valores –y los de las personas más cercanas a usted– entenderá cómo puede mejorar su interacción con ellas, lo que mejorará sus relaciones y les permitirá crecer de manera estimulante e insospechada.

Club del libro

Estas preguntas sobre *Ama a las personas, utiliza las cosas* están pensadas para ayudar a los lectores a encontrar puntos de vista y temas nuevos e interesantes para debatir en sus reuniones.

1. ¿Cuál de las siete relaciones esenciales te resulta más problemática y por qué?
2. ¿Qué concepción tenías del minimalismo antes de leer este libro? ¿Y después de leerlo?
3. ¿Cómo definías el amor antes de leer este libro? ¿Y ahora?
4. En relación con tus posesiones materiales, ¿de qué te da más miedo desprenderte? ¿Por qué? ¿Cómo crees que desprenderte del exceso de cosas creará espacio para que la vida tenga más sentido y puedas disfrutar más de ella?
5. ¿De qué manera ocultar la verdad te ha causado sufrimiento o ha dañado tus relaciones? ¿De qué manera decir la verdad de ahora en adelante te permitirá crecer?
6. ¿Cuándo has sentido tu mejor yo y el más vivo? ¿Cuándo te has sentido como si te hubieras muerto por dentro? ¿Qué factores contribuyeron a estos sentimientos?

7. ¿Cuál es tu objeto A? ¿Por qué lo quieres? ¿Cómo es posible vivir de acuerdo con tus valores si nunca logras ese objeto de tu deseo?

8. ¿Qué tensiones económicas experimentas actualmente? ¿Qué cambios de vida piensas hacer para mejorar tus hábitos de gasto y tu relación con el dinero?

9. ¿Cómo se interponen las distracciones en la creación de algo significativo? Nombra al menos tres distracciones que te gustaría eliminar.

10. Pensando en todas tus relaciones actuales, ¿cuántas de ellas volverías a elegir para ser una nueva relación en tu vida hoy y por qué? ¿Cuántas evitarías?

editorial **K**airós

Puede recibir información sobre
nuestros libros y colecciones inscribiéndose en:

www.editorialkairos.com
www.editorialkairos.com/newsletter.html
www.letraskairos.com

Numancia, 117-121 • 08029 Barcelona • España
tel. +34 934 949 490 • info@editorialkairos.com